Susan Batson · TRUTH

Susan Batson

TRUTH

Wahrhaftigkeit im Schauspiel

Ein Lehrbuch

Mit Beiträgen von Juliette Binoche,
Michael Haneke und Nicole Kidman

Deutsch von Sarah Fuhrmann

Alexander Verlag Berlin

Alexander Verlag Berlin –
unabhängiger Verlag seit 1983

Der Verlag dankt Nadja Schulz-Berlinghoff für ihre Initiative, das Buch auf deutsch herauszubringen.
Dank gilt außerdem Lena Lessing, Wolfgang Krenz, Dieter Hoffmeier und Wolfgang Wermelskirch für die redaktionelle Unterstützung.

Editorischer Hinweis: Zitate wurden übersetzt, wenn keine offizielle deutsche Übersetzung vorlag.

Deutsche Erstausgabe
Sechste Auflage 2026

Die Originalausgabe *Truth – Personas, Needs, and Flaws in the Art of Building Actors and Creating Characters* erschien 2007 bei Rugged Land, New York

Alexander Wewerka, Fredericiastr. 8, D-14050 Berlin
www.alexander-verlag.com | info@alexander-verlag.com

Lektorat/Redaktion: Katharina Broich und Christin Heinrichs-Lauer
Grafik/Layout/Umschlaggestaltung: Antje Wewerka
ISBN 978-3-89581-331-3
Printed in the EU (January) 2026

INHALT

Teil III
Die Figur

Teil IV
Der Text

Teil V
Das Leben

WIDMUNG

Meinen beiden wichtigsten Lehrern.

Meine Mutter, Ruth Batson, lehrte mich, daß unsere Lebensaufgabe die Verbesserung des Menschseins ist.
Mein Sohn, Carl Ford, lehrt mich nach wie vor bedingungslose Liebe, Mut, Selbstwert und die Macht der Träume.
Ihre beharrliche Verpflichtung Wahrheit und Freiheit gegenüber motiviert mich jeden Tag.

DANK

Ein besonderer Dank gebührt meiner Schwester Dorothy Batson Owusu. 1990 hatte Dorothy den Anfang eines Buches, den ich auf einem Notizblock aufgeschrieben hatte, in den Computer übertragen. Sie erinnerte mich an diesen ersten Versuch und ermutigte mich, weiterzumachen.

Voll Ehrerbietung möchte ich Bruce Bennett erwähnen, der sich regelmäßig mit mir traf, wenn mich mein *Tragic Flaw* überkam, mich führte, mir zuredete und beibrachte, seinen dringend benötigten Kenntnissen und seinem Einblick bei der Entstehung dieses Buches zu vertrauen. Dank seiner konsequenten Verpflichtung den Details und der Geschichte der Schauspielkunst gegenüber wurde aus diesem Buch eine weit bessere Erforschung dieser Kunstform, als ich es allein hätte erreichen können.

Danken möchte ich auch meinem Verleger Web Stone, der nicht wegen Klatschgeschichten über Filmstars auf mich zukam, sondern wegen meiner Kenntnisse über Schauspielerei. Mein aufrichtigster Dank an Nicole Kidman, Juliette Binoche und Michael Haneke. Dieses Buch wurde durch ihre Beiträge verbessert und mein Leben durch ihre Freundschaft und ihr Können bereichert.

Es gäbe weder dieses Buch noch das *Black Nexxus Acting Studio* ohne den Weitblick und die Führungsqualitäten meines Sohnes Carl Ford und die Loyalität, das Engagement, die Kraft, Intelligenz und herzliche Freundlichkeit von Greg Braun. Ich danke auch den Lehrern vom *Black Nexxus* in New York und Los Angeles: Roberta Wallach, Stuart Birney, Lucille Riven, Wass Stevens, Jimmy Antoine, Corey Parker, Kirsty Carlos Leon, Portia, Matt Wurd und Jamieson Rimes. Ein ganz besonderer Dank geht an Mary Setrakian für die Gründung der besten Theatermusikabteilung im *Black Nexxus*. Dank an alle Schauspieler (Schüler und Profis), die mir ihre wertvolle Begabung anvertraut haben.

Ich bedanke mich für die Mentorschaft meiner großartigen Lehrer. Herbert Berghoff hat mir beigebracht, daß Schauspielen eine ursprüngliche Kunstform mit Verantwortung der Menschheit gegenüber ist. Uta Hagen war eine strenge Meisterin, die mich von meinen Spleens befreite.

Lee Strasberg führte mich an die Intimität heran, für mich das Herz der Schauspielkunst, und gab meinem Talent seinen Segen. Harold Clurman erkannte meine Fähigkeiten und vermittelte mir die unschätzbare Gabe, mich dem Text gegenüber verpflichtet zu fühlen. Ich danke auch jenen großartigen Pädagogen, die mich als Anfängerin gefördert haben: Elma Lewis, Adele Thane, Leo Nickole, Richard E. Arnold und Paul J. Austin.

Susan Batson

ALWAYS IN THE ART

Wenn Susan Batson eine E-Mail sendet, unterschreibt sie statt mit den üblichen Floskeln wie »With warmest regards« oder »All the best« immer mit »Always in the Art«. Mir ist niemand bekannt, der eine solche Formulierung berechtigter verwenden könnte.

Ich habe Susan vor über dreißig Jahren bei einem mehrwöchigen Workshop kennengelernt, den sie in München hielt. Eine Freundin hatte sie mir mit enthusiastischen Worten empfohlen und mich auch zu einer Vorstellung von Tennessee Williams' *Endstation Sehnsucht* mitgenommen, die Susan kurz davor an der Universität mit Laien erarbeitet hatte. Ich hatte nie vorher und habe selten danach Darsteller erlebt, die so bei sich waren und deren Emotionen sich so unmittelbar auf den Zuschauer übertrugen wie an diesem Abend. So neugierig geworden, meldete ich mich bei dem mehrwöchigen Workshop an, nicht ahnend, was auf mich zukommen würde. Da ich bei dem Kurs der einzige Regisseur unter lauter Schauspielern sein sollte, gedachte ich mir distanziert anzuschauen, was da so passieren würde. Natürlich war ich der erste, der von Susan auf die Bühne gebeten wurde, und mit dem distanzierten Zuschauen war es vorbei. Es folgten drei oder vier Wochen (an die exakte Länge des Kurses erinnere ich mich nicht mehr), die sich an Arbeitsintensität mit nichts vergleichen lassen, was ich sonst in meinem beruflichen Leben kennenlernen durfte. In den ersten Tagen arbeitete man von 10 bis 20 Uhr, kurz darauf von 10 Uhr bis Mitternacht und in der letzten Woche von 10 bis 4 Uhr, manchmal bis 5 oder 6 Uhr früh. Schlaf war nicht mehr wichtig, es zählte nur noch das Suchen nach der Wahrheit, der schauspielerischen und der persönlichen. Die Nerven lagen blank, und während der Kursdauer wurden drei Übersetzer verschlissen, weil sie den nervlichen Anforderungen beim Übersetzen nicht gewachsen waren. Keiner der Beteiligten stieg aus, keiner kam zu spät, jedem ging es nur darum zu lernen.

Ich habe Susan in den letzten Jahren zweimal an die Wiener Filmakademie, wo ich unterrichte, eingeladen, und jedesmal war es für die Regiestudenten ein unvergleichliches Erweckungserlebnis. Einzelne Studenten sind ihr im Anschluß an die Kurse zu einem mehrmonatigen Einzelunterricht nachgereist und haben begeistert von ihren Fortschritten berichtet.

Jugendliche haben ein feines Sensorium für angemaßte Autorität. Warum folgten die Studenten in Wien vom ersten Moment an allen Anmutungen, die Susan an sie stellte, warum fiel damals bei unserm nervenzermürbenden Münchner Marathon kein einziger der berufserfahrenen Schauspieler aus?

Grob vereinfachend gibt es dafür, wie ich denke, zwei Gründe: Der erste liegt auf der Hand – es ist die Fachkompetenz. Obwohl Susan sich ja in erster Linie als Schauspiellehrerin mit der Wahrhaftigkeit des schauspielerischen Ausdrucks befaßt – und das in einer Weise, die den Kursbeteiligten manchmal wie Hexerei erscheinen mag, da sie die Ursachen von emotionalen Blockierungen mit nahezu hellseherischer Klarheit und Leichtigkeit aufzudecken und oft auch zu beseitigen vermag –, ist gerade für Regisseure die Methodik der Szenenanalyse ein Bereich, der bei Schauspielunterricht meist zu kurz kommt und den Susan in extrem anschaulicher Weise vermittelt.

Fachkompetenz ist, wie wir alle wissen, leider keine Selbstverständlichkeit im Bereich künstlerischer Lehre und künstlerischer Arbeit, aber Fachkompetenz allein ist keine hinreichende Erklärung für die außergewöhnliche Strahlkraft von Susans Persönlichkeit und den Enthusiasmus all derer, die das Glück hatten, mit ihr zu arbeiten. Mir ist in meinem langen Arbeitsleben selten eine Person begegnet, auf die das Wort Integrität mehr zutrifft als auf Susan. Diese im Alltagsleben eher unscheinbare, ja scheue, fast schüchterne Person wird, sobald sie den Bereich künstlerischer Arbeit betritt, zu einer Instanz, die alles fordern kann und darf, weil sie selber alles und ohne Vorbehalt gibt. Ihre emotionale und intellektuelle Investition ist so groß, daß die andern sich unmittelbar aufgerufen fühlen, nach- und gleichzuziehen. Das schafft Freiheit im Kopf und im Gemüt.

Die Gefahr vieler Lehrender und Gurus ist der Mißbrauch der Macht, welche die Methode über die Lernenden verleiht. Da wir uns alle erst mal scheuen, Grenzen zu überschreiten, bedarf es großen Vertrauens, um sich auf Grenzüberschreitungsreisen zu begeben. Der Erfolg von Susan Batson, auch in ihrer Arbeit als Coach berühmter Stars, rührt nicht zuletzt daher, daß jenes Wort zutrifft, mit dem sie ihre Botschaften signiert: Sie ist im wahrsten Sinn des Wortes »always in the art«.

Natürlich kann dieses Buch die Begegnung mit der Persönlichkeit von Susan nur beschränkt ersetzen, aber es ist als Leitfaden zu einer wahrhaftigeren Auseinandersetzung mit dem Schauspielberuf ebenso empfehlenswert wie als methodische Erinnerung an die direkte Arbeit mit ihr oder als Anstoß, den persönlichen Kontakt mit ihr zu suchen. Ich hoffe, daß diese methodische Darstellung des »Method Acting« auch im deutschsprachigen Raum die Verbreitung erfährt, die sie verdient.

Michael Haneke

EINFÜHRUNG

Das Leben eines Schauspielers, wie das eines jeden Künstlers, ist ein langer, langer Weg. Aber ein Schauspieler geht diesen Weg nicht allein. Schauspielen ist eine gemeinschaftliche Arbeit. Es ist immer eine Ensemble-Leistung. Mit etwas Glück begegnet einem auf dem Weg jemand, mit dem die Zusammenarbeit so lebendig und fruchtbar ist, daß beide ganz selbstverständlich in Gleichschritt fallen. Für mich ist Susan Batson diese Person.

Das Buch, das Sie in den Händen halten, heißt *Truth*, und dieser Titel trifft genau den Kern unserer gemeinsamen Arbeit. Ohne Wahrheit kann ich nichts erschaffen – ich muß es fühlen. Susan hilft mir dabei, die Wahrheit in mir zu finden und deren Reinheit, Vertrautheit und Redlichkeit zu verwenden, damit meine Arbeit wahrhaftig ist. Sie hat mir geholfen, Wahrhaftigkeit in mir und in den Figuren, die ich gespielt habe, zu fördern und zu schützen. Von Susan habe ich gelernt, wie die Wahrheit um jeden Preis lebendig bleiben muß.

Schauspielen umgibt etwas wunderbar Geheimnisvolles. Dieses Geheimnis ist für mich unwiderstehlich. Jeder Schauspieler hat seine eigenen Ansichten zu diesem Thema, aber ich persönlich betrachte mich als eine Vermittlerin. Wenn du spielst, bist du ein Werkzeug – etwas, was über dich hinausgeht, arbeitet mit dir. Es geht nicht darum, wer du bist. Es geht nicht um dein Ego. Beim ehrlichen Schauspielen geht es darum, bereit und offen zu sein, deine tiefsten und dunkelsten Geheimnisse preiszugeben und zu sagen: »Hier sind sie.« Es geht um Gestaltung und Verwandlung und Veränderung. Alles in mir oder um mich herum kann Teil meiner Arbeit werden, solange es *wahr* ist.

Ich begegnete Susan zum ersten Mal in New York, kurz bevor ich *The Peacemaker (Projekt: Peacemaker)*[1] drehte. In London, bei *Eyes Wide Shut*,[2] arbeiteten wir zwei Jahre lang richtig miteinander und seitdem bei jedem meiner Filme, egal wo. Die Arbeit eines Schauspielers endet

---

1 USA 1997, Regie: Mimi Leder.

2 USA 1999, Regie: Stanley Kubrick.

nicht mit einem bestimmten Projekt, und die Reise, die Susan und ich in den letzten zwölf Jahren gemeinsam unternommen haben, war nie ausschließlich auf eine bestimmte Leistung ausgerichtet. Spielen ist so viel mehr als nur künstlerischer Erfolg. Es ist stärker und geht tiefer. So muß es sein – es liegt mir im Blut, es fließt durch mich hindurch. Ich weiß, es liegt auch in Susans Blut. Es kommt mir so vor, als wären wir schon mein ganzes Leben zusammen.

Bei unserer gemeinsamen Arbeit hat Susan all meine verschiedenen Seiten und Identitäten gesehen. Sie kennt mich als eine Tochter, eine Mutter, eine Schwester und eine Ehefrau. Mehr als irgend jemand in meinem Leben hat Susan Zugang zum Lexikon meiner Emotionen. Wir finden und teilen buchstäblich die Begriffe, die in mir Gefühle auslösen und in den Figuren, die ich spiele. Nur ein wunderbarer, lenkender, einfühlsamer und sehr kluger Mensch kann das bewirken. Susan hat sowohl einen scharfen Verstand als auch ein starkes Gefühlsleben. Sie ist ebenso intuitiv wie intelligent. Diese beiden Seiten an ihr sind im Gleichgewicht. Ich versuche, im Leben wie in der Arbeit dasselbe Gleichgewicht zu wahren.

Wir alle haben unseren Schutzpanzer. Es passieren Dinge im Leben, die uns ermutigen, den Panzer zu durchbrechen, und andere Dinge, die uns dazu bringen, den Panzer neu anzulegen. Das gilt besonders für den manchmal ziemlich entmutigenden und manchmal ganz außergewöhnlichen künstlerischen Weg, den Susan und ich gehen. Meine Zeit mit Susan hat mich gelehrt, an meinem Panzer zu arbeiten. Durch ihre Zusammenarbeit wurde ich so viel selbstsicherer als Schauspielerin und durch ihre Freundschaft selbstbewußter als Frau. Egal was passiert ist, ich bin nie ins Wanken geraten. Susan läßt das nicht zu.

Mit einer großartigen Lehrerin erscheint einem alles möglich. Viele Schauspieler, die ich bewundert und verehrt habe und mit denen ich bei einigen wenigen Gelegenheiten das Glück hatte zu arbeiten, wurden von Lehrern geformt und inspiriert, die ihnen einen Zugang zu ihrer Kunstform eröffneten. Unter den Schauspielern sind Lee Strasberg, Sanford Meisner und Jeff Corey ebenso legendär wie ihre Schüler Marilyn Monroe, Robert Duvall und Jack Nicholson. Ich bin sicher, daß Susan Batson als eine legendäre Schauspiellehrerin in die Geschichte eingehen wird. Ich kann nur hoffen, daß meine Arbeit zu ihrer Berühmtheit beitragen wird.

Susan unterschreibt ihre Briefe mit »Always in the Art«. Susan und ich werden den Rest meines Weges als Schauspielerin Seite an Seite gehen. Wir werden gemeinsam »immer für die Kunst« arbeiten, und ich werde immer dankbar sein, daß ich sie gefunden habe.

Und jetzt, mit diesem Buch, hast auch du sie gefunden.

Nicole Kidman

Wahrheit! Gott hat dich geschaffen, über Fluten und Flammen oben zu schwimmen.
Alexandre Dumas[3]

Der Weg zur Wahrheit durch die sorgfältige Untersuchung der Tatsachen ist der Weg des Wissenschaftlers. Ein schwerer und undankbarer Weg. Es ist nicht der Weg des Dichters. Er versteht Wahrheit durch Kraft: Die Wahrheit, die er versteht, kann nicht geleugnet werden, außer durch eine größere Kraft, und es gibt keine größere Kraft.
John Masefield[4]

Die Fahrt

Ich wohne in der Upper West Side von Manhattan. Jeden Tag holt mich mein Fahrer Segundo ab und fährt mich zum *Black Nexxus*, dem Schauspielstudio, das mein Sohn und ich im Theaterviertel betreiben. Weil ich entweder eingeigelt zu Hause Drehbücher lese oder bis in die Puppen im Studio arbeite, habe ich meine Fahrten quer durch die Stadt ins Zentrum lieben gelernt. Ich freue mich darauf, auf den West Side Highway abzubiegen und die Stadt eine Weile beiseite zu lassen. Auch wenn ich in der Regel den größten Teil der Autofahrt mit dem Handy telefoniere, schaue ich doch aus dem Fenster auf das Wasser, und es erinnert mich daran, daß es ein tiefes, fließendes Universum von Ideen und Menschen zu erkunden gibt.

Ein paar Blocks bevor wir in die 44. Straße abbiegen, verspricht eine Werbetafel eine *Nonstop-Live-Show* mit *nackten Mädchen* auf *zwei Büh-*

---

3 In: Alexandre Dumas: *Der Graf von Monte Christo*, München 1999. (Anm. d. Red.)

4 In: John Masefield: *Shakespeare & Spiritual Life*, Oxford 1924. (Originalausgabe) *nen*. Das bringt mich immer abrupt in die Wirklichkeit zurück. Einige der Schauspielerinnen, mit denen ich arbeite, tanzen in diesem oder ähnlichen Clubs in New York und New Jersey. Mir öffnet das jeden Tag die Augen über die Entscheidungen, die Schauspieler treffen müssen, um zu überleben.

Segundo hält vor der Tür meines Studios. Mit wenigen Schritten bin ich durch die Tür und im Studiobüro und bespreche den Tagesplan mit meinen Mitarbeitern. Alle, die für mich arbeiten, sind Schauspieler. Manche von ihnen tauschen ihre Arbeitszeit in meinem Büro gegen meine Arbeitszeit mit ihnen im Kurs. Ich habe diese Regelung nie bereut. Sie sind dieselbe Verpflichtung eingegangen wie ich: sich nicht nur blicken zu lassen, sondern vorbereitet und bereit für die Arbeit zu erscheinen. Das ist es, woran ich glaube. Das ist alles, worum es mir geht – zu arbeiten.

Und das gilt auch für meinen ersten Kurs heute. Er steht allen offen, ungeachtet ihrer Erfahrung – jeder, der von der Straße hereinkommt mit dem Wunsch zu arbeiten und der Leidenschaft, etwas zu erschaffen, ist willkommen. Ein offener Kurs wie dieser hilft mir, herauszufinden, auf welchem Stand ein Schauspieler ist und was wir im *Nexxus* für ihn tun können. Außerdem bekommen die Schauspieler im Kurs ein Gefühl dafür, wer ich bin und welche Methode ich anwende. Sie müssen sehen, ob mein Studio der richtige Ort für sie ist. Es hat sich auch als beste Art erwiesen, Schaumschläger loszuwerden, die nicht arbeiten wollen!

Wenn ich mein Studio betrete, trete ich in eine Welt, in der ich mich seit meinem achten Lebensjahr bewege, und es ist der einzige Ort, an dem ich mich je wirklich wohl gefühlt habe. Ich gebe diese anspruchsvolle und wunderbare Kunst des Schauspielens gern weiter. In diesem Sinne machen wir uns an die Arbeit.

Teil I

Need,
Public Persona
und
Tragic Flaw

KAPITEL 1

Der Kreis

Unsere soziale Persönlichkeit ist eine geistige Schöpfung der anderen.
Marcel Proust[5]

Der Kurs

Ich drücke die Play-Taste an einem tragbaren CD-Player, und Curtis Mayfield singt:

People get ready, there's a train a-coming

Ich übertöne die Musik:

»Ich werde jeden von euch, einen nach dem anderen, in die Mitte des Kreises rufen, damit ihr euch zu der Musik bewegt. Ihr könnt euch ausdrücken, wie ihr wollt. Die anderen bleiben außerhalb des Kreises und folgen der Person im Zentrum. Gebt euch der jeweiligen Person hin, ihrer Phantasie, ihrer Sexualität, ihrem Rhythmusgefühl und ihrer emotionalen Erfahrung – ihrer Persönlichkeit! Öffnet euch ihrem Selbstempfinden! Gut, eine neue Figur tritt in die Mitte des Kreises!«

You don't need no baggage, you just get on board.

---

5 Marcel Proust: *Combray.* Aus dem Französischen von Michael Kleeberg, München 2002, S. 29. (Anm. d. Red.)

DREW WINSLETT

Drew kann es kaum erwarten, in den Kreis zu treten. Auf dem Weg in die Mitte zieht sie ihren Pullover aus wie eine Stripperin. Sie folgt ganz ihren Impulsen, ohne Hemmungen – möglicherweise ein großes Talent.

Sie spürt die Erregung, in die sie die restlichen Kursteilnehmer versetzt, und zusammen mit ihnen genießt sie jede ihrer Bewegungen. Die Schauspieler außerhalb des Kreises betrachten sie, tanzen mit ihr und sind hundertprozentig dabei. Drew findet diese Aufmerksamkeit aufregend.

Aber so selbstbewußt sie auch scheint, dieses Mädchen ist in Wirklichkeit darauf aus, anderen zu gefallen. Anstatt ihren eigenen Instinkten zu vertrauen, orientiert sie sich an den Reaktionen der anderen. Dabei hört sie nur auf eine Stimme in ihrem Innern, die des Selbstzweifels, die sie treibt, mehr und mehr und mehr zu geben, wodurch ihre Selbstachtung unerreichbar wird.

All you need is faith to hear the diesels humming
You don't need no ticket, you just thank the Lord

»Eine neue Figur ist in die Mitte gekommen. Öffnet euch ihr!«

EASTWOOD DE WAYNE

Bevor er in die Kreismitte trat, machte dieser gutaussehende, selbstbewußte, sehr männliche Typ einen Diskoschritt, wobei er jeden im Raum zum Wegsehen zwang. Ich schmunzelte, froh, daß er sich über sich selbst lustig machen konnte. Aber sobald er in der Mitte ist, ist er sich voller Befangenheit seines Körpers bewußt und merkt, was ihn wirklich beherrscht. Er verwandelt sich in einen steifbeinigen Hengst. Jeder im äußeren Kreis versteift sich mit ihm und zwingt ihn so, sich mit einer kreisförmigen Spiegelvision seiner Verwundbarkeit konfrontiert zu sehen.

All die Schwäche und Angst, die zu verbergen dieser Mann sich antrainiert hat, kommen ans Licht. Die verborgene Angst, die er preisgibt, hat ihn dazu getrieben, eine harte Fassade zu errichten, aber diese Angst hat ihn wahrscheinlich auch in meinen Kurs getrieben. Ich weiß, daß die Kehrseite dieser Angst die Entschlossenheit ist, etwas zu erschaffen.

Verlegenheit hat etwas wunderbar Zerbrechliches, wie die errötenden Wangen eines harten Kerls. Während ich beobachte, wie Eastwood nur mit Mühe weiter ein Hengst zu bleiben versucht, hoffe ich, daß er den Dichter in sich kennenlernen wird.

Faith is the key, open the doors and board them
There's hope for all among those loved the most

»Eine neue Figur!«

SEAN DEAN

Grüblerisch, dunkel, düster – als Teil des äußeren Kreises bewegte er sich kaum. Er hat nicht versucht, *sich einzulassen* – sich dem Charakter und der Persönlichkeit von jemand anderem zu öffnen.

Aber als er in die Mitte gerufen wird, ballt Sean seine Fäuste, sein Gesicht verzieht sich, und er sinkt auf die Knie. Tränen laufen ihm über die Wangen, und er krallt sich auf dem Boden fest. Seine emotionale Tiefe ist enorm. Aber er muß lernen, daß Schauspielen nicht Gefühle darstellen bedeutet, sondern TUN. Er muß auf das setzen, was aus einer Figur einen Menschen aus Fleisch und Blut macht, und nicht auf seine eigene Theatralik. Sein starkes Gefühlsleben ist ein naturgegebenes Talent. Wenn er es richtig nutzt, kann ihn dieses Talent zu einem großen Schauspieler machen.

There ain't no room for the hopeless sinner
Who would hurt all mankind just to save his own

»Und noch eine! Komm in die Mitte!«

ANGELINA LA MONROE

Geschmeidig, kurvenreich, strotzt sie vor Sexappeal, als sie in die Mitte tritt. Aber ihre Augen sagen etwas anderes als ihr Körper. Dieser unter schweren Augenlidern glühende Blick sagt mir, daß diese Schönheit sich nach Anerkennung sehnt. Sie überdeckt diese Sehnsucht mit Ehrgeiz. Und dieser Ehrgeiz hat sie zu dem Supermodel gemacht, das sie heute ist. Ihr Bedürfnis nach Anerkennung rührt mich. Angelina weiß, daß sich die Leute nach ihr umdrehen, aber ich glaube nicht, daß sie weiß, daß sie etwas kann, was nur wenige Schauspieler können: Menschen wirklich berühren.

Have pity on those whose chances grow thinner
For there is no hiding place against the kingdoms throne

»Kommt schon, macht euch bereit!«

PETER VON SELLERS

Als einer nach dem anderen in die Mitte des Kreises getreten war, hatte Peter ihre Bewegungen mit bemerkenswerter Genauigkeit nachgeahmt. Allein in der Mitte, nimmt er Schritte von jedem auf, der vor ihm an der Reihe war. Peter ist der geborene Imitator und weiß genau, welche individuelle skurrile und unverwechselbare Eigenart er in seine Darstellung von jeder Person einflechten soll. Er traut sich sogar, mich nachzumachen, und ich brülle vor Lachen. Aber ich frage mich, ob der Imitator uns erlauben wird, ihn selbst zu sehen. Um seine Figuren zum Leben zu erwecken, muß er das, was er ist, aufdecken und einsetzen.

People get ready, there's a train a comin'
You don't need no baggage, you just get on board

»Hier kommt eine neue Figur!«

BRIGITTE BERRY

Schlank, ausdruckslos, in Sportkleidern – sobald die Musik läuft, fängt Brigitte an, sich virtuos und kraftvoll zu bewegen. In der Mitte des Kreises ist das Mädchen nicht zu bremsen. Ihre Bewegungen sind so stark und anmutig, daß die anderen Teilnehmer im Kreis nicht mithalten können. Tänzerin, Athletin, Kampfsportlerin – was auch immer sie ist, sie hat sich unter Kontrolle, ist diszipliniert und bewegt sich reichlich. Die unzähligen Stunden an der Ballettstange oder im Fitneßstudio haben sich gelohnt.

Brigittes Einsatz ihrer körperlichen Fähigkeiten ist bewundernswert. Aber ihrer Bewegung fehlt die Seele. Ich vermute, daß unter ihrem perfekt kontrollierten und geformten Äußeren ein emotionaler Vulkan auf den Ausbruch wartet.

All you need is faith to hear the diesels humming
You don't need no ticket, you just thank the Lord

»Noch eine! Konzentriert euch!«

HARRISON COSTNER

Als großer, zur weißen Mittelschicht gehörender Bewohner des Mittelwestens könnte er ein Cowboy oder ein Kennedy sein. Harrison wirkt eingeschüchtert von Leuten wie Dean, die Tränen vergossen, als sie ihren Platz im Zentrum des Kreises einnahmen. Jetzt, da er selbst in der Mitte ist, erfüllt er einfach meine Anweisungen und öffnet sich gerade so weit, daß seine Sexualität und sein Sinn für Humor zum Vorschein kommen.

Außerhalb des Kreises ist er pikiert über die Zurschaustellung starker Gefühle. Innerhalb des Kreises ist er sicher in seinen eigenen Charme verpackt. Das sind zwei Warnhinweise. Ich kann einen flüchtigen Blick auf eine komplexe Psyche werfen, Regungen von Wut und Schmerz, hinter seiner biederen Fassade. Ich sehe meine Aufgabe darin, ihm zu erlauben, den »Kerl« dahinschwinden und sein wahres Ich zum Ausdruck kommen zu lassen.

Die Eingebung

Curtis singt, die Schauspieler betreten und verlassen den Kreis, und ich habe eine plötzliche *Eingebung* – ein Gefühl, ein klares, intuitives Verständnis für jeden der Leute im Kurs. Ich kann mich auf jeden einzelnen *einlassen*, auf die Energie der Persönlichkeit und auf die Empfindungen der Lebenserfahrung jedes einzelnen, die aus der Mitte dieses Kreises kommen. Ich bin fasziniert von den Abwehrstrategien dieser Schauspieler. Und ich fühle mich von der Stärke und Wahrheit dessen, was sie bereit sind zu zeigen, ermutigt.

24 Stunden am Tag, sieben Tage die Woche sprechen wir und bewegen uns als eine Figur. Es ist eine Figur, die wir unbewußt und bewußt während unseres ganzen Lebens entwickelt haben. Model, Kellner, Schriftstellerin, Zimmermann, Anwältin, Schönheitschirurg, Hausfrau, Manager – wir alle zeigen ein Verhalten, das die Figur ausmacht, die wir für uns von Kindheit an bis zu unserem Erwachsenenleben geschaffen haben.

Im Kreis zeigen die Schauspieler zugleich die Details der Fallstricke ihrer jeweiligen Figuren. Sie zeigen mir außerdem, ob sie dazu bereit sind, ihre eigene Figur loszulassen und sich auf eine andere *einzulassen*. Die Fähigkeit, sich in das Wesen eines anderen Menschen einzufühlen, ist ein wesentlicher Bestandteil der Schauspielkunst.

Schauspielen ist ein Handwerk, eine disziplinierte Kunstform, die alles benutzt, was einen Künstler unverwechselbar macht, von der DNS angefangen. Wenn du Freude daran findest, das Gute, das Schlechte, das Häßliche, das Böse und das Außergewöhnliche in dir zu nutzen, um eine fiktionale Figur zu erschaffen, bist du auf dem besten Weg, dieses Handwerk meisterhaft auszuüben. Je eher du dazu bereit bist, die Ereignisse und Empfindungen, die dich zu dem gemacht haben, was du bist, mitzuteilen, desto besser wirst du als Künstler sein. Je mehr du bereit bist, die Wahrheit zu sagen, desto stärker wirst du als Künstler sein.

Schauspielen ist keine Psychotherapie. Es ist persönlich aufschlußreich, aber es ist keine Therapie. Tatsächlich würde ein Therapeut vieles, zu dem ich Schauspieler ermutige, nicht erlauben. Ein Therapeut erwartet, daß du dein Verhalten änderst, kontrollierst oder in Frage stellst. Ich fordere dich auf, ES ZU BENUTZEN! Schauspielen verlangt, daß du das Wilde, Sündige oder Schmerzhafte in dir zelebrierst. Benutze deine Phantasie, um das, was bereits in dir steckt, freizulegen und in die Kunst einfließen zu lassen.

Sich jeden Tag leidenschaftlich dem Schauspielhandwerk zu widmen bedeutet eine nicht endende Verantwortung. Wenn du dieser Verantwortung nicht gewachsen bist, wenn dein künstlerischer Wille, deine Sehnsucht, dein Mut oder deine Charakterstärke es dir nicht möglich machen, durchzuhalten – geh nach Hause! Es ist nicht deine Kunstform – gewiß ist meine Methode nicht das richtige für dich.

Fiktionale Figuren sind am Anfang ihrer Geschichten so wenig lebendig und ganz ausgeformt wie Schauspieler, wenn sie in den Kurs kommen. Es sind die alten Wunden, die tiefen Ängste, die heiligen Hoffnungen, die Taten und Gegebenheiten unseres Lebens, die anzeigen, wer wir sind. Schauspieler untersuchen all diese Dinge in sich und den Figuren, die sie spielen. Ein Schauspieler[6] untersucht die Essenz dessen, was uns zu den Menschen macht, die wir sind.

Jede literarische Figur hat drei grundlegende Dimensionen: *Public Persona*, *Need* und *Tragic Flaw*. Jeder Mensch hat die gleichen drei Dimensionen. Um wirklich zu spielen – um einem Text Leben einzuhauchen –, mußt du diese drei Dimensionen in dir finden und erforschen.

---

6 Aus Gründen der Lesbarkeit wird im Folgenden meist die männliche Form verwendet, es ist jedoch immer die weibliche Form mitgemeint. (Anm. d. Red.)

KAPITEL 2

Das Gesicht

… und Pracht und Festlichkeit und Freudentaumel,
und Maskerade und Aufzug alter Sitte:
solche Darstellungen, wie heitre Dichter träumen
An einem Sommerabend nahe bei einem von Geistern besuchten Strohme.
John Milton[7]

Die Geschichte

Schauspielen ist so alt wie die Steinzeit. Als Mitglieder eines Stammes von Jägern und Sammlern einen Kreis um das Feuer bildeten und die Geschichten über ihren täglichen Kampf und ihre Eroberungen erzählten, waren sie die ersten Schauspieler. Die Zeit verstrich, die Zivilisation entwickelte sich, und der Kreis wuchs. Das Feuer verlosch, aber die Form blieb. Der Kreis wurde zu einem großen Halbkreis mit in den Hang eines Hügels angelegten Sitzreihen aus Stein: das klassische griechische Theater.

Schauspieler erhalten eine große Tradition aufrecht. Wir sind Handwerker, die aus Worten wahres Leben entstehen lassen. Diese Tradition hat ihren Ursprung in der Steinzeit, lebte aber im antiken Griechenland weiter. Wir Schauspieler sind die Kinder von Thespis aus Ikaria – dem Schauspieler, der unser jahrhundertealtes menschliches Ritual als moderne Kunstform neu erfand.

---

7 John Milton: *Allegro und Penseroso*, übersetzt von O. H. von Gemmingen, Mannheim in der Schwanischen Buchhandlung MDCCLXXXII 1782 (Neudruck 1921). (Anm. d. Red.)

Die Maske

Im 5. Jahrhundert v. u. Z. standen die Griechen an einem Scheideweg des Geschichtenerzählens. Bis zu diesem Zeitpunkt waren ihre Kommunikationsrituale in zwei Lager geteilt. Auf der einen Seite gab es die Epiker, die von Stadt zu Stadt zogen und die Massen mit Solovorträgen von langen epischen Gedichten unterhielten. Es war ihre Lebensaufgabe, diese auswendig zu lernen. Die Epiker trugen ihre Geschichten in der dritten Person vor. Sie gaben den Helden ihrer Geschichten keine eigene Stimme oder liehen ihnen ihr Gesicht; sie beschrieben nur die Reisen ihrer Helden und äußerten sich zu ihrem Schicksal.

Auf der anderen Seite gab es den »Dithyrambos«, eine Art feierliche Hymne, die zu Ehren von Dionysos bei den Dionysien im Frühling im Theater vorgetragen wurde. Der Dithyrambos war heilige Zeremonie, ausgelassene Feier und ritueller »Zauber« zugleich und verband so das Urtümliche und das Formelle. Seine Sänger setzten gemeinsam ihre Stimmen und Körper ein, um als Gruppe und nicht als Individuen eine Geschichte zu erzählen. Zusammen stand dieser Chor für den Willen der Götter oder für eine einzelne Figur, die den Launen der Götter unterworfen war. Der gesamte Chor anonymer Darsteller tanzte und sang die Rollen der einzelnen Figuren, Götter wie Sterblichen, unisono hinter identischen Masken.

Auf der Suche nach einer intimeren Kommunikation mit seinem Publikum, als dies mit diesen beiden rituellen Formen des Geschichtenerzählens möglich war, verknüpfte Thespis, ein Dichter und Schauspieler, beide miteinander. Von den Epikern übernahm Thespis die individuelle Verantwortung dafür, die Geschichte zu erzählen. Vom Dionysischen Chor übernahm er die Ich-Form, die Maske und die Bewegungen. Bei einer längst in Vergessenheit geratenen, antiken religiösen Feier etwa schminkte sich Thespis das Gesicht mit strahlendem Bleiweiß, wodurch er sich vom Rest des Chors unterschied, stellte sich allein in die Mitte der Bühne und interagierte aus der Ich-Perspektive direkt mit dem Gruppen-Chor.

Thespis vereinte die individuelle Präsentation des Epos mit der Gruppenpersonifikation des Dithyrambos-Chors. Mit dem Gesicht und der Stimme einer Einzelperson weckte Thespis die Aufmerksamkeit des

Publikums mehr, als es die Epiker mit auswendig gelernten Geschichten je könnten. Als Thespis aus dem Chor heraustrat, wurde er für sein Publikum etwas Realeres als die symbolische Gruppenidentität des Chores. Thespis war eine *Figur* geworden. Und seine Bereitschaft, seine Individualität unter der geschminkten Maske durchscheinen zu lassen, machte ihn zum ersten anerkannten *Schauspieler*. Er galt als der legendäre Erfinder des modernen Dramas.

In Anlehnung an Thespis' weiße Schminke begannen seine Nachfolger damit, Masken zu entwerfen, um sich in die einzelnen Figuren zu verwandeln, die diese neue Kommunikationsform erforderte. Die Maske eines griechischen Schauspielers wird als *Persona* bezeichnet. Durch die Ausdrucksformen der Schauspielermaske ließ die *Persona* das Publikum in Kopf und Herz der Figur sehen. Mit der Weiterentwicklung dieser neu geschaffenen theatralen Kunstform wurden auch die Masken der Schauspieler komplexer und vielfältiger.

Obwohl Masken und andere Theaterkonventionen kommen und gehen, verwendet man den Begriff *Persona* noch heute. Sigmund Freuds Schüler C. G. Jung lieh sich das griechische Wort für die Maske des Schauspielers, um die Masken der Persönlichkeit zu beschreiben, die Menschen ihr Leben lang tragen. Jungs *Persona* bezeichnet das Gesicht, das wir der Gesellschaft präsentieren und das unser wahres Ich verdeckt.

Jung glaubte, daß jeder Mensch eine *Persona* entwirft und beibehält – eine Maske, die wir tragen und die der Welt das Gesicht zeigt, das sie sehen soll.

Sie zeigt sich in unserem Gesicht, unser Art zu reden, der Art, uns zu bewegen. Wir haben eine *Persona*. Deine Eltern haben eine *Persona*; deine Brüder, Schwestern, Nachbarn und der Verkäufer im Videoladen – alle haben eine *Persona*. Wir alle haben ein Gesicht, das wir in der Öffentlichkeit tragen und das unser privates Ich verdeckt. Das gleiche gilt für fiktionale Figuren. Die innersten Gedanken, Gefühle und Träume einer Figur liegen knapp unter der Oberfläche der Maske, die er oder sie trägt – seine oder ihre *Public Persona*. Wie Jungs Persona und Thespis' Maske ist die *Public Persona* einer Figur die äußere Schicht der Identität, die diese Figur den anderen Menschen in der Geschichte zeigt. Für eine Figur ist die *Public Persona* nur die erste Dimension.

KAPITEL 3

Die *Public Persona*

Daher versuchen wir, in einem langen Prozeß unsere persönliche Wahrheit zu entdecken, die, bevor sie uns den neuen Freiheitsraum schenkt, immer schmerzt.
Alice Miller[8]

Der Gangster

Auch wenn wir niemals einen Augenblick aus der Kindheit einer Figur gezeigt bekommen oder ein Wort Dialog darüber hören, wächst eine erwachsene Figur, in einer Geschichte wie im Leben, aus dem Samen der Erfahrung der Kindheit. Eine Figur schlüpft beim Erscheinen auf der Leinwand ebensowenig aus dem Ei wie ein Mensch, wenn man ihm das erste Mal die Hand gibt.

Ob wir uns dessen bewußt sind oder nicht, die persönlichen Hindernisse, nachhaltigen Verletzungen und ungelösten Probleme unserer Kindheit bleiben unser Leben lang bestehen. Dieser Schmerz, dieser ungelöste Konflikt und die unerfüllte Sehnsucht bringen uns unbewußt dazu, das zu tun, was wir tun, und die Entscheidungen zu treffen, die wir treffen. Wir erschaffen eine *Public Persona*, um diese Verletzbarkeit und Schwäche und all das, wofür sie stehen, zu verstecken. Das ist bei einer fiktionalen Figur nicht anders.

In *Pulp Fiction*[9] fährt Vincent Vega in der Gegend um Los Angeles herum, redet blödes Zeug mit seinem Partner Jules, und wenn es ihm sein Gangsterboß befiehlt, ballert er auf jeden, bis sein Magazin leer ist.

---

8 Alice Miller: *Das Drama des begabten Kindes. Eine Um- und Fortschreibung*, Frankfurt 1997, S. 4. (Anm. d. Red.)

9 USA 1994, Regie: Quentin Tarantino.

Vincent ist der ideale Typ für seine Aufgabe, weil er kein Mitgefühl hat für die Menschen, die das Pech haben, ihm ins Visier zu geraten. Es fällt Vincent leicht, Menschen zu verletzen, weil er ihren Schmerz nicht auf der Gefühlsebene erlebt.

Aber nachdem die beiden Killer ohne einen Kratzer einen Kugelhagel überstehen, beginnt Jules für seinen Teil, mehr zu fühlen, als ihm lieb ist. Als sich die Zufallsbegebenheiten in *Pulp Fiction* häufen, fängt Jules (und der Zuschauer) langsam an zu begreifen, was er und Vincent ihren Opfern antun. Jules fühlt mit und wächst. Vincent nicht.

Vincents *Public Persona* ist es, »ein Killer zu sein«, ein gewissenloser Auftragskiller. Aber sein Auftreten als harter Typ, der ununterbrochen Banalitäten von sich gibt und Drogen nimmt, um sich zu betäuben, deutet darauf hin, daß er etwas zu verbergen hat. Seine *Public Persona* (»ein Killer zu sein«) ist nur eine Hülle, die eine tiefere Verletzbarkeit verdeckt. Es ist nur die äußere Schicht von Vincents Persönlichkeit.

Wie der mächtige Zauberer von Oz sagt uns Vincents *Public Persona*: »Achten sie nicht auf den Mann hinter dem Vorhang.« Und wie beim Zauberer von Oz ist ein kleiner Mann/ein Kind am Werk, der hinter der *Public Persona* jeder Figur die Knöpfe drückt. Es gibt eine verborgene, beharrliche, ständig drängende Kraft aus der Kindheit, die Vincents *Public Persona* verdeckt: sein *Need*. Vincents *Need* ist es, »in Sicherheit zu sein«.

Die *Public Persona* ermöglicht uns, den intimen Einfluß des kindlichen *Needs* zu verbergen. Ohne die *Public Persona* wären wir hilflos in einer Welt, die von Kindheit an den Anschein von geistiger Gesundheit und innerem Gleichgewicht erfordert. Stell dir vor, Vincent Vega würde in *Pulp Fiction* jeden, den er trifft, bitten, ihm das Gefühl zu geben, in Sicherheit zu sein. Klingt absurd? Natürlich. Dennoch ist es das *Need*, das Vincent in seinem Leben und in der Geschichte von *Pulp Fiction* antreibt, auch wenn ihm das nicht bewußt ist. Seine *Public Persona*, »ein Killer zu sein«, überwuchert sein unerfülltes *Need*, »in Sicherheit zu sein«, wie eine Narbe eine Wunde überwuchert.

Großes Schauspielen geht unter die Maske der *Public Persona*. Es offenbart und vermittelt die Intimität, die unter der Hülle liegt: das *Need*. Auch wenn er es vielleicht nicht weiß, jeder Zuschauer hat eine eigene

Public Persona, und ein verborgenes *Need*. Er nimmt das Wirken dieser beiden Kräfte bei einer Figur wahr, auch wenn er sie nicht benennen kann. Um einer Figur mehr als eine Dimension zu geben, muß der Schauspieler das *Need* der Figur kennen, das von der notwendigen *Public Persona* verdeckt wird.

KAPITEL 4

Das *Need*

Unsere Träume bestehen aus Sehnsüchten und unerfüllten Bedürfnissen.
Sidney Poitier

»Morgen ist auch noch ein Tag«

Es war einmal eine verwöhnte reiche Plantagenbesitzertochter namens Scarlett O'Hara, die in einem fiktiven Südstaat vor dem Sezessionskrieg lebte. Aber verwöhnt ist noch nicht alles: Im Verlauf von *Gone With The Wind (Vom Winde verweht)*[10] intrigiert Scarlett, lügt und betrügt jeden, der den Fehler begeht, sich für sie zu interessieren.

Scarlett ist die Heldin des berühmtesten Hollywoodfilms, der je produziert wurde. Aber heldenhaft ist sie nicht. Diese Frau ist eine »liebe Freundin«, die bereit ist, die Ehe ihrer Cousine zu zerstören, eine Tochter, die den Verzicht und die Großzügigkeit ihres Vater erst anerkennt, nachdem er den Verstand verloren hat, und eine Mutter, die ihr Kind erst lieben kann, nachdem es tot ist.

Aber es gibt einen unerfüllten Ort in Scarlett, der ihre Intrigen und ihre Manipulationen notwendig, verständlich und sogar reizvoll macht. Scarletts Maske einer berechnenden, koketten Frau – ihre *Public Persona* – verdeckt eine Sehnsucht, die so einfach wie mächtig ist.

Diese Sehnsucht ist ihr *Need.* Scarletts *Need* ist ein Mangel in ihrem Inneren, der so tief ist, daß sie vollkommen hilflos wäre, wenn ihre *Public Persona* ihn nicht verdecken würde. Ihre *Public Persona* ist ein Bewältigungsmechanismus, um in der Welt da draußen, wo ihr tief verborgenes *Need* unerfüllt bleibt, zu überleben.

---

10 USA 1939, Regie: Victor Fleming, Produktion: David O. Selznick.

Scarletts *Need* ist es, »beschützt zu werden«. Sie benutzt ihre Schönheit, um die beschützende Aufmerksamkeit der Männer auf sich zu ziehen. Rhett Butler erkennt, daß unter ihrem koketten Charme ein tiefes *Need* liegt, und sagt ihr das auch: »Du solltest oft und von jemandem geküßt werden, der weiß, wie.« Er weiß, daß Scarlett sich nur in den Armen von jemandem sicher fühlen kann, der so besessen von ihr ist wie sie selbst.

In *Gone With The Wind* ist jede Entscheidung, die Scarlett trifft, und jede Intrige, die sie spinnt – die Verfolgung von Ashley, ihre Ehen, ihr Weggang und ihre Rückkehr nach Tara, ihre Mutterschaft –, ein Versuch, ihr *Need* (»beschützt zu werden«) zu erfüllen. Ihr *Need* ist die einzige, einfache und grundlegende Kraft, die ihre *Public Persona* (»die Südstaatenschönheit zu spielen«) erforderlich macht. Scarletts *Need* ist die treibende Kraft für ihre Figur in Margaret Mitchells Buch und David O. Selznicks Film. Vivien Leigh, mit 26 bereits eine sehr erfahrene Schauspielerin, deckt furchtlos die tiefste Dimension ihrer Figur auf: das unter Scarletts lebhafter *Public Persona* verborgene *Need.*

Die Wahrheit

Unerfülltes *Need* ist die allgemeine Wahrheit im Zentrum jeder Figur. Es ist ein unerfülltes *Need,* »jemand zu sein«, das sich unter überheblicher Grausamkeit (Alonzo Harris – *Training Day* [11] – Denzel Washington) verbirgt. Es ist ein unerfülltes *Need,* »akzeptiert zu werden«, das den Kern der rebellischen Anarchie einer Einzelgängerin (Lisa – *Girl, Interrupted [Durchgeknallt]* [12] – Angelina Jolie) ausmacht.

Das *Need* gibt die *Public Persona* einer Figur vor, nicht umgekehrt. Weil Figuren sich genausowenig ihres grundlegenden, alles beherrschenden *Need* bewußt sind wie reale Menschen, ist der beste Weg, das *Need* einer Figur zu finden, ihre *Public Persona* zu untersuchen. Sieh dir einfach ihre *Public Persona* an und frage dich, was das Gegenteil dieser

11 USA 2001, Regie: Antoine Fuqua.

12 USA 1999, Regie: James Mangold.

Public Persona wäre. Welches *Need* würde diese *Public Persona* hervorbringen? Was versteckt diese *Public Persona?*

Howard – *The Aviator (Aviator)* [13] – Leonardo DiCaprio
Need: »bemuttert zu werden«
Public Persona: »keine Grenzen zu kennen«

Leticia – *Monster's Ball* [14] – Halle Berry
Need: »geliebt zu werden«
Public Persona: »alle wegzustoßen«

Bob – *Lost in Translation* [15] – Bill Murray
Need: »rechtschaffen und anständig zu sein«
Public Persona: »ein Gauner zu sein«

Die Kollision

Das Gleichgewicht zwischen *Need* und *Public Persona* ist empfindlich. Das *Need* treibt eine Figur unerbittlich durch eine Geschichte. Wenn das *Need* stärker ist als die *Public Persona*, wenn sich das unerfüllte *Need* nicht mehr verleugnen läßt und die *Public Persona* blockiert, zeigt sich die dritte Dimension einer Figur: der *Tragic Flaw.*

---

13 USA 2004, Regie: Martin Scorsese.
14 USA 2001, Regie: Marc Forster.
15 USA 2003, Regie: Sofia Coppola.

KAPITEL 5

Der *Tragic Flaw*

Wenn eine Indianerin eine Decke webt, hinterläßt sie einen Webfehler, um die Seele herauszulassen.
Martha Graham

Das Chamäleon

Frank Abagnale jr. ist ein kluger, sympathischer und reicher Teenager. Er ist der Liebling seines Vaters. Auch seine Mutter, eine schöne französische Kriegsbraut, liebt ihn über alles. Aber im ersten Teil von *Catch Me If You Can*[16] erfährt Frank jr. die ganze schreckliche Wahrheit. Die Steuerbehörde ermittelt gegen seinen Vater. Seine Mutter hat eine Affäre. Frank vergöttert seinen Vater, und die Wahrheit über die Unehrlichkeit seines Vaters quält ihn. Er verehrt seine Mutter, und die Wahrheit über ihre Untreue quält ihn ebenso.

Franks Vater ist keine Stütze der Gesellschaft; er ist ein Betrüger. Seine Mutter ist keine exotische Beute; sie ist eine untreue Hausfrau. Als Frank von der Lüge erfährt, die seine Familie lebt, ist er nicht mehr sicher, wer er wirklich ist. Franks *Need* ist es, »eine eigene Identität zu haben«.

Frank gibt sich so erfolgreich als Vertretungslehrer aus, daß es nicht lange dauert und die Leute glauben, er sei ein Anwalt, ein Pilot, ein Arzt und vieles mehr. Seine *Public Persona* ist es, »jedermann zu sein«. Aber Frank ist nicht sein Vater, nicht der Junge, den seine Mutter liebt, er ist kein Anwalt, kein Arzt oder irgend etwas von dem, was er vorgibt zu sein. Er fälscht Schecks, so wie er Identitäten fälscht – er ist ein krankhafter Lügner. Das ist Franks *Tragic Flaw*.

Mit dem FBI im Nacken, nach der Beerdigung seines Vater und der

---

16 USA 2002, Regie: Steven Spielberg.

Wiederheirat seiner Mutter, stößt Frank auf seinen *Tragic Flaw*. Sein *Need* (»eine eigene Identität zu haben«) wird durch seine *Public Persona* (»jedermann zu sein«) blockiert. Der hierdurch entstandene *Tragic Flaw* (»ein krankhafter Lügner zu sein«) drängt Frank weiter weg von der Erfüllung seines *Needs*, als er es je zuvor war. Franks *Tragic Flaw* katapultiert ihn zum Höhepunkt von *Catch Me If You Can*.

Das Opfer

Am Anfang von *Monster*[17] beschreibt Aileen Wuornos, wie es war, in einer asozialen Wohnwagensiedlung aufzuwachsen. Sie wurde von frühster Kindheit an ausgenutzt, mißhandelt und ausgegrenzt. Ihr unerfülltes *Need* ist es, »dazuzugehören«. Die Hülle, die sie sich zulegt, um dieses *Need* zu verstecken, ist die einer Verbrecherin, eines Raubtieres. Ihre *Public Persona* ist es, »zu zerstören«.

Als sich Aileen in Selby verliebt, verändert sie sich. Behutsam verführt sie Selby und ernennt sich zu ihrer Beschützerin. Aber Aileens Mordserie läßt ihr *Need* (»dazuzugehören«) immer stärker auf ihre *Public Persona* (»zu zerstören«) prallen. Aileens *Tragic Flaw* ist, daß sie es zuläßt, das Opfer zu sein. Sie ist eine skrupellose mehrfache Mörderin, aber weil ihr *Tragic Flaw* sie beherrscht, wird sie zum Opfer von Selbys Launen und schließlich der Strafjustiz.

Der Einzelgänger

Anonym, unsichtbar und naiv – Travis Bickle in *Taxi Driver*[18] ist ein Einzelgänger in der Großstadt und sein Leben ein Alptraum und, wie er selbst sagt, »nur auf sich konzentriert«. Aber als Travis auf eine tugendhafte Wahlkampfhelferin und eine jugendliche Prostituierte trifft, be-

---

17 USA 2003, Regie: Patty Jenkins.

18 USA 1976, Regie: Martin Scorsese.

ginnt sein unbewußtes *Need* – »gesehen zu werden« – durch seine *Public Persona* – »unsichtbar zu sein« – durchzuscheinen.

Betsy, die Wahlkampfhelferin, betrachtet Travis als das, was er ist, ein »wandelnder Widerspruch«, und will nichts mit ihm zu tun haben. Iris, die jugendliche Prostituierte, akzeptiert ihn so, wie er ist, bietet sich ihm aber an, als wäre er einer von den Zuhältern, Gaunern oder dem ganzen anderen Abschaum, den Travis haßt.

Travis' *Need* (»gesehen zu werden«) auf der einen und seine *Public Persona* (»unsichtbar zu sein«) auf der anderen Seite prallen aufeinander. Als durch die Entscheidungen, die Travis trifft, sein *Need* und seine *Public Persona* in größeren Widerspruch zueinander geraten, gipfelt *Taxi Driver* in einer Explosion der Gewalt. In diesen gewalttätigen Momenten sieht sich Travis als unbesiegbar, als ein idealisierter Erlöser, der Betsy beschützt und Iris rettet. Diese Gewalt mit ihrer psychotischen Großartigkeit ist Travis' *Tragic Flaw*.

Der Siedepunkt

Wie in allen Geschichten bewegen sich in *Catch Me If You Can, Monster* und *Taxi Driver* die Protagonisten von einem Konflikt zur Krise und schließlich zum Höhepunkt. Die Kraft, die Frank, Aileen und Travis durch diese Situationen vorantreibt, die jede Figur durch jede Geschichte vorantreibt, ist ihr *Need*. Wenn sich in einer Geschichte die Lage verschärft, die Möglichkeiten der Figur sich verringern und ihr *Need* weiter unerfüllt bleibt, kann sich das *Need* nirgends entfalten. Das *Need* drängt immer noch, aber jetzt ist auch die *Public Persona* im Weg. Das *Need* wird von der erdrückenden Last des *Tragic Flaw* unter die zusammenbrechende *Public Persona* gepreßt. In diesen klimaktischen Augenblicken stellt der *Tragic Flaw* die größte Gefahr für die Figur dar. Der *Tragic Flaw* hat gleichzeitig das größte Potential für die Erlösung, wenn diese Blockade aufgelöst werden kann.

In *Catch Me If You Can* trifft Frank auf dem Höhepunkt eine Entscheidung. Er kann weiter weglaufen und versuchen, jedermann zu sein, oder er kann innehalten, in sich gehen und eingestehen, was er wirklich ist: ein Gauner wie sein Vater und ein Betrüger wie seine Mutter. Frank entscheidet sich dafür, mit dem FBI zusammenzuarbeiten und den Rest seiner Strafe abzusitzen. Es mag ihm vielleicht nicht gefallen, aber er hat einen Schritt in Richtung der Erfüllung seines *Needs,* »eine eigene Identität zu haben«, gemacht. Er weiß jetzt, daß er ein verurteilter Verbrecher ist, der zum Informanten des FBI geworden ist, und daß er weder Pilot noch James Bond ist. Frank kämpft gegen seinen *Tragic Flaw* an und gewinnt.

Am Ende von *Monster* hat sich Aileen mit ihrem Schicksal abgefunden. »Die Liebe überwindet alles, auf Regen folgt Sonnenschein, der Glaube versetzt Berge, die Liebe findet immer einen Ausweg, die Hoffnung stirbt zuletzt … na ja, irgend etwas müssen sie dir ja erzählen.« Mit gebrochenem Herzen wegen Selbys Verrat wartet Aileen, noch immer eine ausgegrenzte Einzelgängerin, auf die letzte legale Form der Mißhandlung: die Hinrichtung. Aileen stirbt als Opfer. Ihr *Tragic Flaw* hat gewonnen.

Eine Reihe von Zeitungsausschnitten und ein dankbarer Brief von Iris' Vater verraten uns, daß Travis den Höhepunkt von *Taxi Driver* überlebt hat. Er ist auf dem Weg, sein *Need* erfüllt zu sehen; in der Presse und in den Augen von Iris' Familie ist er ein Held. Doch als er in der letzten Szene von *Taxi Driver* zufällig Betsy begegnet, weist er sie zurück. Seine Einzelgänger-Maske ist noch teilweise vorhanden. Er sieht sich immer noch sowohl als großartigen Erlöser wie auch als Verlierer am Rande der Gesellschaft. Travis bleibt in seinem *Tragic Flaw* gefangen.

Travis Bickles *Tragic Flaw* der brutalen Großartigkeit bricht in *Taxi Driver* mehrmals hervor. In *Monster* mißhandelt Aileen Wuornos im Verlauf ihres Wegs in die Gaskammer andere und wird selbst mißhandelt. Schon lange vor dem Höhepunkt von *Catch Me If You Can* ist Frank Abagnales Maskerade mehr als nur jungenhafte Abenteuerlust. Der *Tragic Flaw* ist bei den Entscheidungen, die eine Figur trifft, immer zu erkennen. Er ist da, ob er nur auf dem Höhepunkt der Geschichte zu erkennen oder von Anfang an offensichtlich ist. Die Umstände der Geschichte drängen die Figur vom Konflikt zur Krise, und in der Krise zeigt sich, wer dieser Mensch wirklich ist. Läßt die Figur sich von ihrem *Tragic Flaw* überwältigen, oder überwindet sie ihn? Dasselbe gilt für die meisten Menschen.

Für die griechischen Dichter, die den Begriff geprägt haben, war der *Tragic Flaw* (oder *hamartia*) ein von Anfang an vorhandener Teil der Identität einer Figur. Ob edel wie Antigones Märtyrertum, heldenhaft wie Achills Stolz oder egoistisch und zerstörerisch wie Agamemnons Ehrgeiz, der *Tragic Flaw* eines griechischen Protagonisten ist von Anfang an in der Figur angelegt, konzentriert sich durch den Konflikt einer Geschichte und steht letztlich hinter der Erlösung oder Vernichtung der Figur auf dem Höhepunkt der Geschichte.

Ödipus – *König Ödipus*
Need: »ein Kind zu sein«
Public Persona: »ein König zu sein«
Tragic Flaw: »den Kreislauf inzestuösen Mißbrauchs fortzusetzen«

Das Grundkonzept des *Tragic Flaw* ist in der gesamten Geschichte des Dramas gleich geblieben. Egal ob mythischer Held oder Durchschnittsmensch, jede Figur, die ein *Need* hat und eine *Public Persona*, die dieses *Need* verdeckt, hat auch einen *Tragic Flaw*, der zu diesem *Need* und der verdeckenden *Public Persona* paßt.

Howard – *The Aviator*
Need: »bemuttert zu werden«
Public Persona: »keine Grenzen zu kennen«
Tragic Flaw: »verrückt zu werden«

Leticia – *Monster's Ball*
Need: »geliebt zu werden«
Public Persona: »sich einzuigeln; alle wegzustoßen«
Tragic Flaw: »ein Opfer zu sein«

Bob – *Lost in Translation*
Need: »rechtschaffen und anständig zu sein«
Public Persona: »ein Gauner zu sein«
Tragic Flaw: »sich selbst zu hassen«

Vivian – *Pretty Woman*[19]
Need: »etwas Besonderes zu sein«
Public Persona: »sich zu prostituieren«
Tragic Flaw: »sich selbst abzuwerten«

Alonzo – *Training Day*
Need: »jemand zu sein«
Public Persona: »ein Schwein zu sein«
Tragic Flaw: »andere zu terrorisieren«

Unabhängig davon, ob er eine Figur in einem Klassiker, einem zeitgenössischem Stück, einem Film oder im Fernsehen spielt, muß ein Schauspieler anerkennen, daß jeder Mensch so wie jede Figur ein *Need* hat. Aber seit jeher empfand der Mensch Verachtung dafür, ein *Need* zu äußern. Wenn wir erwachsen werden, verdecken wir daher unser *Need* mit einer *Public Persona*, die der Welt das Gesicht eines Menschen ohne *Need* präsentiert. Trotz dieser Hülle strebt das *Need* nach Erfüllung. Das *Need* ist zwangsläufig blockiert, und obwohl es verborgen ist, ist es viel zu beharrlich, um von der *Public Persona* in Schach gehalten zu werden.

Das Verhältnis zwischen *Need* und *Public Persona* ist im großen und ganzen ein konstruktives. Es bestimmt unsere Persönlichkeit. Obwohl es sich um einen unbewußten Prozeß handelt, bleibt die Bildung einer *Public Persona*, um unser *Need* zu verbergen, ein kreativer Prozeß. *Tragic Flaw* ist das latent destruktive Potential im Verhältnis zwischen unserem *Need* und unserer *Public Persona*. Wenn wir unserem *Tragic Flaw* gegenüber blind bleiben, sind wir im Grunde selbst geblendet und dazu verdammt, wie Ödipus auf den Straßen umherzuirren.

Die Werkzeuge

Wenn ein Schauspieler *Need*, *Public Persona* und *Tragic Flaw* nutzt, kann er mit seiner Figur jedes Publikum erreichen, unabhängig von Sprache,

---

19 USA 1990, Regie: Garry Marshall.

Epoche, Thema oder Stil. Ein Schauspieler, der diese drei Dimensionen einer Figur beherrscht, ist dafür ausgerüstet, Leben aus einem Text entstehen zu lassen. Aber um allen drei Dimensionen einer Figur Leben und Seele zu geben, mußt du – der Schauspieler – denselben drei Dimensionen in dir ins Auge sehen.

Für die meisten Menschen ist es einfacher, zu lügen, was ihr *Need* betrifft, als zuzugeben, daß es überhaupt existiert. Wir können der destruktiven Kollision mit unserem *Tragic Flaw* entgehen, wenn wir uns die Existenz unseres *Needs* eingestehen. Aber es ist nicht einfach. Es ist ein täglicher Kampf, das *Need* ans Licht kommen zu lassen und die Verantwortung dafür zu übernehmen. Jeder, der frei und ehrlich leben möchte, sollte sich der Herausforderung stellen, das *Need,* die *Public Persona* und den *Tragic Flaw* in sich zu entdecken und zu untersuchen.

Wenn du dein eigenes *Need,* deine *Public Persona* und deinen *Tragic Flaw* findest, wirst du in der Lage sein, alles, was dich als Mensch ausmacht, an eine Figur weiterzugeben. Wenn du die Angst überwinden kannst, die mit innerer Erkundung einhergeht, wirst du unverzichtbare kreative Instrumente für den Aufbau einer Figur erwerben. Durch diesen Prozeß der Entdeckung wirst du sogar neue Wege finden, deine eigene Persönlichkeit zu bilden und dein eigenes moralisches Zentrum zu finden und zu wahren.

Teil II

Der Schauspieler

KAPITEL 6

Das Instrument

Der Schauspieler ist sowohl Künstler als auch Werkzeug der Kunst. Sein Ausdrucksmittel ist er selbst.
Vera Mowry Roberts[20]

Elektrizität leiten

Von 1947 an hat Eva Marie Saint auf unvergeßliche Weise in Filmen von Elia Kazan, Alfred Hitchcock, Otto Preminger, John Frankenheimer, Vincente Minnelli, Wim Wenders und Bryan Singer mitgewirkt. Als sie gefragt wurde, ob es schwierig war, sich den unterschiedlichen Anforderungen dieser willensstarken Regisseure anzupassen, antwortete Saint: »Lee Strasberg lehrte uns, daß wir, die Schauspieler, Instrumente sind und der Regisseur unser Dirigent.«

Bei meiner Arbeit habe ich Schauspieler jeder Herkunft, mit jeder Art von Körperlichkeit und mit jedem erdenklichen Ausbildungsniveau vorsprechen gesehen und beurteilt. Ich nenne das Gesamtpaket, das ein Schauspieler darstellt, sein *Instrument.* Sein Instrument anzuschauen hilft mir dabei, das Potential eines Schauspielers zu erkennen und zu bewerten, egal wie unerfahren er auch sein mag. Und kann ein Schauspieler Abstand gewinnen, sich selbst beurteilen und die Stärken und Schwächen seines Instruments einschätzen, ist er besser darauf vorbereitet, Verantwortung für sein Handwerk zu übernehmen.

Das Instrument eines jeden Schauspielers hat folgende sechs Eigenschaften in unterschiedlicher Ausprägung und zu unterschiedlichen Anteilen:

---

20 In: Vera Mowry Roberts: *The Nature of Theatre*, New York, 1971. (Originalausgabe)

Körperlichkeit
Intelligenz
Phantasie
Emotion
Sensorische Fähigkeiten
Einfühlungsvermögen

Jeder Schauspieler, den ich sehe, sei es in einem Kurs, in einer Einzellektion oder auf der Leinwand, hat ein Instrument, das diese sechs Eigenschaften vereint. Bei den meisten Schauspielern sind manche dieser Eigenschaften stärker ausgeprägt als die anderen. Die wenigen wahren Genies der Kunst haben Instrumente, bei denen alle sechs voll ausgeprägt sind.

Körperlichkeit

Jeder Schauspieler besitzt eine einzigartige Körperlichkeit. Ein Schauspieler mit echten Starqualitäten integriert seine eigene Körperlichkeit nach Belieben in eine Figur. Das heißt nicht, daß er ein Adonis sein muß. Pornostars verkaufen Tickets mit ihren Körpern, aber das macht sie nicht zu Schauspielern. Ein Schauspieler, der nur seine Persönlichkeit spielt, wie John Wayne (ein Footballstar im College) oder Arnold Schwarzenegger (ein früherer Wettbewerbsbodybuilder), hat einen erkennbaren Gang und eine charismatische Art, sich zu bewegen, die er bei jeder Rolle einsetzt, aber darüber hinaus nicht viel mehr. Ein Schauspieler, der sich selbst spielt, benutzt seinen Körper, um eine Geschichte auszuschmükken, und nicht, um sie zu vermitteln.

Einer wirklich starken Körperlichkeit mit Starqualität kann das Alter nichts anhaben. Warren Beatty und Jack Nicholson wurden im selben Jahr geboren. Beide sind hervorragende Schauspieler und bekannte Filmstars mit mehr als vier Jahrzehnten Erfahrung. Beatty sieht umwerfend aus, aber sein Instrument kommuniziert physisch nicht mit derselben zeitlosen, animalischen Qualität wie Jack Nicholsons Instrument. Nach vielen Jahren ist Beatty hinter die Kulissen gewechselt und arbeitet nicht mehr viel als Schauspieler. Aber Nicholson hat kaum nachgelassen. Seine Taille mag etwas breiter sein und sein Haar dünner, aber Nicholsons Instrument ist physisch offen und vital geblieben. Diese animalische Körperlichkeit befähigt ihn, weiterhin Figuren mit jener impulsiven Eindringlichkeit, die ihn in den siebziger Jahren berühmt gemacht hat, zu erschaffen.

Christopher Walkens Instrument besitzt ebenfalls eine zeitlose Körperlichkeit. Walken hat die disziplinierten, anmutigen Bewegungen beibehalten, die er als Tänzer gelernt hat. Diese hart erarbeitete Mühelosigkeit ist die unverwechselbare körperliche Grundlage seiner Figuren. Die Körperlichkeit seines Instruments ist ein Merkmal all seiner Auftritte.

Schauspielen bedeutet Verwandlung – die Schauspielkunst zu benutzen, um aus dem Schauspieler eine Figur zu erschaffen. Ein Schauspieler, der nur sich selbst spielt, verwandelt sich durch einen Kostümwechsel. Der große Schauspieler verwandelt sich mit allen Mitteln, die er finden kann. Lon Chaney war ein überaus beliebter Star im Hollywood der zwanziger Jahre. Chaney, »der Mann mit den tausend Gesichtern«, unternahm große Anstrengungen, um sich körperlich in Figuren wie Quasimodo in *The Hunchback of Notre Dame (Der Glöckner von Notre Dame)*[21] zu verwandeln. Seine Bereitschaft, seinen Körper einzusetzen, um sich in die Figuren, die er spielte, zu verwandeln, war so groß, daß die Riemen, Haken und Gurte, die er benutzte, um sich in eine Rolle zu zwängen, seine Wirbelsäule dauerhaft schädigten.

Chaney hatte ein unersättliches Bestreben, mit Hilfe jedes einzelnen Teils seiner Körperlichkeit etwas zu erschaffen. Er war der Sohn gehörloser Eltern und kommunizierte in seiner Kindheit nur durch Gestik und Körpersprache mit seiner Familie. Chaneys Betonung der Körperlichkeit seines Instruments und die Fähigkeit seines Körpers, sich zu verwandeln und zu kommunizieren, entstanden aus der Notwendigkeit.

Der schlanke Robert De Niro nahm dreißig Kilo zu, um den Niedergang von Jake LaMotta in der zweiten Hälfte von *Raging Bull (Wie ein wilder Stier)*[22] zu spielen. Die Verwandlung erlaubte De Niro, alle Barrieren niederzureißen, die zwischen ihm und seiner Figur existierten.

---

21 USA 1923, Regie: Wallace Worsley.

22 USA 1980, Regie: Martin Scorsese.

De Niros Verwandlung machte es möglich, fast dreißig episodenhafte Jahre in LaMottas Leben in etwas mehr als zwei Stunden zusammenzufassen.

Weil De Niro zu Recht zu den berühmtesten Schauspielern seiner Generation zählt, ist seine viel beachtete Gewichtszunahme zum Maßstab des Engagements und der Verwandlung für jeden Schauspieler geworden. Aber Körperlichkeit ist nur ein Teil des Instruments eines Schauspielers. Ich glaube, daß sich einige Schauspieler in ihrem Eifer, De Niros Verwandlung nachzuahmen, auf Kosten des Inneren zwanghaft mit dem Äußeren ihrer Figur beschäftigen.

Intelligenz

Sarah Bernhardt bleibt eine der bekanntesten Theaterschauspielerinnen des 19. Jahrhunderts. Zu Sarah Bernhardts Zeiten wurde von Frauen erwartet, dekorativ zu sein. Die »wahre« Frau des 19. Jahrhunderts besaß Contenance, eine perfekte Körperhaltung und bewegte sich maßvoll und anmutig. All das gab Bernhardt ihrem Publikum.

Bernhardts zurückhaltende, schablonenhafte Weiblichkeit verbarg eine Frau, die sich stark mit dem Ehrgeiz, der Kontrolliertheit und dem Erfolgsdrang der männlich dominierten viktorianischen Zeit identifizierte. »Ich bevorzuge keine männlichen Rollen«, sagte sie, als sie nach ihrer Darstellung des Hamlet gefragt wurde, »aber ich bevorzuge den Verstand von Männern.« Bevor sie ihre Schauspielkarriere startete, bestritt sie ihren Lebensunterhalt mit ihrem Körper als Kurtisane. Und als sie sehr populär war, führte sie ein Ein-Frau-Unternehmen. Sie unterhielt ihr eigenes Theater und überwachte ein Repertoire von Stücken, die sie persönlich in Auftrag gegeben hatte.

Bernhardt betrieb ihre Karriere mit rücksichtsloser Intelligenz. Ihre Begabung war die Selbstvermarktung. Aber die Aufgabe der modernen Schauspielerin ist es, rücksichtslose Intelligenz auf eine Figur anzuwenden. Du mußt deinen Verstand benutzen, um kluge, konkrete und wahrheitsgemäße Entscheidungen zu treffen, die deine Figur, die Umstände und die Geschichte erfassen. Dein Instrument muß flexibel genug sein, um von Möglichkeit zu Möglichkeit zu springen und schließlich zu einer überzeugenden Entscheidung zu kommen.

In *Ocean's Eleven*[23] ißt Brad Pitts Figur Rusty Ryan fast die ganze Zeit. Szene für Szene und nach jeder Wendung in der Geschichte verschlingt Ryan Buffetplatten und Krabbencocktails. Ich weiß zwar nicht, was genau Pitts Intention war (es steht nicht im Drehbuch), aber es war eine kluge Entscheidung, Ryans zwanghaften Appetit offenzulegen. Sein Essen war ein sehr menschliches, reales, auf einem *Need* basierendes Verhalten, das gegen Ryans supercoole Fassade anspielte. Es fügte der Figur Tiefe und der Geschichte eine Schicht psychologischer Realität hinzu.

Am Anfang von *The French Connection (Brennpunkt Brooklyn)*[24] wird Popeye Doyle von seinem Partner buchstäblich überrascht, als er mit einer Frau, die er in einer Bar kennengelernt hat, im Bett liegt. Obwohl in Laken verwickelt, hat Doyle denselben schäbigen Mantel um sich drapiert, den er während des ganzen Films trägt. Hier geht es um eine Figur, sagt uns diese Entscheidung, für die Arbeit alles ist. Er nimmt sich keinen Augenblick frei, auch nicht im Bett mit einer Frau an seiner Seite. So wie Gene Hackman Popeye Doyle spielt, bringt er die Straße mit, wohin auch immer er geht. Es ist eine weitere großartige Entscheidung eines klugen Schauspielers.

Jeff Bridges wußte, daß seine Figur in *The Contender (Rufmord – Jenseits der Moral)*[25] eine besondere Herzlichkeit ausstrahlen mußte. Präsident Evans mußte eine glaubwürdige, vertraute Reife haben, um zur modernen Fabelqualität der Geschichte zu passen. Anstatt John F. Kennedy, Harry Truman oder Abraham Lincoln nachzuahmen, entschied sich Bridges, näher bei sich selbst zu bleiben. Bridges gründete die Figur von Präsident Evans, seine Manierismen und seine Sprechweise auf die Person, die er am meisten in seinem Leben respektierte – seinen Vater Lloyd Bridges. Die Entscheidung war genial. Im Alleingang verkaufte sie die Filmphantasie vom Weißen Haus als einzigem Ort in Amerika, wo sich ehrliche Männer noch durchsetzen.

---

23 USA, 2001, Regie: Steven Soderbergh.

24 USA 1971, Regie: William Friedkin.

25 USA/GB/D 2000, Regie: Rod Lurie.

Phantasie

In ihrem Essay *The Quality Most Needed* schreibt die legendäre Broadway-Schauspielerin Laurette Taylor: »Für einen Star sind Schönheit, Persönlichkeit und Anziehungskraft unwichtig im Vergleich zur kreativen Fähigkeit der Phantasie.« Das Instrument eines Schauspielers beruht auf der Körperlichkeit und wird vom Verstand kontrolliert, aber schöpferisch tätig wird es mit Hilfe der Phantasie. Deine Phantasie verleiht dir Flügel. Eine mächtige, lebhafte, ständig arbeitende Phantasie erhebt die Wahrheit deiner eigenen Erfahrung und die gegebenen Lebensumstände der Figur zur Kunst.

In seinen Memoiren *The Good, the Bad, and Me* beschreibt Eli Wallach seine erste Schauspielerfahrung in Elia Kazans Film *Baby Doll (Baby Doll – Begehre nicht des anderen Weib)*[26]. Eine Schlüsselszene verlangte, daß Wallachs Figur vor Wut außer sich gerät beim Anblick der rauchenden Ruinen einer Baumwollfabrik in Mississippi. Die Kamera war voll auf ihn gerichtet. Die Emotion mußte einen realen Bezug haben. Zuerst stutzte Wallach kurz. Woher die emotionale Wirklichkeit dieser Szene hernehmen? Für ihn, einen jüdischen Jungen aus einem italienischen Viertel in Brooklyn, »hätten alle Baumwollfabriken in Mississippi abbrennen können«, erinnerte er sich, »und es wäre mir völlig egal gewesen«.

Während die Szene ausgeleuchtet wurde, suchte Wallach nach einem Weg, um die notwendigen Gefühle zu erleben. »Ich kehrte der Kamera den Rücken zu und dachte ›Was wäre wenn? Was, wenn ein Freund von mir mein Haus mit meiner Frau und meinen Kindern darin abgebrannt hätte?‹ Dann drehte ich mich langsam um, meine Augen füllten sich mit Tränen, und ich war erfüllt von Haß.«

Zu fragen »Was wäre wenn?« befeuert auf einfachstem Weg die Phantasie. Zu fragen »Was wäre wenn?«, sagt Stella Adler, »schaltet deine Zündung ein«.

Schauspielen braucht Vertrauen. »Du mußt einfach daran glauben«, sagte Humphrey Bogart, »daß du die Person bist, die du spielst, und daß das, was passiert, dir passiert.« Die in einem unerschütterlichen Glau-

26 USA 1956, Regie: Elia Kazan.

benssystem verwurzelte Phantasie eines Schauspielers kann über fast alles triumphieren. »Sobald dein Glaube zu einer tiefen Überzeugung wird«, sagte Muhammad Ali einmal, »passiert etwas.«

Für Spike Lees *He Got Game (Spiel des Lebens)*[27] arbeitete ich mit Ray Allen, dem Manndecker der Basketballmannschaft *Milwaukee Bucks* (später der *Seattle Supersonics*). Denzel Washington ist viel, aber ein fünfmaliger NBA-Auswahlspieler wie Ray Allen ist er nicht. Er spielte an der St. John's University Basketball, allerdings in den Siebzigern. Er hat sich immer fit gehalten, aber er ist über zwanzig Jahre älter als Ray.

Als wir das Spiel ›Vater gegen Sohn‹ zwischen Denzel Washingtons Figur Jake Shuttlesworth und Rays Figur Jesus Shuttlesworth, eine Schlüsselszene, drehten, erlebte ich ein Wunder des Glaubens. Als die Kamera lief, landete Denzel mit seinem ersten Wurf einen Korb. Er machte dasselbe mit dem zweiten, dritten und vierten Wurf. In der Szene sollte Jesus gegen Jake gewinnen, aber Denzel hatte sich psychisch so vorbereitet und glaubte so fest an das Können seiner Figur, daß er Ray übertrumpfte. Spike Lee mußte »Schnitt!« rufen.

»Ich habe nicht gedacht, daß ich dir beibringen muß, wie man das verdammte Spiel spielt«, sagte ich zu Ray.

»Denzel spielt um sein Leben, Susan«, antwortete Ray.

»Nein, Ray«, sagte ich, »er ist einfach ein verdammt guter Schauspieler.«

Denzel glaubte an etwas. Solange Denzel Washington spielte, von reinem Glauben getragen, war er nicht zu bremsen. Als Jake Shuttlesworth verband Denzel einen unbändigen Willen mit ein wenig Können und setzte sich durch. Ich vermute, wenn er als Denzel Washington gegen Ray angetreten wäre, hätte Ray ihn sofort geschlagen.

Emotion

John Wayne baute sein Image geschickt auf. Anders als Clark Gable, Jimmy Stewart und viele andere Hauptdarsteller entging Wayne im Zweiten

27 USA 1998, Regie: Spike Lee.

Weltkrieg der Einberufung. Statt dessen blieb er in Hollywood und perfektionierte eine superpatriotische *Public Persona* in Kriegsfilmen statt im wirklichen Kampf.

Wenn eine Rolle zu seiner Persönlichkeit paßte, wie in John Fords *The Searchers (Der schwarze Falke)*[28] und *The Quiet Man (Der Sieger)*[29] und in Howard Hawks' *Red River*[30], ließ Wayne Verletzlichkeit aufscheinen. Als Rooster Cogburn in *True Grit (Der Marshal)*[31] trug Wayne den ganzen Film über eine Augenklappe. Das war eine Möglichkeit für einen Schauspieler, der seine eigene Persönlichkeit spielt, zwei Stunden lang Verletzlichkeit zu zeigen. Den Oscar gewann Wayne ebenso sehr für die Augenklappe wie für seine Persönlichkeit.

Das Instrument eines Schauspielers muß Verletzlichkeit und seelische Empfindungen aus dem Inneren heraus erzeugen. In ihrer Rolle als Cathy Whitaker in *Far From Heaven (Dem Himmel so fern)*[32] grub Julianne Moore unter Cathys *Public Persona* einer eiskalten Vorstadtvorzeigefrau und kam an die Verletzlichkeit von Cathys *Need* »geliebt zu werden« heran. Die Träne, die Moore weint, nachdem sie zu Raymond sagt: »Dort kennt uns doch niemand«, zeigt diese Verletzlichkeit. Die Fähigkeit von Moores Instrument, diese seelische Empfindung zu übersetzen, erzählt die Geschichte. Es erzählt mehr, als alles Betteln, Flehen und Erklären es jemals könnte.

Laien glauben, daß ein Schauspieler ein Drehbuch liest, ein Gefühl auswählt und ... das Gefühl darstellt. Aber Schauspielen bedeutet nicht darstellen, Schauspielen ist TUN. Der Schauspieler stellt keine Gefühle dar. Er greift nicht nach emotionalen Ergebnissen, die zu dem passen, was im Text steht. Ein Schauspieler offenbart die Wahrheit eines Gefühls.

Ein Schauspieler fragt sich nicht, wie er sich zum Weinen zwingen kann. Statt dessen fragt er sich bei der Vorbereitung: »Wie fühlt sich Verlust an? Wie und wann hatte ich dieses Empfindung schon einmal?« Als Teil des Instruments eines Schauspielers bedeutet Emotion, Empfindun-

---

28 USA 1956, Regie: John Ford.

29 USA 1952, Regie: John Ford.

30 USA 1948, Regie: Howard Hawks.

31 USA 1969, Regie: Henry Hathaway.

32 USA 2002, Regie: Todd Haynes.

gen bewußt erzeugen und zeigen zu können. Du erinnerst dich aktiv an eine Empfindung und zeigst sie dann. Vielleicht sind es Tränen, vielleicht ist es Lachen oder ein Schmerzensschrei – es kann alles sein, solange es eine authentische Empfindung ist.

Ein Schauspieler muß wissen, daß er sich durch seine Figur zeigen darf. Viele kluge Schauspieler mit guter Körperlichkeit und viel Phantasie verdrängen ihre Gefühle und wollen eine emotionale Empfindung nicht aktiv erfahren und offenbaren. Dafür fühlen sie sich einfach nicht sicher genug. Russell Crowe fällt es nicht schwer, eine emotionale Empfindung zu erfahren. Tatsächlich weiß er, wie alle großen Schauspieler, daß sein Publikum das Offenlegen von Empfindungen erwartet. In Interviews hat er gesagt: »Ich will, daß sie Tränen in den Augen haben und Gänsehaut bekommen.«

Gegen Ende von *The Insider (Insider)*[33] sitzt Crowes Figur Jeffrey Wigand allein in einem Hotelzimmer. Seine Ehe ist kaputt, seine Familie zerstört, und Wigand ist »verbraucht, pleite und allein«. Crowes Instrument überträgt den Schmerz seiner Figur mit absoluter Deutlichkeit. Wigand sagt kein Wort, aber die Empfindung grausamen persönlichen Verlustes entströmt Russell Crowes Instrument.

Sensorische Fähigkeiten

Ray Charles' Album *Modern Sounds in Country and Western Music* veränderte die Popmusik. Daß ein schwarzer Mann eine Platte mit Coverversionen von Country-Songs macht, war 1962 unerhört. Aber Ray Charles gab den Songs von Country-Stars wie den Everly Brothers und Hank Williams etwas Neues. Ray Charles fügte ihnen *sich selbst* hinzu. »Wenn ich einen Song spiele«, sagte Ray Charles einmal über Coversongs, »dann muß ich ihn auf meine eigene Art stinken lassen.« Ray war in der Lage, eine Schicht von seinem eigenen Schweiß und Mut über blitzsaubere Nashville-Melodien zu legen.

In unserem täglichen Leben filtern wir natürlich die meisten Gerüche,

33 USA 1999, Regie: Michael Mann.

Geschmäcker, Farben und Geräusche heraus, die uns zu überwältigen drohen. Schauspieler können sich das nicht leisten. Die faßbare Welt um uns herum ist das, was unserer Arbeit denselben Gestank der Realität gibt, den Ray Charles' Musik hat. Sich mit der sinnlichen Welt der Figur zu verbinden, verschafft dem Schauspieler einen riesigen Vorteil beim Streben nach ehrlichem Spielen.

Als DJay in *Hustle & Flow*[34] gibt sich Terrence Howard mit vollkommener Leichtigkeit den physischen Empfindungen hin. Seine South-Memphis-Hektik leitet die Hitze und Luftfeuchtigkeit eines Tennessee-Julis in seine Figur. DJay hat den Realismus und Gestank der Straße, weil Howards Instrument für die Wahrheit der äußerst sinnlichen Welt um ihn herum offen war. Das Instrument des großartigen Schauspielers kann diese Details nicht nur fühlen, sondern physische Empfindung speichern, abrufen und offenlegen, je nach den Anforderungen des Drehbuchs.

Einfühlungsvermögen

Körperlichkeit, Intelligenz, Phantasie und sensorische Fähigkeiten sind unverzichtbare Bestandteile des Instruments eines Schauspielers. Aber Einfühlungsvermögen – ein großzügiges Wesen, das von Natur aus vermeidet, zu urteilen – ist unabdingbar für die Schauspielkunst. Es ist ein Privileg, deine Haut mit einer Figur zu teilen. Ganz gleich wie sehr die anderen Figuren in der Geschichte oder die Erzählperspektive des Drehbuchs selbst die Rolle klein halten, die du spielst, du kannst es dir einfach nicht leisten, deine Figur selbst zu beurteilen oder herabzusetzen. Selbst wenn du jemanden spielst, dem du im wahren Leben aus dem Weg gehen oder den du attackieren würdest, mußt du dich mit deiner Meinung zurückhalten und dein Instrument arbeiten lassen, um deine Rolle mit Leben zu füllen. Holly Hunter sagt: »Ich denke immer, ich bin die Verfechterin meiner Figur. Ich bin da, um meine Figur zu schützen.« Die Schauspielerin muß die Verantwortung gegenüber dem Menschen, den sie spielen soll, übernehmen. Das Einfühlungsvermögen deines Instru-

34 USA 2005, Regie: Craig Brewer.

ments muß vertraut, präzise und jederzeit verfügbar sein. Nichts sollte dich von einer mitfühlenden Verbindung zu deiner Figur abhalten.

Ein Instrument mit wirklich starkem Einfühlungsvermögen geht über bewußtes Urteilen hinaus. Stummfilmkomödianten wie Charlie Chaplin und Buster Keaton wußten das. Sie strahlten Einfühlungsvermögen aus. Ihre Instrumente waren so einfühlsam, daß sie eine Geschichte flüssiger und glaubhafter erzählen konnten, als viele heutige Schauspieler es mit Sprache können. Die meisten modernen Komödiendarsteller kommen von der Stand-up-Comedy und von der Sketch-Comedy. Sie verstehen vielleicht gut genug, wen sie spielen, um ihre Figur nicht zu beurteilen, können physisch eine Figur verkörpern, sind sogar in der Lage, Gefühle zuzulassen und die sinnliche Welt um ihre Figur herum zu behaupten, aber wenn sie ihre Figur nicht fühlen, hat das Publikum nicht genug, um in den Bann gezogen zu werden.

Am Set von *I Think I Love My Wife (Ich glaub, ich lieb meine Frau)*[35] sagte Chris Rock oft über seine Figur Richard Cooper: »Das kenne ich.« Chris und sein Co-Autor Louis C. K. schrieben die Figur Richard Cooper genau passend für Chris, und als er den Film drehte, akzeptierte Chris den Richard Cooper in ihm und war mit ihm verbunden.

Richard Pryor verkörperte die Gabe des Einfühlungsvermögens. Pryors Intelligenz als Stand-up-Comedian war unschlagbar. Und als Schauspieler waren seine Körperlichkeit, Intelligenz, Phantasie, Emotion und sensorischen Fähigkeiten alle erstklassig. Egal wen er spielte, Richard Pryor bewahrte immer einen zarten Funken Menschlichkeit für seine Figur. Ursprünglich wurde Pryor für einen einzigen Drehtag von *Lady Sings The Blues*[36] gebucht. Aber sein Instrument war so gut gestimmt, daß die Produzenten des Films Pryors Szenen ausbauten. Seine Figur ist den ganzen Film über präsent. Er bekam keinen richtigen Namen, aber Pryors »Mann am Klavier« dominierte jede Szene, in der er auftrat. Das lag nicht daran, daß er lauter oder lustiger war oder mehr Text hatte als die anderen. Es lag daran, daß von der ganzen *Lady Sings The Blues*-Besetzung Pryors Instrument das meiste Einfühlungsvermögen besaß.

35 USA 2007, Regie: Chris Rock.

36 USA 1972, Regie: Sidney J. Furie.

KAPITEL 7

Kinderspiele

Dann wohnt der Wolf beim Lamm, der Panther liegt beim Böcklein. Kalb und Löwe weiden zusammen, ein kleiner Knabe kann sie hüten.
Jesaja 11,6[37]

Wahr oder falsch

Unabhängig von seinem persönlichen Werdegang, seiner Ausbildung oder seinem Hintergrund, liegt es in der Verantwortung des Schauspielers, die Wahrheit zu sagen. Jedes große Schauspieltalent hat diese einfache Tatsache erkannt. James Cagney behauptete beispielsweise, daß es nur eine Regel gibt, die jeder Schauspieler einhalten muß, egal welche Figur er spielt. »Meine immer, was du sagst«, sagte Cagney einmal, »such dir deinen Platz, sieh dem anderen in die Augen und *sag die Wahrheit.*«

Der revolutionäre russische Schauspieler, Lehrer und Regisseur Konstantin Stanislawski sagte, daß das Geheimnis der Kunst darin liege, eine erfundene Geschichte in eine wunderbare künstlerische Wahrheit zu verwandeln. Stanislawski wußte, daß Schauspieler Figuren zum Leben erwecken, indem sie die Wahrheit ihrer eigenen Erfahrung nutzen. Die Wahrheit des Schauspielers ist die Wahrheit der ehrlichen *Empfindung.* Manche Schauspieler finden intuitiv eine wahrheitsgetreue Empfindung. Aber für diejenigen, die nicht von Natur aus auf diesem hohen Niveau an Sensibilität und kreativer Freiheit arbeiteten, hatte Stanislawski Vorstellungen, wie sie dorthin kommen können.

Ich habe bei einigen der besten Schauspiellehrer der Theatergeschichte

---

37 Einheitsübersetzung der Heiligen Schrift, © 1980 Katholische Bibelanstalt, Stuttgart. (Anm. d. Red.)

studiert. Einige dieser Lehrer – Lee Strasberg, Uta Hagen, Harold Clurman und Herbert Berghof – wurden stark von Stanislawskis Überzeugungen und Entdeckungen beeinflußt. Trotz ihrer gemeinsamen Loyalität zu Stanislawski hatten diese großen Lehrer ganz unterschiedliche Ideen und Methoden. Sie lehrten Schauspiel nicht auf die gleiche Art und Weise. Sie benutzten noch nicht einmal dieselben Worte und Begriffe, um die Kunst, der sie ihr Leben widmeten, zu beschreiben. Eins der wenigen Dinge, die sie gemein hatten, war, daß sie die Notwendigkeit für den Schauspieler sahen, etwas zu erschaffen und nicht zu imitieren. Ein Schauspieler muß die Wahrheit sagen.

Die Namen dieser Wegbereiter sind inzwischen gleichbedeutend mit dem Schlagwort »Method Acting«, einem Sammelbegriff für alle ideologischen Nachkommen von Konstantin Stanislawski. Strasberg, Hagen, Berghof und Clurman (ganz abgesehen von Stella Adler und Sanford Meisner, zwei weitere herausragende Persönlichkeiten des modernen Schauspiels, bei denen ich nicht studiert habe) unter dem Banner einer einzigen »Methode« zu vereinen, wäre jedoch grob fahrlässig. Jeder, der bei ihnen studiert hat, wird das bestätigen.

Das innere Kind

Mein erstes Vorsprechen war am Bostoner Kindertheater. Ich war acht Jahre alt und wußte nicht, daß ich vorsprach. Meine Mutter sagte: »Das sind die einzigen Menschen, die ich kenne, die mit dir umgehen können.« Ich dachte, sie hätte mich in eine Irrenanstalt gebracht. Adele Thane, die das Theater leitete, sagte mir nur, mein Finger würde bluten. Ich wählte zufällig einen Finger aus – das Blut tropfte nur so – und reagierte. Obwohl mein Finger nicht wirklich blutete, brach mir das Herz beim Gedanken daran, von meiner Mutter verlassen zu werden. Ich war so überzeugend, daß mich Adele in ihr Ensemble aufnahm.

Nur mit harter Arbeit erreichen erwachsene Schauspieler die Offenheit und Leidenschaft, mit der sich Kinder mit den von ihnen erfundenen Figuren identifizieren und den Empfindungen und Gesetzen der von ihnen erschaffenen Welten hingeben. Gebannt von ihrer eigenen Phantasiewelt, können sich Kinder mühelos in Figuren verwandeln. Und sie tun das, indem sie spielen.

Aus der Vergangenheit

Ein weiterer Punkt, bei dem sich alle großen Lehrer und Regisseure, mit denen ich gearbeitet habe, einig waren: ein Schauspieler muß jeden Aspekt der Psyche einer Figur erforschen und ihn sich vorstellen. Ich erwarte dasselbe von jedem Schauspieler, der mit mir arbeitet. Ein Schauspieler muß über jeden Augenblick der Hintergrundgeschichte einer Figur Bescheid wissen und jedes Detail aus dem realen Leben einer Figur kennen.

Herbert Berghof formulierte es so: »Du mußt sogar wissen, wie deine Figur kackt und pißt.« Ganz gleich wie irrelevant oder banal es erscheinen mochte, er erwartete von uns, jedes Detail unserer Rolle aufzustöbern, ob der Text sich damit beschäftigte oder nicht.

Herberts Gebot gab mir einen Denkanstoß. Wenn ein Schauspieler wissen muß, wie seine Figur auf die Toilette geht, in den Zähnen stochert, sich kratzt, schnarcht und sonstwas tut, wäre dann nicht der beste Ort, um nach ehrlichen körperlichen und emotionalen Details zu suchen, das unbefangenste Alter einer Figur?

»Des Mannes Vater ist das Kind«, schrieb William Wordsworth. Wir sind heute, was wir als Kinder waren. Das ist eine einfache Wahrheit, die seit Jahrtausenden in allen Kulturen aufrechterhalten wird. Die buddhistische Bilddeutung preist Siddhartha als das goldene Kind. In der christlichen Kunst und Theologie sind die Bilder von Christi Geburt und dem Jesuskind so wichtig wie die Kreuzigung und die Auferstehung.

C. G. Jung schrieb über das »göttliche Kind« – ein archetypisches Symbol für die Kraft von Unschuld, Hoffnung und Versprechen. Der Theologe und Philosoph Emmet Fox beschrieb das »Wunderkind« – die Verkörperung von grenzenloser kreativer Energie, die in jedem Menschen steckt.

Das Kind in unserem Inneren ist letztlich der Teil unserer Psyche, der lebendig, energisch und kreativ ist. Auch wenn wir es nur ungern glauben, akzeptieren und einsetzen wollen, so beginnt doch jeder Akt der

Schöpfung und der Phantasie mit unserem inneren Kind. In ihrem Buch *Das Drama des begabten Kindes* schreibt Alice Miller, eine schweizerische Psychologin polnisch-jüdischer Abstammung, daß das innere Kind der Hüter unseres unerfüllten emotionalen *Need* ist.

Millers Buch erklärt, daß die längst vergrabenen Ungerechtigkeiten der Kindheit ganz und gar nicht vergessen werden. »Jeder Mensch hat wohl in sich eine mehr oder weniger vor sich selbst verborgene Kammer«, schreibt Miller, » in der sich die Requisiten seines Kindheitsdramas befinden.«[38] Auch wenn es unter der Maske unserer *Public Persona* versteckt liegt, folgt uns unser unerfülltes *Need* ins Erwachsenenleben und prägt uns weiterhin. Wir sind unser ganzes Leben lang durchdrungen von diesem unerfüllten *Need* unserer Kindheit.

Trotz des Titels ist *Das Drama des begabten Kindes* kein Buch über den kreativen Prozeß. Schauspielen wird nicht ein einziges Mal erwähnt. Dennoch bestärkten mich Millers Beobachtungen in meiner Überzeugung, daß das *Need* der zentrale Punkt bei der erfolgreichen Entwicklung einer Figur ist. Als ich Millers Buch das erste Mal las, war es eine Offenbarung für mich. Es ist Pflichtlektüre für alle Schauspieler, mit denen ich arbeite.

Ein Schauspieler sucht Parallelen zwischen der Wahrheit der *Lebensumstände* einer Figur – das *Wer* und *an wen*, das *Was*, das *Wo*, das *Warum* und das *Wann*, das im Text steht – und der Wahrheit seiner *eigenen Erfahrung*. Und der aufrichtigste und wichtigste Teil der eigenen Erfahrung eines Schauspielers ist sein unerfülltes emotionales *Need*.

Damit ein Schauspieler unter seine eigene *Public Persona* blicken und an sein *Need* herankommen kann, muß er die erwachsene Hülle, die sein inneres Kind verbirgt, ablegen. Er muß erkennen, daß das innere Kind die Quelle der Wahrheit, Phantasie und Inspiration ist, die die Grundlage jeder Kunst ist.

Der kleine Junge oder das kleine Mädchen in uns ist auch der verletzlichste Teil von uns. Wenn wir erwachsen sind, haben wir bereits unser ganzes Leben damit verbracht, eine *Public Persona* zu erfinden und zu behalten, um die Verletzlichkeit, für die unser inneres Kind steht, zu ver-

---

38 Miller, ebd., S. 44. (Anm. d. Red.)

decken. Diese Hülle loszulassen, sein inneres Kind einer Figur zu überlassen und es einem Publikum preiszugeben, kann furchterregend sein. Aber dieses Preisgeben macht den Unterschied zwischen gutem und sehr gutem Schauspielen aus.

Wenn ein Schauspieler sich dazu verpflichtet, Wahrheit zu übermitteln, enthüllt er das göttliche Versprechen des inneren Kindes und seine erschreckende Verletzlichkeit. Das innere Kind ist das Zentrum der kreativen Stärke eines Schauspielers, weil es auch das Zentrum seiner Schwäche ist. Truman Capote sagte einmal, daß Schauspieler Kinder sind. Schauspieler können Kinder sein, aber egal ob du fünf Jahre alt bist oder fünfzig, um glaubhaft zu spielen, mußt du eine Verbindung zu deinem inneren Kind haben.

Die folgenden Gedanken und Übungen sind die ersten Schritte zu deinem Erfolg. Wie jedes schwierige Unterfangen erfordert es üben, üben und nochmals üben. Positive Ergebnisse siehst du aber nur, wenn du dein inneres Kind akzeptierst und mit dem Enthusiasmus eines Kindes etwas erschaffst, während du mit der furchtlosen Spielfreude eines Kindes Spaß daran hast.

KAPITEL 8

Die *Journey of the Need*

Die längste Reise ist die Reise nach innen.
Dag Hammarskjöld[39]

Paper Moon

1972 trat Regisseur Peter Bogdanovich an den Schauspieler Ryan O'Neal heran, weil er einen Film namens *Paper Moon*[40] drehen wollte. In der Geschichte geht es um einen Trickbetrüger in den dreißiger Jahren namens Moses Pray, der per Zufall mit seiner kleinen Tochter Addie zusammengeführt wird, von der er nichts wußte. Bogdanovich wollte, daß Ryans siebenjährige Tochter Tatum die Rolle der Addie übernimmt. Tatum hatte noch nie vor einer Kamera gestanden, aber trotz ihrer eigenen Bedenken und der ihres Vaters willigten beide ein, im Film mitzuspielen.

Um es für die kleine Tatum möglichst nachvollziehbar zu gestalten, drehte Bogdanovich *Paper Moon* chronologisch. Die erste Szene, in der wir Addie auf der spärlich besuchten Beerdigung ihrer alleinstehenden Mutter kennenlernen, wurde zuerst gedreht. Unter den fünf Trauergästen befindet sich Moses, von dem wir noch nicht wissen, daß er Addies Vater ist.

Nach dem Begräbnis bietet der Pfarrer dem vermeintlich verwaisten kleinen Mädchen einen Becher Wasser aus einer Pumpe an. Der Einzelgänger Moses erklärt sich widerwillig bereit, Addie quer durch den Bundesstaat zu ihrer Tante zu bringen. Als Addie das hört, nimmt sie beiläufig den Becher und schüttet das Wasser auf die trockene Erde von

39 In: Oliver Kohler: *Dag Hammarskjöld – Die längste Reise ist die Reise nach innen: Eine biographische Skizze mit Tagebuchauszügen*, Asslar 2011. (Anm. d. Red.)

40 USA 1973, Regie: Peter Bogdanovich.

Kansas. Es ist eine kleine, aber starke Mißachtungsgeste und eine brüske Zurückweisung der unerbetenen Hilfe des Pfarrers. Addies Ablehnung läßt den Zuschauer perfekt die kriminelle Komplizenschaft erahnen, die sie bald mit ihrem Vater, dem Trickbetrüger, schmieden wird.

Und es war improvisiert.

Das erste Mal in ihrem Leben vor einer Filmcrew und kaum in der Lage, das Drehbuch zu lesen, schuf Tatum O'Neal ganz selbstverständlich einen Moment, der ihre Figur zum Leben erweckte und die Geschichte vorantrieb. »Ich fühlte mich ganz der Geschichte verbunden und war völlig ruhig«, erinnert sie sich in ihren Memoiren *Und mein Leben beginnt jetzt*[41] an diesen Tag. »Ich verstand dieses kleine Mädchen. Ich konnte mich tief mit Addies verletzter Unschuld, ihrem kalten Mißtrauen und vor allem mit ihrer unverwüstlichen Energie identifizieren. Ich wußte aus eigener Erfahrung, was sie zum Überleben brauchte.« Im Alter von sieben Jahren war Tatum so nah an der Entwicklung ihres *Needs*, daß es für sie ganz selbstverständlich war, sich ganz auf das *Need einzulassen*. Unbewußt machte sich Tatum ihre eigene Erfahrung zunutze und *ließ* sich instinktiv auf ihre Figur *ein*.

Erkunden

Jeder kann ein emotionales *Need* hinter der *Public Persona*, die der Welt präsentiert wird, erkennen, ebenso wie das widerstreitende Verhalten, das entsteht, wenn sich dieses *Need* und die *Public Persona* im *Tragic Flaw* verstricken. Ein Schauspieler muß mehr tun, als diese Dinge nur zu erkennen. Er muß das *Need* erkunden. Er muß so viel an Detail und Struktur aufspüren, wie er im Hinblick auf die Entstehung und die Existenz des *Needs* abrufen kann, und diese Wahrheit in die von ihm dargestellte Figur einfließen lassen.

Was Tatum O'Neal in ihrem Alter leichtfiel, kann für einen älteren Schauspieler schwer zu realisieren sein. Die Jahre können uns die Maske der *Public Persona* so fest aufsetzen, daß wir tief graben müssen, um die

41 Tatum O'Neal: *Und mein Leben beginnt jetzt*, München 2005. (Anm. d. Red.)

Verbindungen und das persönliche Material zu finden, zu dem Tatum sofort Zugang hatte.

Um bei dieser Grabung zu helfen, habe ich die *Journey of the Need* entwickelt. Es ist eine Möglichkeit für einen Schauspieler und mich, sich zusammen an sein *Need* heranzutasten und es aufzuspüren. Gemeinsam erkennen wir nützliche Impulse und Parallelen, mit denen der Schauspieler eine Figur erschaffen kann.

Die *Journey of the Need* hilft dem Schauspieler, sich an die Aufdeckung und die Arbeit mit dem reichen Goldstaub des persönlichen kreativen Materials heranzuwagen, das für die siebenjährige Tatum O'Neal noch mühelos zugänglich war. Sie gibt dem Schauspieler die Freiheit und das Vertrauen, das er nur erhält, indem er seine Arbeit auf seine eigene Wahrheit stützt.

Ein aufgeschobener Traum

Um die *Journey of the Need* zu verstehen, ist eine Demonstration notwendig. Ich werde einen Schauspieler bei seiner *Journey* anleiten und dabei erklären, was wir auf dem Weg lernen. Damit die Erkenntnisse des Schauspielers klar werden, setze ich eine fiktionale Figur auf den heißen Stuhl und behandele sie, als wäre sie der Schauspieler. Ich werde die *Journey* mit der Figur Walter Lee Younger aus Lorraine Hansberrys Theaterstück *A Raisin in the Sun (Ein Fleck in der Sonne)* durchführen. Walter Lee Younger ist eine der großen Figuren der amerikanischen Dramen. Im Laufe der drei Akte von *A Raisin in the Sun* erscheint er beinahe so real wie irgend jemand auf der Straße oder im richtigen Leben.

Walters Alltag im Chicago der fünfziger Jahre ist ein frustrierender und demütigender täglicher Kampf. Er ist schwarz, Mitte dreißig, wohnt noch zu Hause und schlägt sich und seine Familie mühsam als Chauffeur durch. Er träumt von einem besseren Leben für sich und seine Familie. Walters Familie – seine Frau Ruth, ihr Sohn Travis, seine Schwester Beneatha und seine Mutter Lena – lebt zusammengepfercht in der kleinen Mietwohnung, in der Walter aufgewachsen ist. Im Mittelpunkt seines Traums von einem besseren Leben steht eine beträchtliche Summe aus der Lebensversicherung seines verstorbenen Vaters. Lena hat das Geld für Beneathas Ausbildung vorgesehen und für ein Haus, in dem die Youngers leben und sich entfalten können. Aber Walters Traum ist es, Unternehmer zu sein. Er will das Geld in einen Spirituosenladen investieren.

Man muß das Stück nicht gelesen oder auf der Bühne gesehen haben, um Walters *Journey* zu folgen. Man muß nur wissen, daß die biographischen Details und das persönliche Material, mit dem Walter, der »Schauspieler«, und ich arbeiten, für ihn real und wahr sind. Wenn Walter Lee in mein Studio kommen würde, wäre er mit allem ausgestattet, was zur Entdeckung und Erforschung nötig ist, die ein Schauspieler machen muß. Zusammen können wir die *Journey of the Need* antreten, wie ich es mit Hunderten von Schauspielern aus Fleisch und Blut getan habe.

Die Fakten und Details, die Walter auf seiner *Reise* mit uns teilt, stehen im Stück. Diese Informationen stammen aus der Zeit, in der das Stück spielt, und der Welt, die Hansberry geschaffen hat. Das Folgende ist KEIN Textbuch. Einige Stellen sind Dialogzeilen aus dem Stück, aber es handelt sich komplett um meine eigene Erfindung, basierend auf Lorraine Hansberrys Geschichte. Betrachte es als Mitschrift eines Gespräches, das stattfinden könnte, wenn Walter, der Schauspieler, in mein Studio käme, um Schauspielen zu lernen.

SUSAN: Die Arbeit, die wir gemeinsam machen wollen, basiert auf einem *Need*. Was, glaubst du, ist dein *Need*, Walter?

WALTER: Geld, viel Geld. Geld wie die Weißen. Genug Geld, damit ich nie mehr »Ja Sir, nein Sir …« sagen muß.

SUSAN: Ich verstehe, was du meinst. Viele von uns brauchen Geld. Nennen wir das ein *Need*, das zu deinen Lebensumständen gehört.

WALTER: Was für ein *Need* gibt es denn noch?

SUSAN: Ein *Need* aus deinen Kindertagen. Etwas, das entstanden ist, als du etwa fünf Jahre alt warst und seit der Zeit fortbesteht. Ein *Need*, das dich weiterhin antreibt.

WALTER: Du verstehst mich nicht. Als ich fünf war, war mein *Need* Geld – mein *Need*, das *Need* meines Vaters, das *Need* meiner Mutter …

SUSAN: Völlig richtig. Aber ich interessiere mich mehr für eine Kraft in dir, die dich im Leben vorantreibt.

WALTER: Ich bin nicht sicher, ob ich das richtig verstehe. Du meinst etwas, was ich im Inneren gefühlt habe?

SUSAN: Genau. Etwas, was du brauchtest.

WALTER: Ich brauchte … na, Respekt. Wie mein Vater. Ja, ich wollte »wer« sein, wie die Rockefellers. Kein Weißer, aber ich wollte, ich meine, ich brauchte diese Art von Respekt. Als ich noch ganz klein war, dachte ich, daß mein Vater Respekt braucht und ihn nicht bekommt, so wie er es anstellt.

SUSAN: Du brauchst also Respekt, du willst »respektiert werden«?

WALTER: Ja, ich will »wer« sein …

Schritt 1 – Der Ort des unerfüllten *Needs*

Nachdem wir ein Need *aus der Kindheit ermittelt haben, untersucht der Schauspieler dieses* Need *und beschreibt eine Erfahrung, eine Zeit und einen Ort, die er mit dem* Need *verbindet.*

SUSAN: Walter, kannst du dich an einen Zeitpunkt erinnern, als du dich wie das Letzte auf der ganzen weiten Welt gefühlt hast?

WALTER: Verdammt, so fühle ich mich jeden Tag, wenn ich meine Chauffeuruniform anziehe.

SUSAN: Überleg mal, gab es einen Vorfall, der sich tief in dein Gedächtnis eingeprägt hat?

WALTER: Ja, als ich sechs Jahre alt war.

SUSAN: Was für eine Jahreszeit war es? Sommer, Winter, Herbst?

WALTER: Winter. Im Winter sah ich immer schäbig aus. Mit geflickten Pullis und so.

SUSAN: Welche Tageszeit?

WALTER: Direkt nach der Schule.

SUSAN: Kannst du dich erinnern, was du anhattest?

WALTER: Klar, ich hatte nicht viel zum Anziehen. Braune Hosen – schlechte Wolle, kratzig – brauner Pulli, wie gesagt, zusammengeflickt. Gut genäht, aber geflickt. Ein zu kleines weißes Hemd, das ich jeden Abend gewaschen habe und das meine Mutter jeden Morgen gebügelt hat. Auch ganz abgetragen.

SUSAN: Was war es für ein Ort? Warst du drinnen oder draußen?

WALTER: In unserer Wohnung. Die gleiche verdammte Wohnung, in der wir jetzt wohnen.

SUSAN: War es warm oder kalt?

WALTER: Es war kalt! Es war immer kalt im Winter. Ist es immer noch!

SUSAN: Erinnerst du dich an Geräusche? Oder Gerüche?

WALTER: Wie es roch? Nach … es roch nach Gemüse, gekochtem Gemüse. Mama machte das Abendessen.

Ich interessiere mich dafür, wo der Vorfall stattfand, wie der Ort aussah, und bin auch interessiert an allen spezifischen körperlichen Details, an die der Schauspieler sich bei der Beschreibung der emotionalen Erfahrung des Ortes des unerfüllten Needs *erinnert. Farben, Geräusche, Musik, Kleider, die er anhatte: All diese Dinge können für den Schauspieler ein Auslöser für eine Empfindung werden. Was wir hier machen, ist eine* Sense Memory-*Übung. (Wir werden* Sense Memory *im nächsten Kapitel genauer besprechen.)*

SUSAN: Gab es an diesem Tag etwas in der Wohnung, was du nie vergessen wirst? Das Licht? Den Klang? Ein Möbelstück?

WALTER: Der Teppich. Leuchtende Farben, Rot und Braun. Damals sah er edel aus. Er hatte keine abgenutzten Stellen zum Verdecken, so wie jetzt. Ich glaube, eine der Frauen, für die Mama gearbeitet hat, hat ihn ihr geschenkt.

SUSAN: Gut! Was war dein *Need* an diesem Tag?

WALTER: Respekt! Die Lehrerin hatte uns gebeten,

darüber nachzudenken, welcher berühmte Amerikaner wir sein wollten, und ich sagte Rockefeller. Die ganze Klasse fiel um vor Lachen, sogar die Lehrerin. Dann sagte sie: »Bleib auf dem Teppich, Walter. Du kannst wie Joe Louis oder Jackie Robinson sein, aber Rockefeller? Niemals.« Ich versuchte zu erklären, daß ich nicht Rockefeller sein wollte, aber alle lachten nur, und ich lief aus dem Klassenzimmer. Ich rannte nach Hause und erzählte meiner Mutter, was passiert war. Und sie lachte auch.

Schritt 2 – Die Person, an die du dich ohne Erfolg wendest, um dein *Need* erfüllt zu bekommen

Wir lassen den Ort des unerfüllten Needs *hinter uns und gehen zu einer Person, die dabei war oder die der Schauspieler mit dem* Need *verbindet, das nicht erfüllt wurde. Wieder suchen wir nach Empfindungen unter den Einzelheiten in der Erinnerung.*

SUSAN: Was ist das herausragendste körperliche Merkmal deiner Mutter?

WALTER: Wie sie Menschen ansieht, wie sie mich ansieht. Ihre Augen.

SUSAN: Ihre stärkste menschliche Eigenschaft?

WALTER: Menschliche Eigenschaft?

SUSAN: Was sie ausstrahlt, wenn sie einen Raum betritt.

WALTER: Ihr Glaube an Gott. Manchmal denke ich, daß sie keinen Glauben für mich übrig hat.

SUSAN: Sie hat dich ausgelacht?

WALTER: Ja. Und ich bin gestorben. Ich habe mich innerlich aufgelöst und bin gestorben.

SUSAN: Gab es etwas, was du sagen oder tun wolltest, aber nicht getan hast?

WALTER: Ich kann sein, was ich sein will! Ich kann es! Ich werde eines Tages ein großer Mann sein. Ich habe Träume!

[Walter bedeckt sein Gesicht, als ihm Tränen über die Wangen laufen.]

WALTER: Das ist totale Scheiße – die Welt ist totale Scheiße – ein Mann hat Träume und kann nicht… kann nicht…

SUSAN: Kann was nicht?

WALTER: Kann ihnen nicht näher kommen, geschweige denn davon erzählen, weil sie dich auslachen…

SUSAN: Was war dein *Need*, das du von deiner Mutter erfüllt haben wolltest?

WALTER: Respekt! Mein *Need* war, daß sie mich respektiert, nicht auslacht.

SUSAN: Du bist zu ihr gekommen, weil du Respekt wolltest. Du dachtest, sie würde dein *Need* erfüllen, oder?

WALTER: Genau.

SUSAN: Gibt es etwas, was sie in diesem Zusammenhang gesagt hat? Etwas, was du nie vergessen wirst?

WALTER: Ich sage dir, was sie gesagt hat. Sie hat gesagt: »Das will ich nicht in meinem Sündenbuch haben.« Wann immer ich versuche, ihr von meinen Träumen zu erzählen, meine Träume mit ihr zu teilen. »Das will ich nicht in meinem Buch haben.« Irgendeine Liste, die sie mit Gott führt. So was in der Art.

SUSAN: Gibt es etwas, was du ihr sagen willst und nie gesagt hast? Stell dir vor, daß sie hier vor dir steht. Rede mit ihr.

WALTER: Mama, glaub an mich, hab Vertrauen in mich! Ich bin jetzt das Oberhaupt der Familie! Ich sorge besser für euch als Papa. Ich sorge für alle, sobald mein Geschäft läuft.

Schritt 3 – Der eigene Anteil daran, daß das *Need* unerfüllt bleibt

Bei Schritt 3 soll der Schauspieler sein eigenes Verhalten prüfen und benennen, was er tut (oder nicht tut), das dazu beiträgt, daß sein Need *nicht erfüllt wird. Dadurch, daß er die persönlichen Hürden und Konflikte in seinem Leben sieht, gewöhnt sich der Schauspieler daran, diese auch bei einer Figur zu erkennen.*

SUSAN: Warum hast du ihr das nicht gesagt?

WALTER: Weil sie mich nur einen Narren genannt oder wieder ausgelacht hätte. Reicht es nicht, daß ich in der Schule oder in der Nachbarschaft keinen Respekt bekomme? Muß ich in meinem eigenen Zuhause förmlich darum betteln? Sie sollte wissen, was ein Mann braucht; sie weiß es. Auch ein kleiner Junge. Sie sagt immer, daß die Leute hinter ihrem Rücken behaupten, die Youngers »sind so stolz«. Warum läßt sie mich nicht stolz sein?

SUSAN: Hast du ihr das nie gesagt?

WALTER: Sie sollte das wissen! Sie weiß es!

Obwohl er ehrgeizig, intelligent und tüchtig ist, sagt Walter Lee Younger, daß er sein Need, *»respektiert zu werden«, nicht erfüllen kann. Aber er erwartet, daß diejenigen, nach deren Respekt er sich sehnt, einfach sein* Need *erkennen und es unaufgefordert erfüllen. Er hat selbst Anteil daran, daß sein* Need *unerfüllt bleibt, weil er sich nicht mitteilt, seine Meinung nicht so äußert, daß die Menschen, die ihn lieben, sie verstehen. Wie bei den meisten Menschen (und den meisten Figuren) wird auch sein unerfülltes* Need *von ihm unbewußt aufrechterhalten.*

Schritt 4 – Der *Tragic Flaw*

In jedem Leben gibt es eine konstante Spannung zwischen der Public Persona *eines Menschen und dem* Need, *das sie verdeckt. Und jeder hat mindestens einen* Tragic Flaw, *der hervorbricht, wenn die beiden in Konflikt miteinander geraten. Bei Schritt 4 ermutige ich den Schauspieler, herauszufinden, was seinen Konflikt ausmacht.*

SUSAN: Was passiert, wenn du deinem *Need* »respektiert zu werden« nicht nachgehen kannst? Wie fühlt es sich an, wenn du es weder erfüllen noch ignorieren kannst? Wird dein *Need* blockiert, nenne ich das *Tragic Flaw.*

WALTER: *Tragic Flaw.* Tragisch, das paßt. Was meinst du mit *Flaw?*

SUSAN: Einen Fehler, einen Irrtum, eine falsche Entscheidung …

WALTER: Verstehe. Whiskey! Ich greife zur Flasche. Ich hänge im Green Hat rum, ich trinke mir ordentlich einen an, rede dummes Zeug und fühle mich gut … bis zum nächsten Morgen.

SUSAN: Also bist du Alkoholiker?

WALTER: Nein, ich bin kein Alkoholiker! Dafür hab ich nicht genug Geld … Ich bin nicht wie die Penner, die von morgens bis abends in der Kneipe sind!

SUSAN: Was ist dann dein *Tragic Flaw?* Warum betrinkst du dich und verschwendest deine Zeit im Green Hat?

WALTER: Warum nicht? Würdest du das nicht tun, wenn man dein ganzes Leben lang auf dir herumgetrampelt und dich ausgelacht hätte?

SUSAN: Also bist du ein Opfer?

WALTER: Natürlich bin ich ein Opfer. Wie mein Papa, meine selbstgerechte Mama, meine Frau …

SUSAN: Vielleicht ist das ein *Tragic Flaw* …

WALTER: Was?

SUSAN: Ein Opfer zu sein. Sich hilflos zu fühlen und in einer rassistischen Gesellschaft gefangen zu sein.

WALTER: Hm …

Er ist Mitte dreißig und verheiratet, aber Walter Lee wohnt noch immer zu Hause, wo er seine Frau am Fortkommen hindert, sich mit seiner Mutter zankt und die Versuche seiner Schwester, sich selbst zu finden und vorwärtszukommen, verspottet. Walter schlafwandelt träge durch seinen Job, vertreibt sich seine Abende in der Stammkneipe und ist niemandem wirklich von Nutzen. Walters Public Persona *ist es, »ein guter Junge zu sein« – unterwürfig und unsichtbar –, die Vorstellung eines weißen Rassisten von einem schwarzen Mann. Diese* Public Persona *wird sein starkes* Need *»respektiert zu werden« nicht verdecken können. Sein* Tragic Flaw *ist fast ständig präsent. Walters* Tragic Flaw *ist es, »ein Opfer zu sein«. Er gibt Umständen außerhalb seiner Kontrolle die Schuld an seinem Leben, für das er in Wirklichkeit selbst verantwortlich ist. Er gibt anderen die Schuld an seinen verpaßten Chancen und vereitelten Plänen. Walter hat vor der rassistischen Gesellschaft kapituliert, die seine Energie unterdrückt und für die er seine ohnmächtige* Public Persona *»ein guter Junge zu sein« geschaffen hat.*

Schritt 5 – Das Kind

Ein Kind, dessen Need *unerfüllt blieb, verbirgt sich direkt unter der Oberfläche des vielschichtigsten Verhaltens eines Erwachsenen. Um eine sichere Einheit zwischen dem Kind im Innern und dem erwachsenen Schauspieler herzustellen, fordere ich den Schauspieler auf, sich sein inneres Kind vorzustellen.*

> SUSAN: Okay. Kannst du dir dein fünfjähriges Kind vorstellen?
>
> WALTER: Travis, meinen Sohn? Er ist älter als fünf...
>
> SUSAN: Nein, ich meine dich in dem Alter. Das Kind, das immer noch in dir steckt. Kannst du dich als fünfjähriges Kind sehen?

WALTER: Ah, verstehe. Ja, ich sehe es, ich kann es – mich – sehen.

SUSAN: Was ist das Tollste an ihm?

WALTER: Es sieht gut aus, richtig gut! Nein, Moment, es hat Träume, ja, ein großer Träumer …

Ich ermuntere den Schauspieler, sein inneres Kind als seine künstlerische Kraft und nicht als persönliche Schwäche anzusehen und lasse ihn seinem Kind etwas versprechen.

SUSAN: Welche Verpflichtung würdest du für diesen kleinen Jungen übernehmen?

WALTER: Was meinst du damit?

SUSAN: Was für ein Versprechen würdest du ihm geben? Würdest du ihm versprechen, auf ihn aufzupassen, ihn glücklich zu machen?

WALTER: Ich würde ihm versprechen, daß er das bekommt, wovon er träumt, daß ich ihm helfe, seine Träume zu realisieren.

Walter verspricht, die Träume seines inneren Kindes zu schützen. Das Versprechen ist eine einfache Bestätigung, die dem Schauspieler hilft, sich darauf zu besinnen, daß um der Kreativität willen ohne Gefahr auf die Verwundbarkeit seines inneren Kindes zugegriffen werden darf und sie nicht für irgendeine Therapie zur Schau gestellt wird.

Schritt 6 – *Personalization* des erfüllten *Needs*

So wie es einen Menschen gibt, der mit einem unerfüllten Need *in Zusammenhang gebracht wird, gibt es einen Menschen, der – vielleicht nur für einen Augenblick – tatsächlich das* Need *erfüllt hat.*

SUSAN: Walter, gab es einen Moment, in dem du das Gefühl hattest, daß dein *Need* von jemandem erfüllt wird?

WALTER: Erfüllt? Du meinst, als ich Respekt von jemandem bekommen habe?

SUSAN: Ja. Kannst du dich erinnern, dieses Gefühl gehabt zu haben? Als dir jemand das Gefühl gab, respektiert zu werden? Auch wenn es nur für einen Augenblick war?

WALTER: Ja, am selben Tag, am Tag, als mich die Kinder in der Schule auslachten. Mama machte einen Witz daraus. Aber später, als Mama schlief, kam Daddy nach Hause. Ich erzählte ihm die Geschichte. Er war betrunken, aber er hat mir einen Dollar gegeben und gesagt, ich soll ihn aufbewahren, damit ich wirklich Rockefeller werde, wenn ich groß bin.

SUSAN: Einen Dollar?

WALTER: Ja, einen Silberdollar. In diesem Moment hat Daddy verstanden. Für einen Augenblick sah er in mir die Zukunft, als jemand, der im Begriff war, Respekt zu verdienen.

Walter Lee findet Zugang durch das Gefühl und die Erinnerung an das herausragendste körperliche Merkmal dieser Person, ihre stärkste menschliche Eigenschaft und durch ein Wort oder einen Satz, den er mit der begrenzten Fähigkeit dieser Person, das Need *zu erfüllen, in Zusammenhang bringt.*

SUSAN: Was war das herausragendste körperliche Merkmal deines Vaters?

WALTER: Seine Hände. Als ich ein kleiner Junge war, waren sie stark. Kräftig. Aber das war, bevor mein kleiner Bruder starb und er immer mehr trank. Danach zitterten sie immer.

SUSAN: Die stärkste menschliche Eigenschaft?

WALTER: Hm ... Trauer. Seit ich ihn kannte, war er traurig.

SUSAN: Hat er etwas gesagt oder getan, was du nie vergessen wirst?

WALTER: »Das einzige, was Gott dem schwarzen Mann gegeben hat, sind seine Träume und Kinder, um jene wahr werden zu lassen.«

SUSAN: Gibt es etwas, das du ihm gern gesagt hättest, als er noch lebte?

WALTER: Ja, ich hätte gern den Mut gehabt, ihn zu packen und ihn zu umarmen, bis er weint oder lacht.

SUSAN: Treibt dich dein *Need* »respektiert zu werden« noch immer an?

WALTER: Wie verrückt ... ich denke daran, meine Mutter zu beklauen oder sogar meine Schwester zu töten ... verrückt. Ich will jemandem weh tun ... tut mir leid ...

SUSAN: Nein, das muß dir nicht leid tun! Das alles ist

tolles Material! Das gehört zu den Dingen, die du als Schauspieler verwenden kannst! Es wäre perfekt, wenn du Othello spielen würdest. Stell dir vor, Othellos *Need* wäre »respektiert zu werden« – als schwarzer Mann, mit einer weißen Frau verheiratet und Anführer einer weißen Armee.

Schritt 7 – Der Traum vom erfüllten *Need*

Der letzte Schritt fordert den Schauspieler dazu auf, seine Phantasie zu benutzen und seine Gefühle in Kunst umzuwandeln. Kannst du dir eine Welt vorstellen, in der dein Need *erfüllt worden ist?*

SUSAN: Also, ein weiterer Schritt: Kannst du dir vorstellen, wie dein Leben aussähe, wenn dein *Need* erfüllt wäre?

WALTER: Wenn ich Respekt bekäme?

SUSAN: Ja.

WALTER: Mama hätte ihr neues Haus, meine Schwester würde Medizin studieren, Travis würde sicher aufs College gehen, und Ruth hätte einen Mann, auf den sie sich verlassen könnte! Ich hätte eine Ladenkette mit meinem Namen drauf. Ich hätte einen Fahrer, der mich von Laden zu Laden fährt, anstatt selber einen Weißen herumzufahren …

Walters Traum wäre ein Traum, in dem er respektiert wird; eine Welt, in der das Kind unter seiner Public Persona *durchscheint. Walters Traum vom erfüllten* Need *ist eine Phantasie, die ihm schnellen Reichtum verspricht. Er sorgt für seine Familie, ist bekannt und erfolgreich und wird von seiner Familie und seiner Gemeinde respektiert.*

Walter Lee kann sich seinen erfüllten Traum schnell und deutlich vorstellen. Aber es ist herzzerreißend, zu sehen, wie viele Schauspieler bei diesem letzten Schritt kämpfen und zögern. Die meisten von uns sind an ein Leben gewöhnt, in dem unser Need *unberücksichtigt bleibt. Wir halten unser inneres Kind für selbstverständlich und machen weiter, als ob unsere* Public Persona *alles ist, was wir sind.*

> SUSAN: Hast du den Silberdollar noch, den dir dein Vater gegeben hat?
>
> WALTER: Nein, natürlich nicht! Ich habe ihn am nächsten Tag für Süßigkeiten und Comics ausgegeben! Ich war ein Kind, weißt du?
>
> SUSAN: Sicher.

Was auf Walter Lees *Journey of the Need* zum Vorschein kam, kann sich auf der *Journey* jedes Schauspielers offenbaren. Die Menschen aus der Vergangenheit eines Schauspielers, die Gefühle, die körperlichen Empfindungen, die Gegenstände, die Worte und Geräusche, an die er sich erinnert, werden alle zu wichtigen Bausteinen, die er später benutzt, um eine Figur zu erschaffen.

Keine zwei Menschen sind genau gleich, und deshalb umreißen keine zwei *Journeys* dieselben Themen auf die gleiche Weise. Jeder Schritt ist ein Wegweiser, eine Orientierungshilfe, wohin man als nächstes gehen soll. Es gibt kein Ziel auf dieser Reise; es gibt nur die *Journey* selbst.

Wenn ich merke, daß ein Schritt wenig Bedeutsames hervorbringt, halte ich mich nicht lange damit auf und springe schnell zum nächsten. Wenn ich merke, daß sich ein Schauspieler mit einem meiner sieben Schritte gut verbunden fühlt, gehe ich nicht weiter und finde heraus, worin die Verbindung für ihn besteht, Wenn ich mit einem einzelnen Schauspieler arbeite, folge ich meinem Instinkt und meiner Intuition und bleibe bei dem, was am meisten Material hervorbringt. Und genauso ist es auch mit »Schauspieler« Walter Lee Younger.

Wir sind nicht auf der Suche nach einem eindeutigen Beweis, der die Ursache für jeden Konflikt im Leben eines Menschen aufdeckt. Denk daran, die *Journey of the Need* ist nicht formal an meine sieben Schritte gebunden wie bei einem strengen Fragebogen. Ich bin mehr daran interessiert, wie tief und ehrlich sich ein Schauspieler auf sein *Need einläßt* und wie er mit oder gegen jeden Schritt arbeitet. Mir ist immer bewußt, daß das, was wir entdecken, die vielen Figuren nährt, die das Berufsleben eines Schauspielers ausmachen.

Die Arbeit

Beim Schauspielen geht es um die Arbeit – die Analyse, die Vorbereitung, die Proben und die Aufführung. Bei meiner Methode beginnt die Arbeit mit der *Journey of the Need.* Teil der Verantwortung des Schauspielers seiner Kunst gegenüber ist es, eine Art geistiges Archiv zu führen. Die Erinnerungen und Gefühle eines Schauspielers sind Erfahrungen, die er für das Erschaffen von Figuren nutzen kann. Die *Journey of the Need* ist eine Möglichkeit, dieses Archiv anzulegen oder zu vergrößern.

Diese Informationen sind natürlich sehr persönlich. Sie werden verwendet, damit der Schauspieler besser arbeiten kann, und nicht, um Auseinandersetzungen mit Regisseuren, Autoren oder anderen Besetzungsmitgliedern zu gewinnen. Obwohl das, was wir bei der *Journey of the Need* ausgraben, überaus wichtig ist, muß es absolut vertraulich bleiben.

Wenn ein Schauspieler mit dem Prozeß vertraut ist, versteht er nach und nach die verschiedenen Funktionen der einzelnen Schritte. Für einen Schauspieler oder eine bestimmte Rolle, die er spielt, kann das, was er sich bei Schritt drei erarbeitet, wichtiger sein als Schritt sechs. Vielleicht merkt der Schauspieler am Ende, daß er auf ein oder zwei Schritte bauen kann, um eine Verbindung zu seinem eigenen *Need* oder dem einer bestimmten Figur herzustellen. Die *Journey of the Need* weist jedem einzelnen die Richtung zu seinem *Need.*

Die *Journey of the Need* ist nicht einfach. Viele Schauspieler ziehen es vor, sie zu vermeiden. Sie entziehen sich den Enthüllungen, den Nebenprodukten der wiederbelebten Ereignisse rund um das eigene *Need.* Aber wenn du dich zur Schauspielkunst bekennst und dich ganz der Aufgabe hingeben willst, eine Figur zu erschaffen, wirst du dich auf dem Weg zu deiner Größe auf eine Reise der kreativen Entdeckung und der Aufklärung begeben.

Erinnerst du dich an Brigitte Berry aus dem Kreis? Sie ist schlank und wunderschön und bewegt sich wie eine Mischung aus Janet Jackson, Bruce Lee und Anna Pawlowa. So atemberaubend sie auch ist, ihre Public Persona, *die sie im Kreis gezeigt hat, deutet ganz klar auf ein unerfülltes* Need *hin. Ihren Bewegungen fehlt die Seele. Es wäre interessant, sie nach ihrem* Need *zu fragen.*

»Ich brauche nichts«, sagt sie.

»Gar nichts?« frage ich.

»Nein, ich habe gelernt, nichts zu brauchen«, antwortet sie kühl.

Ich grabe ein wenig tiefer: »Wirklich? Überhaupt nichts?«

»Was ich will, bekomme ich auch. Die anderen Sachen, wie …«

»Wie was?«

»Wie Liebe oder Verständnis … Das Leben ist schwer genug. Ich denke da einfach nicht drüber nach. Ich muß mich um mich selbst kümmern.«

»Willst du eine tolle Schauspielerin werden?« frage ich.

»Natürlich will ich das, darum bin ich hier. Aber was hat das damit zu tun, was ich brauche?«

Sie versteht es nicht. »Na gut, was braucht man, um eine tolle Schauspielerin zu werden?« frage ich scheinheilig.

»Ein gutes Gesamtpaket. Ich bin klug und bekomme, was ich will. O ja, ich bin zielbewußt.« Sie lehnt sich im Stuhl zurück und schlägt wirkungsvoll ihre langen Beine übereinander.

»Du hast das Zeug zum Star, ja«, sage ich. »Es wird sich zeigen, ob du auch das Zeug zur Schauspielerin hast. Eine Schauspielerin muß sowohl inspiriert als auch zielbewußt sein.«

»Need, *Inspiration – das ist mir alles ein bißchen zu künstlerisch.«*

»Was hast du gegen Kunst?«, frage ich sie. »Sind wir nicht deswegen hier?«

»Ich bin hier, um zu arbeiten«, sagt sie, »ganz einfach. Hör mal, ich hatte schon als Kind Asthma. An jedem Tag in meinem Leben bin ich aufgewacht und habe gehofft, daß ich atmen kann. Atmen, nicht keuchen, nicht panisch nach dem Asthmaspray oder der Spritze suchen, nicht meine Mutter sehen, die wegen mir weint. Sie hatte niemanden, der ihr geholfen hat, keinen Mann, keine Versicherung. Sie war diejenige mit dem Need. *Sie brauchte es, daß ich nicht krank bin, okay? Stell dir vor: Ich wagte nicht, etwas zu brauchen. Ich wollte nur atmen. So einfach war das. Ich habe von Tag zu Tag gelebt, von Augenblick zu Augenblick. Ich wollte einfach nur atmen. Das ist alles, was ich jetzt brauche …«, sagt sie, und Tränen steigen ihr in die Augen.*

Ich lächle und gebe ihr ein Taschentuch. »Du hast nicht gelogen«, sage ich. »Du bist wirklich hier, um zu arbeiten. ›Zu atmen‹ ist dein Need.*«*

»Ja«, sagt sie und putzt sich die Nase.

KAPITEL 9

Sense Memory

Man lernt aus dem Chaos der unglaublichen Vergangenheit – aus jeder Erfahrung, die man auf jedem erdenklichen Weg gemacht hat.
Bob Dylan

Wenn du etwas verstehen willst, betrachte seinen Anfang und seine Entwicklung.
Aristoteles

Die Revolution

Schauspielerei im Stil des 19. Jahrhunderts hatte wenig mit Figurenerschaffung zu tun. Der Schauspieler jener Zeit posierte feierlich und trug den Text vor. Das Publikum bewunderte nur das große Geschick des Darstellers, den Text formal aufzusagen und sich systematisch und mit mechanischer Präzision über die Bühne zu bewegen. Aber im frühen 20. Jahrhundert begann die Technologie das Schauspiel aus dem dunklen Zeitalter zu vertreiben. Zuerst die Gaslampe, dann das elektrische Licht und schließlich das flackernde Licht des Kinofilms entlarvten, was das Theater des 19. Jahrhunderts ausmachte: Steifheit und Übertreibung.

Zur gleichen Zeit bemühten sich Dramatiker wie Henrik Ibsen, August Strindberg und Anton Tschechow um eine Neugestaltung von Theaterstücken auf eine moderne, psychologisch realistische Weise. Diese Autoren versuchten, auf kreative Weise Schritt zu halten mit dem, was ein damaliger Kritiker »unser angespanntes, beschwerliches, nervöses, tastendes, ruheloses Zeitalter« nannte.

Das Publikum war bereit, Geschichten über reale Menschen zu sehen, die ihre Träume, Ängste und Gefühle zeigten. Geschichten mußten das Innenleben der Menschen beleuchten, nicht nur ihre äußeren Erscheinungen. Diese Verantwortung fiel dem Schauspieler zu.

»Kein Deklamieren! Keine Theatralik! Keine grandiosen Manierismen!«, schrieb Ibsen einem frustrierten jungen Darsteller, der sich mit einer von Ibsens komplexen Figuren schwer tat. »Drücke jede Stimmung so aus, daß sie glaubwürdig und natürlich wirkt. Beobachte das Leben um dich herum und stelle einen echten, lebendigen Menschen dar.«

Damit sich das Drama weiterentwickeln konnte, mußte das Schauspielen nach innen gehen. Eine visionäre Darstellerin namens Eleonora Duse gab die Richtung vor und wies den Weg nach innen. Sie war die erste wirklich naturalistische Schauspielerin. Nach Duse war die Schauspielkunst nicht mehr dieselbe.

Die Mystikerin

Eleonora Duse wurde 1858 in eine reisende italienische Theaterfamilie hineingeboren. Obwohl sie mit den Bühnentraditionen des 19. Jahrhunderts aufgewachsen war, kehrte sie der starken Schminke, den pantomimischen Gebärden und der mechanischen Vortragsweise, die sie als Kind gelernt hatte, den Rücken. Sie fegte die steife, altmodische Spielweise, die eine Schauspielerin von ihrer Figur trennt, beiseite.

»Ihre Arbeitsweise ist der Inbegriff reiner, gelebter Wahrheit«, schrieb der italienische Dramatiker Luigi Pirandello.

Von klassischen und Shakespeareschen Heldinnen bis zu modernen Figuren, die eigens für sie geschrieben wurden, lebte Duse »ihre Rolle mit einer solchen Wahrhaftigkeit, daß es keinen Unterschied zwischen der Seele der Heldin, die sie spielte, und den tiefsten Regionen ihrer eigenen Seele zu geben schien«, schrieb ein bewundernder Berufskollege.

Duse glaubte, daß es einen gemeinsamen menschlichen Kern gibt, den jede Figur mit jedem Zuschauer teilt. Sie sah sich nicht als Requisit aus Fleisch und Blut, sondern als eine Verbindungsstelle zur grundlegenden Menschlichkeit in jedem von uns. »Von allen Schauspielerinnen«, schwärmte eine Mailänder Zeitung, »ist Duse die einzige, die einer Figur eine menschliche und eine symbolische Natur geben kann.«

Publikum und Kritiker waren ratlos angesichts Duses unerschütterlicher Hingabe und ihrem Können. »Ihre Gefühlsregungen sind sogar dann offensichtlich, wenn sie dem Publikum den Rücken zukehrt«, schrieb ein europäischer Journalist. »Ihre Kunst kommt ganz von innen heraus, es ist eine geistige Sache«, fand auch die *New York Times*, als Duse am Broadway debütierte.

Eleonora Duses Begabung machte sie zum Superstar. Charlie Chaplin erklärte sie zur »größten Künstlerin, die ich jemals gesehen habe«. Henrik Ibsen benannte die Heldin in *Nora oder Ein Puppenheim* nach ihr. 1923, ein Jahr vor ihrem Tod mit 65 Jahren, war sie die erste Frau auf dem Titel des *Time Magazines*.

Duses Begabung wurde auch kontrovers diskutiert. Zu ihrem Repertoire gehörten klassische Rollen, die durch die charismatische, traditionelle französische Schauspielerin Sarah Bernhardt berühmt geworden waren. Als Duses Berühmtheit Bernhardt allmählich in den Hintergrund drängte, wurden die beiden Rivalinnen. In den Straßen von London und Paris prügelten sich Theaterbesucher darum, welche Künstlerin und welche Art zu spielen die beste sei. In ganz Europa stritten Kritiker und Zuschauer, ob man Duses Schöpfungsakte »Schauspielen« nennen könne.

Aber im blühenden Theaterleben des vorkommunistischen Moskaus wurden Duses Tiefe und ihr Realismus zum Maßstab für Rußlands neue Autoren- und Schauspielergeneration. Anton Tschechow behauptete, jedes Wort ihrer Darbietung zu verstehen, obwohl er kein Italienisch konnte. Nachdem sie Duse zum ersten Mal hatte spielen sehen, faßte die russische Schauspielschülerin Alisa Koonan zusammen, was sie und ihre Kommilitonen fühlten: »Wenn ich nicht spielen kann wie sie, muß ich das Theater aufgeben.« Einer von Koonans Kollegen war sogar noch mehr beeindruckt. Sein Name war Konstantin Stanislawski.

Stanislawski

Stanislawski gründete gerade das Moskauer Künstlertheater, als er Eleonora Duse zum ersten Mal sah. Das neue Schauspielensemble sollte alles mit einbeziehen, was Stanislawski in den Jahrzehnten gelernt hatte, in denen er in Rußland gespielt, inszeniert und unterrichtet hatte. Eleonora Duses Naturalismus forderte Stanislawski heraus. Er war überzeugt, daß der unangestrengte Realismus, den Duse auf der Bühne zeigte, das Ziel eines jeden Schauspielers sein mußte. Wenn die neue Wissenschaft der Psychologie das menschliche Verhalten benannte und quantifizierte, sollte es dann nicht auch möglich sein, das schauspielerische Talent, das Duse von Natur aus besaß, abzuleiten und zu kodifizieren?

Aber wie konnte Duse nur auf so wundersame Weise von Moment zu Moment in einer dramatischen Bühnenrealität leben? Duse selbst gab kaum Geheimnisse preis. Sie sagte, ihre Aufgabe sei es, »meine Kunst zu leben, nicht, sie zu erklären«. Wie viele Visionäre glaubte sie, daß ihre Bestimmung Gottes Wille war. Duse war, wie ihre Freundin und Biographin Eva Le Gallienne schrieb, »eine Mystikerin«, die »*Ihn* in und durch ihre Arbeit suchte, *Ihm* in und durch ihre Arbeit diente und *Ihn* verehrte«. Kunst und Spiritualität waren für sie ein und dasselbe. Duse widerstand allen Versuchen, ihre Arbeitsweise zu entmystifizieren. Wie jeder große Magier weigerte sie sich, ihre Geheimnisse preiszugeben. Obwohl sie selten direkte Hinweise auf eine Methode oder ein System hinter ihrem überragenden Können gab, vertraute sie sich doch gelegentlich Freunden oder bewundernden jungen Schauspielern an. »Ich entwerfe die gesamte Figur im Kopf«, schrieb sie in einem Brief. Ihre Methode, so Duse, sei es, »alles aus meiner Erinnerung und alles, was in meiner Seele schwingt, zu nutzen«, um »etwas aus der Mitte heraufzubeschwören und zum geheimen Herz aller Dinge vorzudringen«.

Etwa zur selben Zeit deutete ein französischer Psychologe namens Théodule Ribot unbeabsichtigterweise an, daß Duses Eingeständnis als Strategie funktionieren könnte. In seinem Buch *Psychologie der Gefühle* bemerkte Ribot, daß Menschen Emotionen und physische Empfindungen mit dem Ereignis speichern, das jene Gefühle ausgelöst hatte. Erinnerung und Bewußtsein, sagte Ribot, sind eine komplexe, sich ständig verändernde Melodie der Gefühle, Empfindungen und Ereignisse aus der Vergangenheit, die den Kontrapunkt bilden zu dem, was wir in der Gegenwart erleben. Ribot prägte den Begriff »affektives Gedächtnis«, um zu beschreiben, wie unser Gehirn ständig alte Schmerzen, Ängste, Freuden und Leidenschaften erneut aufgreift und wiederherstellt, sobald wir im Hier und Jetzt ähnliche Ereignisse erleben.

Als *Psychologie der Gefühle* 1890 ins Russische übersetzt wurde, gelangte Stanislawski zu der Überzeugung, daß Schauspieler sich die natürliche Neigung der Psyche, Brücken zwischen den Emotionen der Vergangenheit und der Gegenwart zu bauen, zunutze machen könnten. Ein Schauspieler, überlegte Stanislawski, benutzt sein Gedächtnis, um sich bewußt an die Fakten des Textbuchs zu erinnern: den Dialog, wann er sich bewegen und wann er sprechen muß. Warum sollte sich ein Schauspieler nicht auch an seine eigenen Empfindungen erinnern und sie benutzen können?

»Die Zeit ist ein vorzüglicher Filter, ein großartiges Reinigungsbad der Erinnerungen an durchlebte Empfindungen«, schrieb Stanislawski in seinem wegweisenden Buch *Die Arbeit des Schauspielers an sich selbst.* »Sie reinigt die Erinnerungen nicht nur, sondern verwandelt sie auch dichterisch.«[42] Stanislawski machte das emotionale Gedächtnis zum konzeptionellen Grundpfeiler seines Moskauer Künstlertheaters und seines Stanislawski-Systems.

Alle schauspielerischen »Methoden«, ob sie ihren Ursprung im Stanislawski-System haben oder nicht, basieren darauf, die Erfahrung einer Figur so glaubwürdig wie möglich zu vermitteln, und das nicht durch Nachahmung. Einige wenige Menschen wie Duse können das von Natur aus. Für alle anderen gibt es Techniken und Übungen, die dabei helfen, die Wahrheit des Schauspielers – seine eigene Erfahrung, seine Erinnerungen, seine Phantasie und seine Empfindungen – mit der »Wahrheit« einer Figur zu verbinden.

---

42 In: Bernd Stegemann (Hg.): *Stanislawski-Reader – Die Arbeit des Schauspielers an sich selbst und an der Rolle*, Berlin 2007, S. 87. (Anm. d. Red.)

Zwei Giganten

Viele von Stanislawskis Leitsätzen wurden über drei Generationen verändert, angepaßt und abgewandelt und werden heute mit einem Wust von Namen und Definitionen in Verbindung gebracht. »Affektives Gedächtnis«, »Emotionales Gedächtnis« und »Analytisches Gedächtnis« sind verschiedene Begriffe für *Sense Memory*, einen Prozeß, bei dem ein Schauspieler seine eigene Erfahrung nutzt, um echte, wahre Empfindungen bei einer Figur auszulösen.

Inspiriert von Stanislawskis Ideen, gründeten Cheryl Crawford, Lee Strasberg, Harold Clurman und Elia Kazan 1931 in New York das *Group Theatre*. Lee Strasberg und Stella Adler, zwei berühmte amerikanische Schauspiellehrer, entwickelten während ihrer Zeit beim *Group Theatre* jeweils ihre eigenen Herangehensweisen an den Schauspieler und an das Spiel.

Strasberg, begnadeter Theoretiker, Lehrer und Schauspieler, fühlte sich zu Stanislawskis wissenschaftlicher, empirischer Auseinandersetzung mit Psychologie und Schauspielkunst hingezogen. Obwohl Strasberg Stanislawski nie persönlich kennengelernt oder bei ihm studiert hatte, gelangte auch er zu der Überzeugung, daß glaubwürdiges Spielen mit der persönlichen Geschichte eines Schauspielers verbunden ist. Nachdem sich das *Group Theatre* aufgelöst hatte, setzte sich Strasberg sein Leben lang für die Erforschung des Inneren ein, zu der ihn Stanislawskis Lehre angeregt hatte.

In dem Bemühen, seine Ideen von denen seiner Lehrer und Kollegen zu unterscheiden, nannte Strasberg seine Herangehensweise zunächst »meine Methode des Spielens«. Das Wort »Methode« blieb. Nachdem Strasberg eigene Wege ging, zuerst mit dem *Actors Studio* und dann mit dem *Strasberg Institute*, wird noch Jahrzehnte später jedes Programm, jeder Prozeß und jede Person, die Schauspieler dazu anhält, ihre eigene Erfahrung für eine Figur zu nutzen, irreführenderweise als »Method Acting« bezeichnet.

Stella Adler war mit Strasbergs starker Ausrichtung auf die persönliche Geschichte nicht einverstanden. Sie glaubte, daß die Erfahrungen eines Schauspielers niemanden etwas angehen. Das Gefühlsleben des Schauspielers in den Mittelpunkt des kreativen Prozesses zu stellen bedeutete ein Eindringen in die Privatsphäre des Künstlers, was, wie Stella Adler meinte, ein mögliches psychologisches Risiko für den Schauspieler darstellte.

Wie die Duse wurde Stella Adler in die Theaterwelt hineingeboren. Sie stand ihr ganzes Leben lang auf der Bühne. Als junge Schauspielerin ließ sie sich von keinem System und keinen Grundsätzen leiten. Strasberg war ein hervorragender Theoretiker und Organisator. Adler war in erster Linie Schauspielerin.

Außerdem arbeitete Adler schließlich mit Stanislawski selbst. Während mehrerer Wochen Einzelarbeit mit Stanislawski merkte sie, daß der russische Meister eigentlich einen flexiblen und spielerischen Zugang zur Kunst hatte. Stanislawski glaubte, daß die beste Lösung für jede kreative Herausforderung die ist, die funktioniert.

»Stanislawski«, schrieb Adler Jahrzehnte nach ihrer Erfahrung in Paris, »machte deutlich, daß ein Schauspieler eine ungeheure Phantasie haben muß, die nicht durch Unsicherheit blockiert wird.« Als Adler zu unterrichten begann, bestand sie darauf, daß die Phantasie des Schauspielers, nicht seine bisherige Erfahrung, der Schlüssel dazu war, wirkliche Figuren aus einem Text zu schaffen. Strasberg hingegen schätzte den Reichtum an wahrer Erfahrung und echtem Gefühl des Schauspielers mehr als alles andere. Jahrzehntelang stritten die beiden Giganten des amerikanischen »Method Acting« über *Sense Memory* und den Einsatz der Phantasie des Schauspielers.

Aber aus der Distanz betrachtet ist dieser Streit rein akademisch. Die Wahrheit über das eigene Leben eines Schauspielers – das Sehen, Hören, Fühlen, Empfinden, die Gedanken und Träume, die du in dir trägst – füllt den Speicher der Erinnerung *und* kurbelt die Phantasie an. Es wäre eine Verschwendung der persönlichen Ressourcen eines Schauspielers, die Kraft und die Authentizität seines eigenen Lebens nicht zu nutzen. Und es wäre keine Kunstform, würde der Schauspieler diese Erfahrung nicht mit Hilfe seiner Vorstellungskraft überhöhen. *Sense Memory* ist eine Ergänzung der Phantasie, keine Alternative zu ihr. Die Phantasie braucht Fakten und Erfahrungen, die sie nähren. *Sense Memory* kann diese wichtigen Zutaten liefern.

Meine Vorgehensweise bezieht Strasbergs *Sense Memory* mit ein. Im *Actors Studio* fing Strasberg immer mit einer Reihe von Entspannungsübungen an. Dann stellte er dem einzelnen Schauspieler zahlreiche Fragen, um ihm bei der Erforschung seiner Vergangenheit zu helfen. Es war ein langwieriger Prozeß, aber er lieferte vielen Schauspielern nützliche Informationen.

Das *Actors Studio* war (und ist immer noch) eine »Schauspielwerkstatt«, keine Schule. Schauspieler wie ich waren »Mitglieder«, keine Schüler. Wir versammelten uns zu »Sitzungen«, nicht in Klassen, in denen wir Unterricht und Anregungen von »Moderatoren«, nicht von Lehrern erhielten. Es war ein sicherer Hafen, von dem aus wir eine Kunstform erforschen und nicht nur Bühnen- und Schauspielerfahrung sammeln konnten. Ein Filmset jedoch ist keine Schauspielwerkstatt. Eine Crew von 85 Personen wartet nicht auf einen Schauspieler, der gerade eine klassische *Sense Memory*-Erkundung macht.

Ich habe *Sense Memory* auf elf Schritte reduziert, die jeder Schauspieler selbst anwenden kann. Es sind wenige, praktische Fragen, die Verbindungen zwischen den gegebenen Umständen des Textes und den wirksamen Werkzeugen der eigenen Erfahrung herstellen sollen. Du hast die Anwendung von *Sense Memory* bereits bei Schritt eins von »Schauspieler« Walter Lee Youngers *Journey of the Need* kennengelernt.

Zu Anfang versucht sich der Schauspieler an ein Ereignis zu erinnern, das ihn einer ähnlichen emotionalen Empfindung nahebringt wie der im Text geforderten. Der Schauspieler muß sich dann folgende Fragen bezüglich dieser Erinnerung stellen:

1. **Wie lange ist das Ereignis her?**
2. **Welche Jahreszeit war es?**
3. **Welche Tageszeit war es?**
4. **Was habe ich angehabt?**
5. **Was war mein *Need* in diesem Moment?**
6. **Was für ein Ort war es? Draußen, drinnen, Temperatur, Gerüche, Geräusche?**
7. **Was an diesem Ort werde ich nie vergessen?**
8. **War eine wichtige Person ebenfalls dort?**

Ihr herausragendstes körperliches Merkmal?
Stärkste menschliche Eigenschaft?
Etwas, was die Person gesagt hat und ich nie vergessen werde?
Etwas, was ich ihr sagen wollte, aber nicht gesagt habe?

9. **Habe ich ein bestimmtes Verhalten immer wiederholt?**
10. **Gab es etwas, was ich damals sagen oder tun wollte, es aber nicht tat?**
    Sag es/Tu es jetzt.
11. **Warum habe ich es nicht gesagt oder getan?**

Um es deutlich zu sagen: Das Ziel von *Sense Memory* ist es, eine *Empfindung* hervorzurufen, eine spontane Reaktion, die Gefühle entstehen läßt – nicht nur die Vorstellung oder die Äußerung des Gefühls selbst. Wenn du von außen herauszufinden versuchst, wie ein Gefühl aussehen soll, bist du nicht ehrlich. Zuerst kommt die Empfindung. Wenn die Empfindung stark und ehrlich ist, wird ein Schauspieler dieses Gefühl auf natürliche Weise vermitteln. Empfindung zuerst – alles andere später.

Sense Memory ist kein exakter Fragenkatalog. Es ist eine selbstbestimmte Vorbereitung, die ein Schauspieler nutzen kann, um Ideen und Alternativen zu entwickeln. Wenn ein Schauspieler sich sicher ist, daß er persönliche Erfahrung mit einer Figur teilt, gewinnen die emotionalen Ereignisse im Leben des Schauspielers eine neue Kraft und einen neuen Wert. *Sense Memory* ermöglicht, daß die Ereignisse im Leben des Schauspielers seine Arbeit bestimmen.

KAPITEL 10

Personalization – Die Verknüpfung mit einer realen Person

I've just seen a face
I can't forget the time or place
Where we just met.
John Lennon und Paul McCartney, »I've Just Seen a Face«

Kismet

Ich glaube, daß es glücklicher Zufall ist, wenn Schauspieler und Figuren einander finden. Es ist verblüffend, daß bei den berühmtesten Filmauftritten deutliche Parallelen zwischen den Lebensumständen einer Figur und dem Leben des Schauspielers erkennbar sind.

Als Aileen Wuornos in *Monster* zeigte Charlize Theron eine unglaubliche Hingabe. Sie verwandelte sich körperlich für die Rolle. Theron verurteilte ihre Figur keine Sekunde lang und zeigte keine Distanz zu ihr. Sie gab in jeder Szene alles und hielt nichts zurück.

Theron wußte, daß es ihre Rolle war, daß etwas in ihrem Inneren Aileen wahr und real für sie machte. Als Kind mußte Charlize Theron mit ansehen, wie ihre Mutter ihren Vater in Notwehr tötete. Ich kenne Charlize Theron nicht persönlich, aber ich habe den Film gesehen. Ihre persönliche Wahrheit war dort oben auf der Leinwand zu sehen.

Denzel Washingtons Mutter schickte ihren vierzehnjährigen Sohn auf eine Militärakademie. Sie ging davon aus, daß er es zu nichts bringen würde, und dachte, die Militärschule würde Denzels Abrutschen in die Kriminalität wenigstens verlangsamen. In dem Film *Glory*[43] spielt

43 USA 1989, Regie: Edward Zwick.

Denzel Trip, einen schwarzen Soldaten, der sich im Kampf beweist. Als Washington in *Glory* besetzt wurde, hatte er sich schon sein ganzes Leben lang beweisen müssen. Aus seiner Schulzeit wußte er alles über Krieg und Militärgeschichte, was man darüber wissen kann. Washington brachte so viel von sich selbst in die Rolle ein, daß sie ihm zum beruflichen Durchbruch verhalf.

Der Film *Five Easy Pieces (Ein Mann sucht sich selbst)*[44] gipfelt in einer herzzerreißenden Szene, in der Jack Nicholsons Figur Bobby Dupea versucht, sich mit seinem Vater zu versöhnen. In den Jahren nachdem Bobby jede Verbindung zu seiner Familie abgebrochen hat, hat Bobbys Vater einen Schlaganfall erlitten und ist seither gelähmt. Am Anfang der Szene schiebt der verlorene Sohn Bobby seinen praktisch komatösen Vater bei Sonnenuntergang hinaus auf einen Hügel. Er fragt seinen Vater, ob er es bequem hat, und sucht dann nach Worten, die eine Bedeutung für beide haben könnten.

»Ich weiß nicht, ob es dich besonders interessieren wird, etwas über mich zu erfahren, Über mein Leben …«, beginnt Bobby. »… im großen und ganzen ist daraus so wenig geworden, daß du es, glaub ich, kaum gutheißen wirst, weißt du? Ich bin viel unterwegs. Nicht weil ich was Bestimmtes suche, sondern mehr weil ich … ich muß weiter, wenn die Dinge für mich ihren Sinn verloren haben. Gute Absichten, du weißt, was ich meine.« Bobby schaut prüfend in das gleichgültige Gesicht seines Vaters und fährt fort, »Ich versuche mir deinen Teil dieser Unterhaltung vorzustellen. Ich habe das Gefühl … ich weiß nicht: Mir scheint, wenn du reden könntest, würden wir nicht miteinander reden.«[45]

Nach seinem Durchbruch mit seinem Auftritt in *Easy Rider*[46] ein Jahr zuvor katapultierte seine Rolle in *Five Easy Pieces* und insbesondere diese Szene Nicholson in die Welt der Stars. Obwohl Carol Eastman das Drehbuch von *Five Easy Pieces* geschrieben hatte, schrieb Nicholson den Monolog des Sohnes selbst. Als die Zeitschrift *Time* ihn fragte, ob er in

---

44 USA 1970, Regie: Bob Rafelson.

45 Die Übersetzung folgt der deutschen Synchronfassung. (Anm. d. Red.)

46 USA 1969, Regie: Dennis Hopper.

der Schlüsselszene von *Five Easy Pieces* an seinen eigenen Adoptivvater gedacht habe, sagte Nicholson einfach: »Die Antwort lautet, natürlich, das habe ich.« Jack Nicholsons vaterlose Kindheit und Bobby Dupeas Entfremdung von seiner Familie stellten die tragische Parallelwahrheit hinter einem der Meilensteine im amerikanischen Film dar und gaben der Karriere eines der größten amerikanischen Schauspieler eine entscheidende Wende.

Trennungsangst

Als Laurence Olivier von Hollywoodproduzent Samuel Goldwyn das Angebot bekam, Heathcliff in einer Adaption von Emily Brontës *Wuthering Heights (Sturmhöhe)* zu spielen, ergriff er die Gelegenheit. Der Regisseur, der Produzent, die Drehbuchautoren und die Romanvorlage waren alle erstklassig. *Wuthering Heights*[47] war ein Prestigefilm – das ideale Angebot für Olivier, um mit einer Hauptrolle sein amerikanisches Filmdebüt zu geben. Dies sollte ein überfälliger Sprung in Oliviers Filmkarriere werden.

Als *Wuthering Heights* im Jahr 1938 gedreht wurde, war der Name Olivier in seiner Heimat England allen ein Begriff. Aber er war immer noch fast unbekannt in den USA. Eigentlich war er fünf Jahre zuvor von Talentsuchern aus Hollywood entdeckt worden und sollte neben Greta Garbo in *Queen Christina (Königin Christine)*[48] spielen. Leider wurde Olivier in der ersten Woche der Dreharbeiten von dem Filmstar gefeuert und durch Greta Garbos Liebhaber John Gilbert ersetzt.

Als die Dreharbeiten zu *Wuthering Heights* begannen, spielte Olivier Heathcliff mit der ganzen eindringlichen Raserei und Athletik, die seine jüngste Interpretation des Hamlet auf der Bühne zu einer Sensation in Großbritannien gemacht hatten. Aber nachdem er die Muster gesehen hatte, nannte Goldwyn Oliviers Darstellung »theatralisch«, »hundsmiserabel« und, was am schlimmsten war, »keine Minute echt!«.

---

47 USA 1939, Regie: William Wyler.

48 USA 1933, Regie: Rouben Mamoulian.

Der Regisseur William Wyler war genauso unzufrieden. Wyler war großzügig mit Kritik, aber arm an Vorschlägen und drehte von denselben Einstellungen Dutzende von Takes. Das einzige, was er zwischen jedem Take zu Olivier sagte, war: »Sei einfach besser!« Stolz und frustriert ging Olivier den Regisseur an und erklärte, daß »dieses blutarme kleine Medium große Schauspielkunst nicht verträgt!« Er bereute es sofort, als Wyler und seine erfahrene Hollywoodcrew lauthals loslachten.

Zwischen Olivier und seiner Filmpartnerin Merle Oberon entwickelte sich zudem bald eine gegenseitige Abneigung. Sie spielten zwei der berühmtesten Liebenden in der Literatur des 19. Jahrhunderts, aber sie stritten und zankten sich unaufhörlich am Set. Oberon warf Olivier vor, er spucke sie bei den Liebesszenen an. Olivier beschimpfte Oberon als »Dilettantin«.

Nach nur wenigen Wochen steuerten die Dreharbeiten von *Wuthering Heights* auf eine Katastrophe zu. Im Alter von dreißig Jahren konnte sich Olivier keine zweite öffentliche Umbesetzung in seiner Karriere leisten. Wenn er jemals wieder in Hollywood arbeiten wollte, würde er Heathcliff so »echt« darstellen müssen, wie Goldwyn es forderte. Aber wie um alles in der Welt sollte er ein Publikum davon überzeugen, daß Heathcliff eine ewige, unsterbliche Liebe für Cathy empfand, wenn er seine Filmpartnerin haßte und das Gespött seiner Kollegen war?

Die Antwort lag bei ihm selbst.

Vor seiner Vertragsunterzeichnung bei Goldwyn hatten die englischen Boulevardblätter viele Monate über Oliviers skandalöse Affäre mit einem wunderschönen jungen Starlet namens Vivien Leigh berichtet. Obwohl beide verheiratet waren, hatten sie sich hoffnungslos ineinander verliebt. Leigh hatte sogar ihre kleine Tochter zurückgelassen, damit sie und Olivier zusammen sein konnten.

Olivier verließ England an Viviens 25. Geburtstag, um *Wuthering Heights* zu drehen. Er schrieb ihr täglich Liebesbriefe, um sie an die Inbrunst seiner Liebe und die Leidenschaft zu erinnern, die sie teilten. Er hatte nicht nur Liebeskummer wegen der Trennung; er hatte insgeheim Angst, daß Leigh in seiner Abwesenheit dem öffentlichen Druck nicht standhalten und zu Mann und Kind zurückkehren würde. Zum ersten Mal getrennt von der »reinen, rasenden, unkontrollierbaren, leidenschaftlichen Liebe«, die er gefunden hatte, fühlte sich Olivier allein, leer und, wie er selbst sagte, »blind vor Kummer«.

Oliviers Leiden unter der Trennung und die Angst um die Beziehung waren dieselben wie Heathcliffs. Der Mensch Olivier sehnte sich nach Viviens Liebe, trotz ihrer Trennung durch die Entfernung und den Skandal. Die Figur Heathcliff begehrte Catherine verzweifelt, trotz ihres Klassenunterschieds und ihrer Ehe. Um sich aus seinem schauspielerischen Chaos zu befreien, verschmolz Olivier die beiden miteinander. Der Mann, der Jahrzehnte später eine solch abschätzige Haltung gegenüber »Method Acting«, so wie er es verstand, einnehmen würde, entwickelte Heathcliff von innen nach außen.

»Merle und ich hatten uns den ganzen Tag lang voller Haß angefaucht«, erinnert er sich an den Durchbruch. »Ich war unsterblich verliebt in Vivien und konnte an kaum etwas anderes denken. Plötzlich ließ Wyler uns eine Liebesszene spielen, die wunderbar funktionierte und nach einem Take im Kasten war.« Olivier hatte die Figur geknackt. Seine anschließenden Szenen mit Cathy und den Wutanfällen ohne sie füllte Olivier Heathcliff mit der tiefen Sehnsucht und andauernden Frustration seines eigenen Lebens aus.

Nach der Hälfte des Films ist Heathcliff, der zu einem erfolgreichen Mann geworden ist, wieder mit seiner Geliebten vereint. Aber seine Verzückung hält nicht lange an. Was in Oliviers Gesicht vor sich geht, als er »Cathy« sagt und dann den Mann erblickt, den Cathy heimlich geheiratet hat, ist tiefgründig. Seine *Empfindung* für Vivien – die Sehnsucht und der unverminderte Trennungsschmerz, die Olivier, der Mensch, nur allzugut kannte – ist lebendig und unverkennbar echt.

Obwohl es eine qualvolle Lektion war, wußte Olivier zu schätzen, was er gelernt hatte. *»Wuthering Heights«,* sagte er Jahre später, »lehrte mich, echt zu sein.« Das Beispiel veranschaulicht außerdem ein Grundkonzept des Schauspielens. Durch bewußte *Personalization* macht ein Schauspieler das, was Laurence Olivier intuitiv tat.

Etwas Privates

Man muß nicht von der Liebe seines Lebens getrennt sein, um sich an einem Filmset verloren zu fühlen. Bei jedem Film und mit jedem Budget können die Realitäten eines Filmdrehs auch den am besten bezahlten Schauspieler zwingen, unter allerschwierigsten Bedingungen zu arbeiten. Stell dir vor, ein Drehbuch verlangt von deiner Figur, einen entscheidenden, emotional mitreißenden Dialog mit einer anderen Figur zu führen. Der Regisseur entscheidet sich dafür, die Szene zuerst in einer Totalen als Two Shot, d. h. mit beiden zusammen in einem Bildausschnitt, zu drehen, und dann als zwei Großaufnahmen, eine von jedem von euch, mit demselben Dialog. Der Two Shot klappt gut. Du hast deine Hausaufgaben gemacht. Du bist mit dem Drehbuch verbunden, mit der Figur, dir selbst und dem anderen Schauspieler. Jetzt kommen die Großaufnahmen. Der andere Schauspieler, ein Oscarpreisträger und Profi, ist zuerst an der Reihe. Die Kamera filmt über deine Schulter. Dein Gesicht ist nicht zu sehen, aber du gibst alles. Dein Filmpartner erwidert mit drei unterschiedlich soliden, komplexen Takes nacheinander.

Zufrieden läßt der Regisseur die Kamera auf dich umbauen. Es ist Zeit für *deine* Großaufnahme. Aber dein Filmpartner ist auf dem Weg zurück zu seinem Wohnwagen. »Tut mir leid, Schätzchen«, sagt der andere Schauspieler und zwinkert dir zu. »Alles, was ich in mir hatte, steckt in diesen drei Takes. Nichts für ungut.«

Ein Beleuchtungsassistent baut ein Lampenstativ auf, und ein Kameraassistent klebt ein Kreuz aus farbigem Klebeband in der Höhe der Augen deines Filmpartners darauf. Das ist dein Szenenpartner für deine Großaufnahme. Du mußt mit einem Metallständer ebenso echt spielen, wie du es mit einem der größten lebenden Schauspieler getan hast.

Auch wenn du kaum geprobt oder praktisch keine Verbindung zu dem Schauspieler hergestellt hast, mit dem du arbeitest (von einem Lampenstativ oder einer Markierung auf einem Bluescreen ganz zu schweigen), kannst du mit der *Personalization* absolut wahrhaftig spielen. Es gibt Menschen in deinem Leben, mit denen du eine starke emotionale Empfindung verbindest. Durch die persönliche Verknüpfung kannst du diese Empfindung benutzen, um störende praktische Gegebenheiten am Set zu überwinden und die Gefühle und Lebensumstände der Figur glaubhaft nachzuempfinden.

Wenn eine *Personalization* stark ist, kann sogar ein Lampenstativ Gefühle und Präsenz auslösen. Wie *Sense Memory* ermöglicht die *Personalization* dem Schauspieler, Parallelen zwischen seiner Lebenserfahrung und den Lebensumständen der Figur zu ziehen.

A. Die *Personalization*-Übung beginnt mit der Untersuchung einer Person aus deinem Leben, die du mit einem unerfüllten *Need* verbindest. Versuche dich zu erinnern:

1. **an das herausragendste körperliche Merkmal der Person.**
2. **an die stärkste menschliche Eigenschaft der Person.**
3. **Hat die Person etwas gesagt oder getan, was ich nie vergessen werde?**
4. **Gibt es etwas, was ich der Person immer sagen wollte, oder etwas, das ich tun wollte, aber nie gesagt oder getan habe?**

Für 1. sollte das herausragendste körperliche Merkmal klar und einfach sein. *Augen, Mund, Hände, Haare* – das Wort sollte dir sofort einfallen. 2. Frage, was diese Person ausstrahlt – *Wärme, Angst, Sorge, Liebe* – wie heißt dieses Gefühl? 3. Frag danach, was du von dieser Person unbedingt brauchst. Die Antwort hierauf ruft echtes Empfinden hervor. Du bist auf der Suche nach einem Gefühl, das du greifen und verwenden kannst und nicht einfach erforschen und darüber Vermutungen anstellen willst. Ein *Need* transportiert diese Energie. 4. Denk an etwas Konkretes, Wirksames, das du dem Objekt deiner *Personalization* gern gesagt hättest. Du mußt es nicht wirklich sagen. Nur die Gewißheit, daß es etwas gab, was du hättest sagen sollen, hilft deiner Konzentration.

B. Frage dich, welche Empfindungen die ausgewählte Person bei dir hervorruft. Stell dir vor, sie steht im Zimmer vor dir und du sprichst sie direkt an, dabei vervollständigst du den Satz »Ich empfinde dich als ...« und benennst so viele Empfindungen wie möglich. Wenn Walter Lee seinen Vater für eine *Personalization* nehmen würde, könnte er sagen:

»Ich empfinde dich als hilflos, ich empfinde dich als jemanden, der mich nicht liebt, ich empfinde dich als jemanden, der mir Angst macht, ich empfinde dich als Trinker, ich empfinde dich als meine Zukunft« und so weiter. Hätte Olivier tatsächlich eine *Personalization*-Übung für Vivien Leigh gemacht, hätte er sagen können: »Ich empfinde dich als meine einzige Sehnsucht, ich empfinde dich als jemanden, dem ich vertrauen muß, ich empfinde dich als jemanden, den ich nicht verlieren will« und so weiter.

C. Frage dich, was du von dieser Person unbedingt brauchst, was dein *Need* war. Sprich es laut aus: »Ich brauche unbedingt …« Walter Lee könnte sagen: »Ich brauche unbedingt, daß du mich wahrnimmst, ich brauche unbedingt deinen Respekt, ich muß unbedingt wissen, daß du mich liebst, ich brauche unbedingt dein Vertrauen in meine Träume.« Olivier könnte sagen: »Ich brauche unbedingt, daß du mich ebensosehr liebst wie ich dich liebe, ich muß unbedingt hören, daß du mich nie verläßt, ich muß unbedingt wissen, daß du keine Spiele mit mir spielst, ich muß unbedingt wissen, daß wir immer zusammen sein werden.«

D. Abschließend frage dich, was die andere Person verstehen und über dich wissen sollte. Zum Schluß frage dich, was du der Person begreiflich machen willst und was sie über dich und darüber, wer du bist, wissen soll. Sprich es laut aus und vervollständige den Satz »Ich bin …« mit einer Empfindung, die du hast. »Ich bin traurig, ich bin verängstigt, ich bin dein Sohn, ich bin jemand, der Respekt verdient, ich bin auch ein Vater, ich bin nicht so wie du« sind einige der Dinge, die Walter Lee sagen könnte. »Ich bin dein Liebhaber, ich habe Angst, daß du mich verlassen könntest, ich bin einsam, ich bin wütend, ich bin unsicher, ich bin treu« könnten Sätze von Olivier sein, wenn er eine *Personalization*-Übung gemacht hätte.

Du bist auf der Suche nach einer Empfindung. Spielen heißt tun, heißt Aktivität. Noch einmal, *Empfindung* – ein aktiver Moment, in dem der Schauspieler eine innere, emotionale Erfahrung durchläuft – ist das, was das Publikum fesselt und eine Geschichte vorantreibt. Sich das Gesicht einer anderen Person über dem Gesicht des anderen Schauspielers vorzustellen, schafft keine Empfindung. Ein Gefühl vorzutäuschen, fesselt kein Publikum.

Für eine erfolgreiche *Personalization* muß eine Empfindung nicht nur aktiv erlebt, sondern auch BENANNT werden. Sowohl bei *Sense Memory* als auch bei der *Personalization* arbeitest du daran, ein Glaubenssystem zu schaffen. Und alle Glaubenssysteme hängen von Wörtern ab. Wenn du eine Empfindung benennst, machst du sie dir zu eigen. Das Benennen kann hilfreich sein, um eine Empfindung festzuschreiben und zu verdeutlichen, damit immer wieder darauf zurückgegriffen werden kann, Take für Take, Vorstellung für Vorstellung. Die *Personalization* muß gründlich sein, damit du so viel Empfindung wie möglich entstehen lassen kannst. In dem Moment, in dem du die Empfindung benennst, wird sie zu einem Werkzeug und bleibt nicht nur ein Gefühl oder eine Erinnerung. Sie zu benennen ist eine aktive Entscheidung. Es ist ein Zugang, der dich die Empfindung für eine reale Person nutzen läßt – was sie dir bedeutet und was du für sie empfindest –, um die Geschichte in Gang zu setzen.

KAPITEL 11

Sensory Condition

Meine Sinne entdeckten das Unendliche in Allem.
William Blake

Wie gut ist das Leben eines Mannes, nur zu leben! Wie geeignet, um sein ganzes Herz und die Seele und die Sinne für immer freudig zu beschäftigen!
Robert Browning

Going in Style (Die Rentner-Gang)[49]

Als er 1979 mit George Burns und Art Carney in dem Film *Going in Style* besetzt wurde, hatte Lee Strasberg erst fünf Jahre lang in Filmen gespielt. Obwohl er ein halbes Jahrhundert lang Regie geführt und unterrichtet hatte, gab er sein Filmdebüt erst mit 73 Jahren, als Al Pacino seinen Lehrer überredete, die Rolle des Hyman Roth in *Godfather Part II (Der Pate – Teil II)*[50] zu übernehmen.

Das Drehbuch von *Going in Style* enthält eine Szene, in der George Burns' Figur Joe eine Schachtel mit alten Fotos durchsieht, die seinem kürzlich verstorbenen Mitbewohner gehört hat. Joe wird von Trauer überwältigt. Gleichzeitig verrät ihn sein Alter. Während er um seinen Freund weint, macht er in die Hose wie ein Baby.

Beim Dreh dieser Schlüsselszene staunte Strasberg über die Einfachheit und Wirksamkeit von Burns' Methode. Burns machte kein Aufhebens, als er für den »Effekt« vorbereitet wurde. Er stellte keine Fragen. Die Kamera lief, der Regisseur rief »Action!«, gab dem Techni-

---

49 USA 1979, Regie: Martin Brest.
50 USA 1974, Regie: Francis Ford Coppola.

ker für Spezialeffekte ein Zeichen zum Einsatz, und dank Burns funktionierte die Szene. »Wenn du die Wahrheit imitieren kannst«, bemerkte Burns einmal schlagfertig, »dann kannst du spielen.« Aber es war nichts Unechtes daran, die physische Realität dieser Szene zu konstruieren. Er wußte, was er zu tun hatte. Er übernahm die Verantwortung für die im Drehbuch beschriebene körperliche Realität und brachte es hinter sich.

Schauspieler vermitteln eine Geschichte nicht nur durch die Gefühle ihrer Figur. Ein Schauspieler ist auch für die Reaktionen und Impulse einer Figur auf die physische Welt des Drehbuchs verantwortlich. Jedes Drehbuch enthält Hinweise auf die physische Realität der einzelnen Szenen. Iglu, Wüste, Dschungel oder Bibliothek – es steht auf der Textseite. Zum Handwerk eines Schauspielers gehört es, diese physische Realität – die *Sensory Condition* – der Szene zu respektieren und zu verkörpern, unabhängig davon, wo oder wie die Szene gedreht wird.

Ein Schauspieler benutzt sein Handwerk, um die physische Welt des Textes für das Publikum glaubwürdig umzusetzen. Du setzt die physische Erfahrung deiner Figur – was die fünf Sinne der Figur in der Szene wahrnehmen – mit deinem eigenen Körper um. George Burns hatte mehr als ein halbes Jahrhundert in Varieté, Fernsehen und Radio im Osten und Westen der USA gearbeitet. Durch konstante und abwechslungsreiche Arbeit hatte er jahrzehntelange Erfahrung im Erforschen und Selbstbeobachten. Er brauchte nichts bewußt umzusetzen. Sein Verständnis und seine Ausführung der im Text verlangten physischen *Sensory Condition* waren ihm zur zweiten Natur geworden. Es spielte keine Rolle, wie peinlich es möglicherweise war. Genau genommen machte das Schamgefühl, das Burns vermittelte, die Szene um so besser.

Sich auf die physische Realität eines Drehbuchs einzulassen, ist für manche Schauspieler eine schwierige Sache. Viele Künstler sind, aus welchem Grund auch immer, zu gehemmt, um an die im Drehbuch vorgegebenen Umstände zu glauben. Für diese Schauspieler sind im Drehbuch beschriebene Faktoren wie Hitze, Kälte, Erschöpfung, Durst und so weiter schwer nachvollziehbare, abstrakte Begriffe, und nicht einfache, gewöhnliche sensorische Gegebenheiten aus dem wahren Leben. Diese Schauspieler können ihren Körper nicht einsetzen, um jene physischen

Umstände mit derselben Glaubwürdigkeit mitzuteilen, mit der sie jeden Tag physische Empfindungen erfahren.

Strasberg arbeitete mit Entspannungstechniken und sensorischen Übungen an dieser Blockade. Er meinte, daß sich ein Schauspieler, wenn er sich gegen die sinnliche Welt eines Textes wehrt, körperlich entspannen muß. Aber ich glaube nicht, daß es etwas mit Entspannung zu tun hat, wenn ein Schauspieler die *Sensory Condition* seiner Figur in einem Text nicht nachempfindet. Ein Schauspieler wird sich nicht darauf einlassen, die sensorischen Elemente des Lebens wahrzunehmen, wenn er seinen eigenen Körper nicht spürt.

Keine Entspannung der Welt kann dich mit dir selbst als sinnliches, sexuelles Wesen in Kontakt bringen. Keine Atemübung wird dir sofort die Welt der Empfindungen öffnen, die du unbewußt versucht hast von dir fernzuhalten. Wie Eleonora Duse sagte, es ist eine Frage der »Sinnlichkeit, die sich zu Spiritualität entwickelt«. Eigene lebendige und reale Erfahrung hilft dem Schauspieler, unerschütterlich an die physische Realität der Figur zu glauben. Ein Schauspieler, der sich in seinem eigenen Körper wohlfühlt, wird offen bleiben für alle Möglichkeiten der Sinne.

Im Allgemeinen

In jeder Kultur und in jedem Land bleibt menschliche Erfahrung – die konkreten Details der Empfindungen, der Gedanken und des Glaubens – die gleiche. Unabhängig von Zeitalter oder Gesellschaft, wir alle teilen eine grundlegende Menschlichkeit und erkennen diese Menschlichkeit in jedem anderen.

Ein Schauspieler, der seine eigene reale Erfahrung offenlegt und einer Figur übergibt, wird ein Teil dieser Gemeinsamkeit. Wenn ein Schauspieler *Sense Memory*, *Personalization* und *Sensory Condition* ehrlich auf sich und seine Figur anwendet, wird er diese Wahrheit jedem Zuschauer vermitteln. Egal welches Genre, welcher Stil oder welches Zeitalter – Wahrheit geht über Sprache hinaus.

Das Schauspielhandwerk erfordert emotionale und sensorische Detektivarbeit, aber die Kunst des Schauspielens liegt in den Entscheidungen, die du im Bezug auf das gesammelte Material triffst. Ein Schauspieler muß KONKRET SEIN. Um meine Mutter zu zitieren: »Allgemeinplätze befördern die Engstirnigkeit.« Ein Schauspieler, der sorgfältig und ehrlich mit Hilfe von *Sense Memory*, *Personalization* und *Sensory Condition* die Parallelen zwischen seinem eigenen Leben und dem seiner Figur herausarbeitet, verallgemeinert nicht. Er »spielt« kein Gefühl – wütend, traurig oder schuldbewußt. Er »tut nicht so«, als wäre er betrunken, erschöpft, als sei ihm heiß oder kalt. *Sense Memory*, *Personalization* und *Sensory Condition* zwingen den Schauspieler, seine eigenen ehrlichen, konkreten Empfindungen gezielt auf die Lebensumstände einer Figur und auf die Geschichte selbst anzuwenden.

Die Anwendung von *Sense Memory*, *Personalization* und *Sensory Condition* erfordert, tief zu graben. Diese Grundsätze zwingen dich, deine eigene Erfahrung mehr in den Brennpunkt zu rücken, als das ein Laie jemals versuchen würde. Bei dieser Art Tätigkeit gibt es keine halben Sachen. Glaubwürdiges Schauspielen erfordert, daß du das Innere nach außen kehrst. Es ist eine Herausforderung und ein Geschenk. Wenn du das, was du sonst verstecken oder ignorieren würdest, einsetzt, um eine Figur zu erschaffen, wirst du dabei zumindest ein wenig über dich selbst erfahren.

KAPITEL 12

Die Vierte Wand

»Bitte richte deinen Blick auf das Niveau der Ränge aus, so daß ich deine Augen sehen kann.« Ich gehorchte, spielte zur Front und verlor natürlich komplett das Gefühl für Privatsphäre und Realität.
Uta Hagen[51]

Theater und Film

Einige Experten bestehen darauf, daß es einen Unterschied gibt zwischen Schauspielkunst auf der Bühne und Schauspielkunst vor der Kamera. Elia Kazan, einer der größten Theater- und Filmregisseure des 20. Jahrhunderts, war der Meinung, daß Theater und Film unterschiedliche Anforderungen an einen Schauspieler stellen. »Viele erfolgreiche Schauspieler kommen auf der Bühne ungestraft mit Nachahmen, Posieren und angedeuteten Gefühlen davon«, schrieb er in seiner Autobiographie *A Life*. »Es ist schwierig, wenn nicht gar unmöglich, vor der Kamera mit irgend etwas Unwahrem davonzukommen.«

Meiner Ansicht nach gibt es keinen Unterschied. Es spielt keine Rolle, ob ein Schauspieler eine Kameralinse direkt vor der Nase hat oder tausend Zuschauern in einer ausverkauften Arena gegenübersteht – Wahrheit ist Wahrheit. Unabhängig vom Medium, die Aufgabe eines Schauspielers ist es, die Geschichte ehrlich und wahrheitsgemäß zu vermitteln.

51 Uta Hagen: *Kleines Schauspiel-Handbuch*, Berlin 2007, S. 143. (Anm. d. Red.)

»In mich hineinsehen«

Die Wahrhaftigkeit, die Schauspieler und Figur teilen, ist die Wahrhaftigkeit der Intimität. Wir erreichen Intimität, wenn wir ungeschützt und offen sind. Intimität erfordert Offenheit. In der Intimität gibt es keine Tücke. Es gibt keine Befangenheit. Es gibt keinen Gedanken an Konsequenzen, wenn wir unsere Emotion spontan, aktiv und ehrlich zeigen.

Die ungeschützte Intimität eines Schauspielers ermöglicht seinen Empfindungen, auf seine Figur einzuwirken. Es ist diese Intimität, die das Interesse der Zuschauer wachhält und ihr Mitgefühl auslöst. »Wenn du wirklich ein Schauspieler sein willst, der sich selbst und sein Publikum zufriedenstellen kann«, bemerkte Jack Lemmon einmal, »dann mußt du verwundbar sein. Du mußt das emotionale und intellektuelle Niveau erreichen, auf dem du emotional splitterfasernackt vor ein Publikum treten kannst.« Stell es dir als »in mich hineinsehen« vor: Das Schauspielhandwerk erfordert, daß sich der Schauspieler öffnet und die Wahrheit aufrichtiger Empfindung durch seine Figur offenbart.

Intimität existiert nur dort, wo es ein Gefühl der Sicherheit gibt. Sie gedeiht dort, wo es Vertrautheit und Vertrauen gibt. Diese Dinge sind Mangelware auf der Bühne oder dem Filmset. Es ist schwer genug, Intimität mit einem einzelnen völlig Fremden zu teilen, ganz zu schweigen von einem Theater voller unbekannter Gesichter oder dem starren Auge einer Kamera inmitten eines Sets mit unzähligen Scheinwerfern und Crewmitgliedern. Al Pacino und Christopher Walken verteidigen ihre Intimität energisch. Sie bestehen darauf, daß ihre Blickachse frei von Schaulustigen ist. Die Blickachse ist für den Schauspieler der Fokus, mit dem er eine Verbindung zum Bereich des Kameraauges herstellt. Dabei muß der Schauspieler Assistenten, Ton- und Kamerastab ertragen, aber gaffende Zuschauer lenken ab und können die intime Verbindung zwischen Kamera und Figur unterbrechen.

Der Bühnenrand und die möglicherweise urteilenden Augen hinter dem Rampenlicht haben Schauspielern seit Jahrhunderten schreckliche Angst eingejagt. Das unbestechliche Auge der Kamera ist ebenso beängstigend und hemmend. Zusammen haben Publikum und Kamera aus Heerscharen von Schauspielern Mauerblümchen und Duckmäuser gemacht.

Ein starker Schutz

Wie bringt ein Schauspieler die scheinbar unvereinbaren Anforderungen, intim und aufrichtig zu sein, und zugleich gehört und gesehen zu werden, unter einen Hut?

Stanislawski erkannte, daß ein Schauspieler diese doppelte Verantwortung trägt. Was er einen »Kreis der Aufmerksamkeit« nannte, identifizierte er als den Bereich der unmittelbaren Umgebung einer Figur. Nutzt der Schauspieler den »Kreis der Aufmerksamkeit«, dann bleibt er »im Zentrum« zwischen der Welt der Figur und der Welt des Publikums außerhalb.

Lee Strasberg hatte eine ähnliche Idee. Er wies uns darauf hin uns, daß ein »sensorischer Ring« Schauspieler und Figur umgibt. Wenn ein Schauspieler das Publikum anspielte, erinnerte ihn Strasberg daran, innerhalb des »sensorischen Rings« zu bleiben – der Bereich, wo sich die Figurenwirklichkeit mit der Bühnenwirklichkeit trifft.

Uta Hagen, die visionäre Lehrerin und Mitbegründerin des Herbert Berghof Studios, entwickelte diese Konzepte weiter. Sie brachte ihren Schülern bei, die Vierte Wand zu benutzen. Die Vierte Wand ist die Stelle, an dem die Wirklichkeit der Szene endet und die Realität des Publikums beginnt. Im Theater ist die Vierte Wand der Bühnenrand. Beim Film ist sie dort, wo das Auge des Kameraobjektivs, anderes Equipment und das Filmteam die Realität der Geschichte erschüttern.

Hagen ermunterte uns, unsere Phantasie zu benutzen, um die Lücke vor dem Bühnenrand oder die fehlenden Teile einer Filmkulisse zu füllen. Sie übertrug uns die Verantwortung dafür, die Trennung zwischen der Realität der Geschichte und der Wirklichkeit der Zuschauer festzulegen. Hagen forderte uns auf, uns die tatsächliche fehlende Wand, Zimmerdecke oder Landschaft vorzustellen und wenn nötig durch Bilder von Dingen, Menschen oder Orten aus unserem eigenen Leben zu ersetzen, an die wir uns detailliert erinnern konnten.

Ich habe Uta Hagens Vierte Wand weiterentwickelt. Beim Experimentieren mit ihrem Konzept der Vierten Wand merkte ich, daß die Stärke der Vierten Wand in der *Empfindung* lag, nicht in der Erinnerung oder im Detail von den Bildern, die der Schauspieler auswählte. Es gibt Menschen,

Orte und Dinge, die in unserer Erinnerung so lebendig sind, daß wir das Gefühl dafür in uns wachrufen können, wenn wir nur davon sprechen. »Es ist, als wäre er wieder hier im selben Raum mit mir«, »Ich erinnere mich so deutlich, als würde ich dort stehen«, »Ich kann es beinahe in meiner Hand spüren« – so klischeehaft sie auch klingen, man sagt diese Sätze selten leichtfertig. Wir alle haben die Fähigkeit, einen Teil unserer Aufmerksamkeit im Hier und Jetzt von alten Erinnerungen verführen zu lassen.

Der Schlüssel zur Anwendung der Vierten Wand war, wie ich herausfand, die verführerische Macht der Erinnerung. Wenn ich eine Person, einen Gegenstand oder einen Ort auswählte, die mir sehr wichtig waren, verführte mich die Empfindung für die Person, den Gegenstand oder den Ort dazu, ihre Präsenz an meiner Vierten Wand zu spüren. Wenn die ausgewählte Person, der Gegenstand oder der Ort mit einem *Need* verbunden waren, hatten sie eine Authentizität und eine Anziehungskraft, die meine Aufmerksamkeit auf die Vierte Wand zogen. Ich wurde nicht durch den Gegenstand oder die Person in Bann geschlagen. Ich versuchte nicht wie besessen, mir einen Ort vorzustellen. Ich erlebte, wie eine Empfindung meinen Körper durchströmte – ich empfand einfach den Wunsch, mich nach dem auszurichten, was ich auf meiner Vierten Wand plaziert hatte.

Die Wand

Um das zu veranschaulichen, werde ich eine Übung durchführen, bei der die Empfindung und das Verführerische der Vierten Wand erkundet werden. Für diese Übung bitte ich die Schauspieler, an eine Person, einen Gegenstand und an einen Ort zu denken, mit denen sie eine starke Empfindung verbinden. Die Person muß jemand aus deinem Leben sein, der mit einem unerfüllten *Need* verbunden ist. Basierend auf seiner *Journey of the Need* würde »Schauspieler« Walter Lee wahrscheinlich seinen Vater nehmen. Der Gegenstand sollte etwas sein, was mit der Empfindung eines *Needs* verbunden ist. Ein Geschenk von der Person, etwas, was man mit ihr geteilt hat, ein Spielzeug, ein Brief, ein Kleidungsstück – der Silberdollar, den Walter Lee von seinem Vater bekommen hat. Das dritte und letzte Element der Vierten Wand ist der Ort. Wie die Person und der Gegenstand muß der Ort in dir eine Empfindung wachrufen. Walter Lee würde ich vorschlagen, den Teil des Wohnzimmers bei sich zu Hause zu nehmen, wo der Stuhl seines Vaters stand.

Bei der »Vierte Wand«-Übung bestimme ich eine Raumseite, die der Bühnenrand sein wird oder wo eine Kamera und Scheinwerfer aufgestellt wären. Ich bitte dich, den Schauspieler, den Blick auf diese Seite, auf die Vierte Wand, zu richten. Dann bitte ich dich, die drei Elemente, die Person, den Gegenstand und den Ort, einen nach dem anderen zu benennen und zu beschreiben. Ich fange mit der Person an und stelle dir die gleichen Fragen wie bei *Sense Memory* und *Personalization*. Was an dieser Person löst dein *Need* aus? Welche Gefühle verbindest du mit dieser Person? Was hat sie an? Welche Farben, Strukturen, Geräusche und Gerüche assoziierst du mit dieser Person? Während du die körperlichen Empfindungen und die Gefühle, die du für diese Person hegst, beschreibst, bitte ich dich, diese Empfindungen und Details auf die Mitte der Vierten Wand zu konzentrieren.

Dann bitte ich dich, die Empfindung für den Gegenstand, den du gewählt hast, zu erkunden. Was ist die Verbindung zwischen dem Gegenstand und der Person in der Mitte der Vierten Wand? Wie fühlt sich der Gegenstand an? Heiß? Kalt? Wann hast du ihn zum letzten Mal gesehen? Während du die Fragen beantwortest, wird die Empfindung für den Gegenstand und das *Need*, das damit verbunden ist, deutlich. Ich bitte dich, die Empfindungen auf die rechte Seite der Vierten Wand, neben die Person, zu konzentrieren.

Dann arbeiten wir mit dem Ort. Wo ist es? Wie sieht es dort genau aus? Die Farben? Die Geräusche? Ist es dunkel oder hell? Warm? Kalt? Kannst du dich an Geräusche oder Gerüche an diesem Ort erinnern? Was ist die Verbindung zur Person in der Mitte der Vierten Wand und dem Gegenstand auf der rechten Seite der Vierten Wand? Ich stelle Fragen, bis der Schauspieler genügend Empfindungen für den Ort hat, um ihn sich auf der linken Seite der Vierten Wand vorzustellen. Noch einmal, es ist eine Frage der Verführung. Kannst du dir den Gegenstand, das dazugehörige *Need* und genügend Empfindungen ins Gedächtnis rufen, um dich dem hinzugeben? Der Ort, wie die Person und der Gegenstand, muß dich dazu verführen, eine echte Empfindung zu erleben.

In dem alten Abenteuerfilm *Scaramouche (Scaramouche, der galante Marquis)*[52] erklärt ein Fechtlehrer seinem Schüler, wie er das Florett halten muß. »Stell dir den Degen wie einen Vogel vor«, sagt er. »Wenn du ihn zu fest packst, erstickst du ihn. Nicht fest genug, und er fliegt davon.« Mit der Empfindung der Vierten Wand muß ebenso ausgewogen umgegangen werden. Bei der »Vierte Wand«-Übung versuchst du nicht, dir Bilder der Person, des Gegenstandes und des Ortes lebhaft vor Augen zu führen, als würden sie zwischen dir und dem Publikum schweben. Du versuchst auch nicht, jedes Gefühl, jeden Gedanken und jedes Detail dieser drei Elemente und ihrer Beziehung zu einem unerfüllten *Need* aufzulisten. Die Übung soll dir dabei helfen, einen sensorischen *Vorgeschmack* auf die körperliche und emotionale Reaktion zu bekommen, die diese drei Elemente in dir auslösen. Mit etwas Übung sollte der kleine Vorgeschmack ausreichen, um dich davon abzuhalten, instinktiv deine Intimität zu verstecken, und um dich zugleich daran zu hindern, aufs Publikum zuzugehen und dich ihm hinzugeben.

Zuerst entmutigt das einige Schauspieler. Sie denken fälschlicherweise, daß sie all ihre Energie aufwenden müssen, um sich die drei Elemente vor ihnen ständig vorzustellen. Aber bei der Vierten Wand ist selbst eine kleine Empfindung eine große Hilfe. Solange du dich auf ein Element der Vierten Wand voll und ganz eingelassen hast, um eine Empfindung damit zu verbinden, wird sie als Gefühl lebendig in deinem Körper verfügbar sein. Empfindung und Verführung unterscheiden sich in Intensität und Ausmaß, je nachdem welche Entscheidungen der Schauspieler trifft. Walter Lee wird vielleicht eher von der Empfindung für das Wohnzimmer seines Vaters verführt als von dem Silberdollar, den ihm sein Vater gegeben hat. Oder es kann in der Praxis umgekehrt sein. Die Freude an der Schauspielerei ist die Freude am Erschaffen und am Spiel. Es steht einem Schauspieler immer frei, Tatsachen und Phantasie zu verbinden. Das Wichtigste ist, diese Vierte-Wand-Übung anzuwenden, um verschiedene Arten von Empfindung, Verführung und Intimität zu erkunden, die deiner Erfahrung entspringen und die deine Phantasie benutzen kann.

---

52 USA 1952, Regie: George Sidney.

Das Telefongespräch

Um die Vierte Wand weiter zu erforschen, bitte ich den Schauspieler, ein Telefongespräch mit der Person von seiner Vierten Wand zu improvisieren. Zweifellos gibt es Worte und Dinge, von denen der Schauspieler möchte, daß diese Person sie hört, egal ob dieser Mensch noch lebt oder tot ist.

Beim Telefongespräch muß der Schauspieler die Empfindung, die die Person an seiner Wand bei ihm auslöst, in vollem Umfang vermitteln. Beim Telefongespräch erfährt der Schauspieler, wie es ist, mit der Unmittelbarkeit eines *Need* zu sprechen. Es ist ein aufschlußreicher Test für die Fähigkeit und Bereitschaft eines Schauspielers, die eigene Intimität *zuzulassen*. Das Telefongespräch erfordert außerdem, daß der Schauspieler seine Phantasie benutzt, um ehrlich auszusprechen, womit er im wahren Leben niemals ungestraft davonkommen würde.

Normalerweise senken die Leute beim Telefonieren unwillkürlich den Kopf und drücken den Hörer ans Ohr. Ist die Empfindung der Vierten Wand für den Schauspieler verführerisch genug, wird der Schauspieler während des Anrufs den Kopf hochhalten, sein Gesicht zeigen und sich auf das Gespräch selbst konzentrieren und nicht auf das Publikum. Zusammen erinnern das Telefongespräch und die Vierte Wand den Schauspieler daran, daß er jederzeit verantwortlich dafür ist, gesehen und gehört zu werden und doch intim und offen zu sein.

Weil Walter Lee seinen Vater als Person für die Vierte Wand benutzt hat, möchte ich ihn bitten, seinen Vater als Person für das Telefongespräch zu nehmen.

> WALTER: Papa … bist du das? Ja? Mir geht's gut, Papa … nein, mir geht's nicht gut. Ich brauche dich. Ja, das tue ich, weil ich nichts richtig mache, Papa … ich tue vielen Leuten weh. Ich will das nicht, aber ich tu's doch.

Walter läßt sich sofort auf sein Need *ein und kommt vom* Need *zu seinem* Tragic Flaw.

WALTER: Du hast mir gesagt: »Das einzige, was Gott dem schwarzen Mann gegeben hat, sind seine Träume und Kinder, um sie wahr werden zu lassen.« Nun, ich habe Träume, und ich bin dein Kind, das versucht diese Träume wahr werden zu lassen. Aber Mama läßt meine Träume nicht zu. Sie will meine Träume nicht in ihrem Sündenbuch haben. Irgendeine Art Liste, die sie fürs Jüngste Gericht führt, sagt sie.

Walters Intimität wird deutlich. Während er die Empfindungen für seinen Vater und seine Mutter erlebt, verändern sich seine Stimme, seine Miene und seine Haltung.

WALTER: Papa! Es ist so schwer, zu schwer. Das ist der Grund, warum ich betrügen, lügen, stehlen und töten will. Ich bin ein Mann mit Familie, mit einem wunderbaren Sohn. Aber wir leben in einer Bruchbude! Wir teilen immer noch ein Badezimmer mit den übrigen Leuten auf unserer Etage.

Er ist immer noch mit seinem Need *verbunden, und seine Worte drücken starke Empfindungen aus.*

WALTER: Du hast mir dieses Zuhause gegeben. Was warst du für ein Mann? Du hattest auch eine Familie. Aber du hast zuviel getrunken, hattest zu viele Frauen und hast über uns geherrscht, als wärst du ein Diktator. Und dann hast du aufgegeben, Papa. Du hast aufgegeben, als der kleine Claude starb. Danach warst du nur noch ein Schatten eines Mannes. Wo hat uns das hingeführt? Mama putzt immer noch die Toiletten von weißen Leuten, und ich fahre diese Leute durch die Gegend. Sie träumt von einem Haus, wo wir alle gemütlich leben, aber den Traum eines Mannes versteht sie nicht! Ich bin ein gemeiner, habgieriger Mistkerl, nur weil ich einen Traum habe. Meine Familie haßt mich!

Sein Schmerz ist echt, aber er weicht ihm nicht aus. Die Empfindung für seinen Vater an der Vierten Wand macht seinen emotionalen Ausbruch konkret.

WALTER: Ich werde nicht wie du sterben, Papa! Ich sterbe nicht als Penner, mit vor Scham gebeugtem Kopf, voller Schmerz, der nicht mal die rissige Decke sieht oder die Ratten und Kakerlaken um ihn herum. Was soll man als Mann tun? Seine Frau betrügen, die sowieso schon leidet? Sein Kind ignorieren? Trinken, bis man nicht mehr stehen kann? Seine Mutter und seine Schwester hassen? Ist es das, was ein Mann tut, Papa? Du hast mir ein Mal hinterlassen, das Mal eines Träumers! Weißt du nicht, daß es gefährlich ist, ein Träumer zu sein? Weißt du nicht, daß man den Respekt für sich selbst verlieren kann und daß es beängstigend und einsam ist?

Walter rutscht immer wieder in seinen Tragic Flaw.

WALTER: Ich bin wütend, weil du mir nicht gezeigt hast, wie man in die Welt hinausgeht und Dinge regelt. Aber das ist es nicht, Papa – für mich hattest du so viel zu geben – so viel – und es ist nur in der Flasche gelandet. Papa, sag mir, daß ich nicht auf dem gleichen Weg bin, daß mein Sohn nicht auf diesem Weg ist.

Die Angst, daß das Erbe seines Vaters auf Walters Sohn übergeht, bricht nun deutlich hervor.

WALTER: Gib mir ein Zeichen, daß Träume wahr werden können, auch wenn man schwarz ist in Amerika. Sag mir, daß ich in mein eigenes Klo pinkeln werde und meine Mutter und meine Frau nur ihren eigenen

Dreck wegputzen müssen, nicht den von weißen Leuten! Nimm den Fluch des Träumers von mir. Nimm ihn von mir, damit ich ein Mann sein und mein Leben führen kann. Nimm ihn von mir, damit mein Sohn nicht mehr auf dem Sofa im Wohnzimmer schlafen muß! Bitte, Papa, bitte … gib uns etwas anderes als den Schmerz, das Leiden, den Alkohol, die Engstirnigkeit … Vermach uns etwas anderes! Wenn du das tust, werde ich versuchen, mich nur an das Gute zu erinnern, Papa. Wirklich. All die besonderen Sachen, die du getan hast, und die Dinge, die du aus dem Nichts gezaubert hast, nicht die Lügen und das Saufen und daß du Mama das Herz gebrochen hast. Ich verspreche es, Papa …

Walter Lees Telefongespräch war fest in seinem *Need*, seiner *Public Persona* und seinem *Tragic Flaw* verwurzelt. Er bittet seinen Vater inständig um irgendeine Form von Bestätigung oder Respekt, während er sich gleichzeitig selbst schlecht macht. Seine *Public Persona*, »der gute Junge«, tritt in den Hintergrund gegenüber der Wut und der Enttäuschung, die er angesichts seiner Unfähigkeit, seine Träume zu erfüllen, empfindet. Sein *Tragic Flaw* läßt ihn hilflos versuchen, einen Handel mit einem Mann zu machen, der im Leben wie im Tod außerstande war, Walter dabei zu helfen, seine Ziele zu erreichen.

Beim Telefongespräch sagt der Schauspieler sehr persönliche Dinge. So persönlich sogar, daß manche Schauspieler sich dagegen sperren, die Übung zu Ende zu führen. Es gibt immer Leute, die sagen: »Er/sie hat aufgelegt« oder »Ich würde nie so mit meinem Vater (oder Mutter, Stiefschwester oder Exmann) reden« oder »Er/sie hört nicht zu, hat mir nie zugehört« oder eine andere von Millionen Ausreden vorbringen. Sich dem Telefongespräch zu widersetzen heißt, sich der Freude der Phantasie zu widersetzen. Du kannst endlich all das sagen, was du schon immer sagen wolltest und mußtest, aber ohne jedes Risiko. Indem du dir selbst erlaubst, echte Gefühle zu zeigen, erfährst du die Macht der Phantasie.

Erinnerst du dich an den komischen Imitator Peter Von Sellers? Im Laufe der ersten Kurswochen merke ich, daß Peter wirklich begabt ist und viel mehr kann, als bloß zu imitieren. Er war auf seiner Journey of the Need *völlig angstfrei. Ich kann kaum erwarten zu sehen, was er bei seinem Telefongespräch macht.*

Als Peters Telefongespräch-Übung beginnt, sitzt er da, die Füße auf dem Tisch. Obwohl es Januar in New York ist, hat er für die Übung eine knappe Turnhose angezogen. Bevor er den Hörer nimmt, lutscht Peter seelenruhig an einer Banane. Niemand im Kurs kichert auch nur – offen gesagt wagen wir es kaum, uns zu bewegen.

Schließlich nimmt Peter den Hörer.

> *»Hallo, Papa? Ja … Weißt du was? Nein, ich habe kein Engagement bekommen … Na komm, rate mal! Nein … erinnerst du dich, wie du immer gesagt hast Schwuchtel dies und Schwuchtel das?«*
>
> *Er hält inne, um die Banane aufzuessen.*
>
> *»Ja, das hast du. Keine gute Vaterrolle, Papa … Stell dir vor, ich bin ein Homosexueller! Homo-se-xuell. Nein, Papa, Gott und mir geht es gut. Bete für dich selbst.*
>
> *Gott hat vielleicht Fragen zur Homosexualität, aber er mag keine Gemeinheit, und du bist ein gemeiner, intoleranter Mensch.«*
>
> *Peters Gesichtsausdruck macht deutlich, daß sein Vater aufgelegt hat. Peter ruft noch einmal an.*
>
> *»Mach das nicht noch einmal! Ja, ich sage dir, was du tun sollst. Das kann ich, ich rufe aus einer Welt an, in der ich frei bin, alle Möglichkeiten auszuprobieren. Ich kann sogar sagen, daß ich dich liebe. Ja, Papa, ich liebe dich. Ich will dich nicht verlieren.«*
>
> *Peter fängt an zu weinen. Im Studio kann man eine Stecknadel fallen hören. Er lächelt unter Tränen.*
>
> *»Das hat gutgetan. Ich konnte weinen, ohne daß du mich geschlagen oder mich eine Schwuchtel genannt hast. Papa? Nein, Papa, weine nicht, ich bin da. Wir werden mitein-*

ander reden. Es ist okay, aber Schuldgefühle nützen keinem von uns. Nein, bemitleide mich nicht, ich kann sie nutzen, Gott sei Dank. Ja, Gott sei Dank, aber du, wie wirst du damit umgehen, Papa? Du mußt sie nutzen, irgendwas damit machen, sonst wirst du dich nie ändern und wirst immer ein gemeiner, intoleranter Mensch bleiben! Ich hasse dich und liebe dich, ich will dich umbringen und will dich retten. Ich kann in Endstation Sehnsucht *Stanley oder Blanche spielen! Vor allem liebe ich dich, Papa. Und ich will dich nicht verlieren, jetzt wo ich endlich weiß, wer ich bin. Papa, ich habe mich verliebt. Ich habe mich verliebt, und ich will ihn auch nicht verlieren!«*

Peter weint wieder, als er den Hörer auflegt. Seine aufrichtige und bewegende Achterbahnfahrt der Gefühle ist vorbei.

KAPITEL 13

Gegenstände: Verloren und wiedergefunden

Freuet euch mit mir; denn ich habe mein Schaf gefunden, das verloren war.
Lukas 15.6

In der Schachtel

Forrest Gump[53] war ein riesiger Kinoerfolg. Bei der Oscarverleihung im Jahr 1995 gewann er den Oscar für den Besten Film, den Besten Hauptdarsteller und die Beste Regie. Aber ich kann mich nur an eine Sache erinnern: an eine Pralinenschachtel. An alles andere in *Forrest Gump* erinnere ich mich nur verschwommen.

Etwas an der Art, wie Forrest die Schachtel hielt, wie er sie liebevoll auf seinem Schoß hielt und die Hände darauf legte, schien mir viel beredsamer als alles, was er darüber sagte. Das Leben mag wie eine Schachtel Pralinen sein, aber in Tom Hanks' Händen sagte Forrests Schachtel viel mehr aus als eine Metapher. Die Schachtel Pralinen repräsentierte ein *Need.*

Forrest streichelt seine Schachtel und hält sie liebevoll fest, weil dieser Gegenstand ihn an seine Kindheit erinnert. Seine Mutter behütete ihn geduldig. Sie brachte ihm bei, sein Leben trotz der Einschränkungen durch seine Beinschienen und seine unterdurchschnittliche Intelligenz zu leben. »Ich bin kein kluger Mann«, sagt Forrest später zu seiner nie erwiderten großen Liebe Jenny, »aber ich weiß, was Liebe ist.« Er weiß, was Liebe ist, weil seine Mutter es ihm beigebracht hat.

Ich glaube, Forrests Pralinenschachtel übertrug für die Figur Forrest etwas ebenso Starkes wie für den Schauspieler Tom Hanks. In der Szene mit der Schachtel stieg etwas aus Hanks' eigener Kindheit in ihm auf.

53 USA 1994, Regie: Robert Zemeckis.

Bewußt oder unbewußt übertrug er auf die Schachtel sein eigenes *Need*, »bemuttert zu werden«.

Ich habe Tom Hanks nie kennengelernt und nie mit ihm gearbeitet. Ich weiß nicht, wie er sich auf seine Rolle vorbereitet hat. Aber diese Schachtel werde ich nie vergessen. Ich werde sie nicht vergessen, weil sie mit einem *Need* versehen war.

Große Schauspieler können Gegenstände und Requisiten genauso zum Leben erwecken wie eine Figur. Kann sich jemand lebhafter an etwas in *The Caine Mutiny (Die Caine war ihr Schicksal)*[54] erinnern als an Humphrey Bogarts zwangshaftes Hin- und Herwiegen einiger Kugellagerkugeln in seiner Hand, als seine Figur vor Gericht befragt wird? Erinnere dich, wie Jon Voight in *Midnight-Cowboy (Asphalt-Cowboy)*[55] seine Fransenjacke über die Schulter wirft und seinen Hut geraderückt oder wie Robert De Niro in *Taxi Driver* mit einer Waffe Leerschüsse auf sein Spiegelbild abfeuert. In *Girl, Interrupted* und in *Frances*[56] behandeln Winona Ryder bzw. Jessica Lange die Tagebücher ihrer Figuren, als wären sie ein Teil von ihnen. In den Händen dieser Schauspieler vermitteln die Gegenstände selbst genausoviel *Need* wie ihre Figuren.

Suchet, und ihr werdet finden

Um zu lernen, wie man einen Gegenstand mit der Energie und der Dringlichkeit eines *Need* ausstattet, lasse ich Schauspieler eine Übung machen, die »Verloren und Wiedergefunden« heißt. Ich bitte den Schauspieler, sich einen Gegenstand auszusuchen. Es sollte etwas sein, von dem er sich vorstellen kann, es umgehend finden zu müssen, wenn es verlorenginge. Dann bitte ich ihn, sich ein einfaches Szenario vorzustellen, in dem der verlorene Gegenstand eine Rolle spielt.

Die Miete ist fällig, aber das Scheckbuch fehlt. Ein Verwandter ist krank und liegt im Krankenhaus, aber die Autoschlüssel sind verschwunden. Der

---

54 USA 1954, Regie: Edward Dmytryk.
55 USA 1969, Regie: John Schlesinger.
56 USA 1982, Regie: Graeme Clifford.

Flug geht in einer Stunde, wo ist das Flugticket? Wie auch immer das Szenario aussieht, es muß sowohl überzeugend als auch einfach genug sein, um eine fünfminütige Suche nach diesem Gegenstand aufrechtzuerhalten.

Aber neben den praktischen Umständen seiner Suche muß der Schauspieler sein *Need* auf diesen fehlenden Gegenstand übertragen. Er verwendet sein eigenes, persönliches, bei seiner *Journey of the Need* aufgedecktes Material, um bei seiner Suche ein persönliches *Need* einzubringen. Der Schauspieler bekennt sich zu diesem *Need* und zu der Überzeugung, daß es durch das Wiederfinden des vermißten Gegenstands erfüllt wird.

Ein Scheckbuch steht vielleicht für das *Need* »in Sicherheit zu sein«, die Autoschlüssel für »bemuttert zu werden«, und das Flugticket für »frei zu sein«. Der Handlungsbogen dieser Übung – zu wissen, welcher Gegenstand fehlt, warum es unbedingt erforderlich ist, ihn zu finden, und mit welchem *Need* du ihn in Verbindung bringen willst – ist wichtig. Aber Zweck der Übung ist es nicht nur, die Geschichte zu erzählen.

Wenn »Verloren und Wiedergefunden« gut gemacht wird, entwickelt der Schauspieler spontan ein glaubwürdiges Verhalten, während sich das Szenario entfaltet. Es geht nicht um das allgemeine, unkoordinierte Verhalten in einer hypothetischen Situation, sondern um das sehr reale Verhalten einer Person, die etwas verloren hat und ihre Suche mit einem *Need* in Verbindung bringt.

Viele Schauspieler, mit denen ich im Laufe der Jahre gearbeitet habe, haben Geld zu ihrem verlorengegangenen und wiedergefundenen Gegenstand erklärt. Schauspieler Walter Lee würde vielleicht nachsehen, wo seine Mutter den Scheck von der Versicherung versteckt hat, den Walter für den Kauf seines Spirituosenladens verwenden will.

Ich würde Walter, den Schauspieler, bitten, einen Zettel, der den Scheck darstellen soll, in der Wohnung seiner Familie zu verstecken, die er im Studio aufgebaut hat. Zu Übungsbeginn hat er fünf Minuten Zeit, um nach diesem Scheck zu suchen, so als wäre der tatsächlich verschwunden. Walter würde sich darauf konzentrieren, das *Need* »respektiert zu werden« auf den fehlenden Scheck zu übertragen. Er muß bei seiner fünfminütigen Suche glauben, daß sein *Need* erst erfüllt wird, wenn er den Gegenstand findet.

Was Walters Suche echt macht und ihn nicht nur fünf Minuten lang so tun läßt als ob, bis er den Scheck wie durch ein Wunder aus seinem

Versteck in der obersten Kommodenschublade seiner Mutter zieht, ist sein *Need.* Ohne den Scheck hat er keinerlei Aussicht darauf, respektiert zu werden. Es ist eine emotionale Empfindung, die er nur zu gut kennt und die durch seine Phantasie zu einer Überzeugung wird.

Wenn ein Schauspieler wie Walter sich dem Szenario gegenüber verpflichtet und eine starke Empfindung seines *Needs* in die Übung einfließen läßt, passiert etwas Interessantes. Während seiner Suche spiegelt sein Verhalten nach und nach jeden Schritt seiner *Journey of the Need* wieder.

Zuerst bemerkt Walter, daß er den Scheck nicht hat. Er läßt sein *Need* zu und fühlt, wie der Respekt, nach dem er sich sehnt, außer Reichweite gerät, während er überlegt, wo seine Mutter den Scheck versteckt haben könnte. Als Walter mit der Suche beginnt, scheint die unmittelbare Umgebung in seinen Augen enorm zu wachsen. Was vor einer Minute ein normaler Raum war, hat jetzt die emotionale Größe und die Schwere vom Ort des unerfüllten *Needs.*

Nun beginnt das Leugnen. An den falschen Stellen suchend, herumstolpernd, alles umwerfend und durcheinanderbringend, ist Walter mit daran beteiligt, daß sein *Need* unerfüllt bleibt. Er verflucht seine Mutter dafür, daß sie den Scheck versteckt hat, und seinen Vater dafür, daß er das Ganze überhaupt begonnen hat.

Dann wird seine Suche immer verzweifelter. Walter rutscht in seinen *Tragic Flaw* und versinkt kurz in Hilflosigkeit. Er schlägt die Hände über dem Kopf zusammen, fühlt sich hilflos und schikaniert, will vielleicht wissen, wer oder was sich gegen ihn verschworen hat, und gibt allen außer sich selbst die Schuld für seine mißliche Lage.

Walters kontraproduktives Verhalten wird immer kindischer. Er kann sich nur noch an sein inneres Kind wenden. Dann, konzentriert auf sein inneres Kind, kann Walter einen Weg finden, um über sich hinauszuwachsen. Er könnte an einige positive Worte von einem Menschen denken, der sein *Need* in der Vergangenheit erfüllt hat. Mit erneuerter Selbstachtung findet Walter, scheinbar zufällig, den Scheck. Mit dem wiedergefundenen Gegenstand ist sein *Need* »respektiert zu werden« erfüllt.

KAPITEL 14

Der *private Moment*

Doch entschädigen wir uns im geheimen für diese grausame Keuschheit, die wir in der Öffentlichkeit zu üben gezwungen sind.
Marquis de Sade[57]

Ein-Mann-Show

Jede der Hauptfiguren in *American Beauty*[58] hat mindestens eine Szene, in der sie allein ist oder glaubt, allein zu sein. Lester Burnham kämpft vor dem Spiegel um seine Selbstachtung. Vor der Ankunft eines Kunden wiederholt Lesters Frau Carolyn nervös ihr selbstmotivierendes Mantra »Ich werde dieses Haus verkaufen«. Lester und Carolyns Tochter Jane sucht in ihrem Schlafzimmerspiegel nach einer Identität, mit der sie leben kann. Jede dieser Szenen offenbart auf anschauliche Weise etwas sehr Persönliches und Intimes über die Figuren.

Die Schauspieler, die diese Rollen spielen, haben sich sorgfältig darauf vorbereitet und dafür geprobt. Sie spielen ihre Rollen vor vielen Experten. Dennoch scheinen sich die Figuren Lester, Carolyn und Jane in ihren Soloszenen spontan zu verhalten. Es wirkt, als wären sie wirklich allein. Sie verhalten sich so privat, daß der Zuschauer sich fast wie ein Voyeur fühlt. Stanislawski nannte das, was Kevin Spacey, Annette Bening und Thora Birch in diesen Momenten in *American Beauty* erreichen, »öffentliche Einsamkeit«.

---

57 In: Marquis de Sade: *Die Philosophie im Boudoir*, hrsg. von Eckhard Henkel, Königswinter 2012. (Anm. d. Red.)

58 USA 1999, Regie: Sam Mendes.

Öffentliche Privatsphäre

Stanislawski fand heraus, daß der Schauspieler bei den glaubwürdigsten Auftritten die Illusion schafft, daß seine Figur allein und unbeobachtet ist. Er ist *in der Öffentlichkeit privat.* Lee Strasberg war so begeistert von Stanislawskis Konzept der öffentlichen Einsamkeit, daß er eine Übung entwickelte, die den Schauspieler darauf vorbereitet und daran gewöhnt, in der Öffentlichkeit privat zu sein. Strasberg nannte seine Erfindung den *Private Moment* – der *private Moment.*

Der Aufbau von Strasbergs *Privater-Moment*-Übung war relativ einfach. Jeder Schauspieler bestimmte und wählte eine Tätigkeit aus dem echten Leben aus, die er nie ausüben würde, wenn er wüßte, daß er beobachtet wird. Mit Hilfe seiner Phantasie und seiner Erinnerung an Details schuf er im Studio den privaten Ort, an dem er diese Tätigkeit ausübte. Dann führte er die Tätigkeit so aus, als wäre er an diesem privaten Ort.

Strasbergs Schauspieler tanzten allein, sprachen mit sich selbst und sangen völlig falsch, als wären sie allein in ihrem Wohnzimmer. Wir pulten in den Zähnen oder zupften unsere Augenbrauen innerhalb des *Sensorischen Rings* unseres eigenen Badezimmers. Wir beteten, weinten oder lachten hysterisch in Fluren, die wir sehen konnten und die jeder, der zusah, fühlen konnte. Dadurch, daß wir uns so entblößten, lernten wir, die Schichten aus Befangenheit und Gehemmtheit abzulegen, die uns davon abhielten, in der Öffentlichkeit (auf der Bühne oder vor der Kamera) privat (aufrichtig intim) zu sein.

Meiner Meinung nach war der *private Moment* Strasbergs wichtigster Beitrag zum Schauspielhandwerk. Er war zugleich seine umstrittenste Übung. Weil der Schauspieler seine Privatsphäre im Studio vor Zuschauern offenlegte, wurde der *private Moment* oft für eine Performance gehalten. Die besten *privaten Momente,* in denen der Schauspieler wahre öffentliche Einsamkeit erreichte, waren sehr unangenehm mit anzusehen. Als Performance betrachtet, wirkt der *private Moment* wie eine hemmungslose, geschmacklose Zurschaustellung – ein Übermaß an privater Information, das kein Fremder aufnehmen kann.

Aber der *private Moment* ist keine Performance, sondern eine ÜBUNG. Strasberg hat sie entwickelt, um die Fähigkeiten des Schauspielers zu stärken, nicht um eine Geschichte zu erzählen oder jemandem etwas mitzuteilen. Es sollte einem unangenehm sein, einen *privaten Moment* anzusehen. Das ist der Zweck der Übung. Ein Schauspieler, der sich mit weniger begnügt, hat keine wahre Privatsphäre hergestellt.

Strasbergs Kritiker behaupteten auch, daß der *private Moment* potentiell gefährlich sei. Manche sahen darin ein unkontrolliertes, ungehemmtes Psychodrama, das eine fragile Schauspielerpersönlichkeit wie ein Kartenhaus zusammenfallen ließe. Das war völliger Unsinn. Strasberg überprüfte die Schauspieler sorgfältig. Er erklärte allen, daß es Forschungsarbeit war, keine Selbstbefragung, Exhibitionismus oder irgendein Bekenntnis.

Als ich zum ersten Mal vom *privaten Moment* hörte, war mir sofort klar, daß es eine sichere Übung ist. Ich merkte, daß ich jahrelang *Private-Momente*-Übungen gemacht hatte.

Hinter geschlossenen Türen

Als Kind hatte ich ein Ritual, das ich heimlich im Badezimmer meines Elternhauses spielte. Ich verwandelte mich im Badezimmerspiegel in eine berühmte und sexy Bluessängerin. Ich interessierte mich nicht für Motown-Musik wie meine Schwestern und die anderen Kinder in meinem Alter. Ich imitierte nicht Diana Ross, sondern Ella Fitzgerald oder Dinah Washington oder Billy Holiday.

Mit der ganzen Vorstellungskraft eines Kindes tat ich so, als hätte ich eine Band, die mich begleitet. Sie bestand aus Jungen, die ich kannte oder denen ich oft in der Nachbarschaft begegnete. Ich tat so, als seien sie Musiker in meiner Band. Die Jungs und ich übten stundenlang miteinander. Es war meine Band. Ich war die Chefin, und ich gab den Ton an. Ich hatte ihre volle Aufmerksamkeit. Wenn ich mit den Fingern schnippte, stellte ich mir vor, daß die Jungs in der Band meinem vorgegebenen Tempo folgten. Ich vergewisserte mich, daß sie jede meiner Bewegungen beobachteten.

Ich hätte mich sehr geschämt, falls mich jemand bei meiner Gesangsnummer gesehen hätte. Ich vergewisserte mich, daß mir niemand dabei zusah, wie ich mit Leuten sprach, die nicht wirklich da waren, und in eine Zahnbürste sang, die mein Mikrophon darstellte.

Das Spiel der sexy Schnulzensängerin war mein kindlicher Weg, das, was ich über männliche Aufmerksamkeit wußte, zu erforschen. Ich wußte in diesem Alter nicht, wie man damit umging, ein sexuelles Wesen zu sein. Obwohl sich meine Mutter offen über Sex und Biologie äußerte, redeten wir nicht über die Gefühle und Haltungen hinter der Sache mit den Bienchen und Blümchen. In diesen Momenten alleine im Badezimmer verarbeitete ich meine Angst. Ich brauchte die Hilfe meiner Mutter, um die Sache mit den Männern und den Frauen zu verstehen und damit umzugehen. Ich war verängstigt und brauchte ihre Hilfe.

Mit zunehmendem Alter verlieren wir die Unbefangenheit. Aber in unserem Leben gibt es immer noch Momente, in denen wir allein sind. Wenn wir in einigen dieser Momente beobachtet würden, würden wir mehr über unser wahres Ich verraten, als wir das je tun würden, wenn wir wüßten, daß man uns zusieht. Unser Verhalten ist in diesen Momenten privat, weil es ungefiltert ist. Es gibt keine Maske der *Public Persona* zwischen unserem *Need* und der Welt.

Das war ein Teil der Genialität von Strasbergs Erfindung. Ein Schauspieler ist bei der *Privaten-Moment*-Übung erfolgreich, wenn er sich auf sein *Need einläßt.* Wenn man sich voll und ganz dem *privaten Moment* hingibt, wenn der Schauspieler wirklich Stanislawskis öffentliche Einsamkeit erreicht, läßt er sich richtig auf sein *Need* ein und erlebt wirklich dessen Energie. Kein Publikum hat eine Chance, diese Privatsphäre zu stören.

Ich war auf der höheren Töchterschule. Ich hatte am Kindertheater gespielt. Ich hatte die ganzen Tricks aus dem Musicaltheater drauf, als ich zum *Actors Studio* kam. Der *private Moment* lehrte mich, daß diese Dinge Teil meiner *Public Persona* waren und nicht Teil eines *Needs.* Sie gaben mir Selbstvertrauen, aber sie ließen mich nicht unbedingt ehrlich sein. Wenn ich wirklich die intime Realität eines Figuren-*Needs* leben wollte, mußte ich in der Lage sein, mein eigenes *Need* aufzudecken und zu erforschen.

Der *persönliche private Moment*

Es ist wichtig, sich daran zu erinnern, daß ein großer Teil von Strasbergs brillantester Arbeit aus einer Zeit stammt, als Lenny Bruce ins Gefängnis kam, weil er schmutzige Witze erzählt hatte. Aufgrund der damaligen Hexenjagdmentalität war Strasberg eher zurückhaltend, was die wirklich privaten Vorgänge bei seiner *Privaten-Moment*-Übung betraf. Zuweilen erlaubte er den Schauspielern, ein sowohl gewöhnliches als auch ein absolut persönliches Verhalten anzuwenden. Ich habe Strasbergs großartige Entdeckung unter Beachtung des *Needs* umgestaltet. Ich nenne ihn den *persönlichen privaten Moment.*

Der Weg zum *Need* führt über die eigene Intimität des Schauspielers. Weil wir Intimität anstreben, bitte ich den Schauspieler, beim *persönlichen privaten Moment* das intimste Verhalten zu zeigen, das er sich vorstellen kann. Bis auf Selbstbefriedigung und auf die Toilette gehen ist alles erlaubt.

Bei *persönlichen privaten Momenten* habe ich anschaulich erlebt, wie *Needs* offenbart wurden, wenn Schauspieler sich zärtlich im Badezimmerspiegel küßten oder wild Luftgitarre in ihrem Schlafzimmer spielten, als wären sie in einem Stadion. Ich habe Schauspieler in Frauenkleidern gesehen. Ich habe erlebt, wie Schauspieler mit Gott reden und ihn offensichtlich auch antworten hören. Ich habe abgrundtiefe Einsamkeit und Isolation gesehen, als ein Schauspieler ein Fotoalbum seiner Familie anschaute. Diese Vorgänge dienten jeweils dazu, die Schauspieler von ihren Hemmungen und ihrer Befangenheit zu befreien und sie dazu zu bringen, sich auf ihr *Need einzulassen.*

Ich bitte die Schauspieler außerdem, ihren *persönlichen privaten Moment* vor der ganzen Klasse von Schauspielkollegen zu zeigen. Das stellt wirklich ihre Fähigkeit auf die Probe, die Empfindung des Ortes herzustellen und beizubehalten, an dem sie ihre privaten Handlungen ausführen. Sie müssen wirklich ihre Vierte Wand imaginieren und ihre Umgebung für sich real werden lassen. Es bringt den Schauspieler auch dazu, nicht zu spielen. Es ist eine gewaltige Herausforderung für einen Schauspieler, echte Privatsphäre herzustellen, wenn er von einem »Publikum« beobachtet wird.

Ich bitte einen Schauspieler, drei private Handlungen für den *persönlichen privaten Moment* vorzubereiten. Wenn er bei seiner ersten privaten Handlung keine öffentliche Einsamkeit erreichen und sich nicht auf sein *Need einlassen* kann, geht er weiter zur zweiten. Wenn die für ihn nicht stark genug ist, geht er zur dritten. Bei einer der drei Handlungen sollte er Privatsphäre herstellen und sich auf sein *Need* einlassen können.

»Schauspieler« Walter Lee würde es vielleicht schwerfallen, sich drei private Handlungen auszudenken. Walter hat sein ganzes Leben in der gleichen überfüllten Wohnung verbracht. Er konnte als Kind nicht wie ich im Badezimmer phantasieren, weil seine Familie ein Badezimmer mit den übrigen Bewohnern auf ihrer Etage teilte.

Aber es muß Zeiten gegeben haben, wo alle aus dem Haus waren. In dem Wissen, daß seine Mutter in der Kirche, seine Frau bei der Arbeit und seine Schwester und sein Sohn in der Schule sind, fände Walter wahrscheinlich Gefallen daran, seine wenige Privatsphäre zu nutzen. Vielleicht würde er ein Gespräch mit einem anderen Existenzgründer führen, den er sich als ebenbürtig vorstellt. Vielleicht würde er mit einem imaginären John D. Rockefeller über seine glänzenden Aussichten sprechen.

Wenn Walter sich dadurch nicht auf sein *Need* »respektiert zu werden« und öffentliche Einsamkeit einlassen könnte, müßte er etwas anderes probieren. Vielleicht würde Walter einen Reporter in dem neuesten Spirituosenladen seiner überaus erfolgreichen Getränkeshopkette herumführen. Ehrlich gesagt glaube ich, daß er tiefer gehen müßte, um sich wirklich auf sein *Need einzulassen.*

Ich habe meinen Sohn Carl in einem Zweifamilienhaus auf der Upper West Side großgezogen. Es war zwar keine Mietskaserne wie im Süden von Chicago in den fünfziger Jahren, aber es gab auch nicht sehr viel Privatsphäre in unserer Wohnung.

Manchmal hörte ich die Geräusche eines Basketballspiels aus dem unteren Stock. Ich hörte die Spieler, den gedribbelten Ball, die jubelnde Menge, die Wurfuhr, und dachte mir nichts dabei. Dann lehnte ich mich über das Geländer und erwischte Carl dabei, wie er das ganze Spiel allein durchspielte. Was ich für den Fernseher gehalten hatte, war in Wirklichkeit mein Sohn, der die Geräusche der Menge nachmachte, die Bewegungen ausführte und Michael Jordan spielte, der einen imaginären Ball im Korb landet. Allein kraft seiner kindlichen Phantasie setzte er das Spiel in Gang.

Das würde ich Walter Lee als wirklich starke private Handlung vorschlagen. Walter war ein Kind der dreißiger Jahre. Er muß sich für den Boxer Joe Louis interessiert haben, den Michael Jordan seiner Zeit. Ich stelle mir vor, daß Walter Lee bei seinem *persönlichen privaten Moment* einen von Joe Louis' Kämpfen nachspielen würde, so wie mein Sohn ein Basketballspiel als Michael Jordan spielte.

Bei seinem *persönlichen privaten Moment* würde Walter Lee Joe Louis' siegreiche Revanche gegen den deutschen Boxer Max Schmeling imitieren. Der NS-Propagandaapparat verkaufte Louis' Niederlage gegen Schmeling im Jahr 1936 als arischen Triumph über den minderwertigen amerikanischen »Neger«. Als Louis Schmeling zum zweiten Mal gegenüberstand, kämpfte er für sein Land. Er war zum schwarzen Champion des weißen Amerikas geworden.

Wenn Walter Lee Louis' 124-Sekunden-Sieg gegen Schmeling durchspielt, würde er Louis' Kombinationen einsetzen. Er würde daran denken, seine Linke nicht zu tief sinken zu lassen, wie Louis es getan hatte, als er 1936 verlor. Aber er würde sich unter den Jubelrufen auch an die Beschimpfungen der rassistischen weißen Boxfans erinnern, die Joe Louis während seiner ganzen Karriere verfolgt hatten. Wenn Walter Lee sich auf sein brennendes *Need* »respektiert zu werden« *einläßt*, würde er die gemischten Gefühle hinter Louis' Sieg über Schmeling erleben.

Sehen wir uns Angelina La Monroe aus unserem Kreis an. Als ihr persönlicher privater Moment *anfängt, steht sie nackt vor den Kursteilnehmern. Dadurch, daß ihre Augen einen Punkt vor sich suchen, wird deutlich, daß sie vor einer Vierten Wand hinter einem imaginären Spiegel abgeschirmt steht. In ihrer linken Hand kommt eine Rasierklinge zum Vorschein. Die Gruppe ringt nach Luft, als sie die Klinge an ihrem nackten Oberschenkel ansetzt. Beinahe breche ich die Übung ab, aber dann sehe ich, daß die Klinge sorgfältig mit Tesafilm stumpf gemacht worden ist. Angelina schneidet sich immer wieder in den Oberschenkel. Jeder Schnitt führt sie tiefer in ihre Intimität. Die Empfindung ist real für sie, und ihre Offenheit reißt uns mit. Sie benutzt*

Selbstverstümmelung, um mitzuteilen, was sie nicht mit Worten ausdrücken konnte. Während sie sich immer brutaler aufschlitzt, kommt ihre Kindheit zum Vorschein. Es wird unerträglich, dem privaten Moment *zuzusehen, und ich breche die Übung ab. Ich bin dankbar, daß wir nicht herausfinden mußten, was ihre anderen privaten Handlungen waren. Ihre erste Wahl hat sehr gut funktioniert. Ich bin sehr angetan von der Authentizität ihrer Arbeit. Es war erschütternd, und das sollte es sein.*

Teil III

Die Figur

KAPITEL 15

Die Geschichte der Figur

Es gibt eigentlich keine Geschichte, sondern nur Biographie.
Ralph Waldo Emerson

Mangelndes Urteilsvermögen

»Wir Schauspieler sind verantwortlich für die Menschen, die wir spielen«, sagt Philip Seymour Hoffman. »Letztendlich mußt du lieben, wen du spielst.« Diese Liebe ist absolut und bedingungslos. Und bedingungslose Liebe läßt kein Urteil zu.

Laut Denzel Washington ist Alonzo Harris, der skrupellose Schlägertyp, den er in *Training Day* spielt, »ein arroganter Dieb, Lügner, Mörder und Egomane« und »ein kranker, kranker Mann, der kein Herz hat«. Aber diese Worte, die Washington bei Presseinterviews wählte, um die Figur Detective Harris zu beschreiben, sind Worte der Liebe. Es gibt keinen Moment in *Training Day*, in dem Denzel Washington Alonzo Harris verurteilt. Er empfand Mitgefühl für, wie er sagte, »den Menschen Harris, nicht den Bullen«. Mit jedem Wort und jeder Bewegung verankerte Washington Alonzo Harris in der Umwelt, die ihn korrumpiert hat. »Nur ein Wolf kann einen Wolf fangen«, sagt Harris zu seinem jungen Partner. »Du mußt die Straße sehen, du mußt sie riechen, du mußt die Straße schmecken.«

Nachdem *Training Day* herausgekommen war und Denzel seinen Oscar gewonnen hatte, wurde in der Presse darüber diskutiert, wie Washington in *Training Day* zum ersten Mal einen Bösewicht spielte. Aber Denzel stattet Harris mit derselben Menschlichkeit und Würde aus wie die Schar der rechtschaffenen, aber fehlerhaften Helden, die er bis *Training Day* gespielt hatte. Harris' Rechtschaffenheit ist verdorben, und seine Fehler sind gravierend.

Kaltblütig

Philip Seymour Hoffman begann die Gestaltung seiner Oscar-prämierten Darstellung von Truman Capote in *Capote*[59] mit jeder Menge Recherche. Hoffman, der seine Rollen schon immer sorgfältig vorbereitet hat, verschlang über Monate Capotes Werke und traf Capotes Freunde und Kollegen, die bereit waren, ihre Erinnerungen an Capotes Leben und Arbeiten zu teilen. Hoffman analysierte *A Visit with Truman Capote*, den Dokumentarfilm der Brüder Albert und David Maysles von 1966, Aufnahmen von Capotes Lesungen in New York und verschiedene Live-Auftritte von Capote in Film und Fernsehen.

Hoffman nahm fast zwanzig Kilo ab, um dem zierlichen Schriftsteller ähnlicher zu sehen, eine an sich schon überaus schwierige Aufgabe. Aber die oberflächlichen Merkmale des markantesten Literaturstars der sechziger und siebziger Jahre brachten Hoffman nur eingeschränkt weiter. Tatsächlich gestand Philip Seymour Hoffman, daß Truman Capote zu spielen für ihn weit mehr als eine praktisch-technische Herausforderung war. Einen Großteil der knappen Drehzeit hatte er mit der Rolle zu kämpfen. Obwohl er mit engen Freunden und wunderbaren Schauspielern arbeitete, sagt Hoffman, daß die Dreharbeiten zu *Capote* zu den schwierigsten Zeiten in seinem Leben gehörten.

Philip Seymour Hoffman ist Vater, Fürsprecher seiner Theatergruppe und Unterstützer politischer Anliegen. Er hat dem hektischen Schauspielerleben mit Erfolg die Stirn geboten. Truman Capote war promiskuitiv, ein unbekümmerter Manipulator und äußerst selbstzerstörerisch. Er starb mit 59 Jahren an Leberversagen, verursacht durch jahrzehntelange »multiple Arzneimittelvergiftung«, wie es der Bericht eines Gerichtsmediziners beschrieb.

Um Truman Capote wieder so lebendig werden zu lassen, wie er es tat, mußte Philip Seymour Hoffman bereit sein, die dunkelsten Orte in sich zu untersuchen oder wieder zu besuchen. Ungebremster Ehrgeiz, sexuelle Identität, Suchtverhalten – das sind Dinge, die die meisten nicht gern erkunden. Im Laufe der Dreharbeiten war Hoffman in der Lage, seinen Widerstand zu überwinden. »Es war nicht nur Imitation«, hat

59 USA/CA 2005, Regie: Bennett Miller.

Hoffman in Interviews gesagt, »es war nicht nur Nachahmung; es war die Schöpfung einer Figur.« Hoffmans Schöpfungsakt erforderte, daß er sich, in seinen eigenen Worten, Truman »ganz hingibt«. Letztendlich ist es genau das, was er tat.

Hoffman gelang eine Darstellung der ikonenhaften *Public Persona* eines offen schwul lebenden Mannes in einer intoleranten Zeit. Er grub Capotes grundlegendes *Need* »akzeptiert zu werden« aus und seinen *Tragic Flaw,* den quälenden Selbsthaß, der ihn auf einen selbstzerstörerischen Weg brachte, der zu seinem frühen Tod führte. Indem er seine eigene Seele entblößte, gab Hoffman der Figur Truman eine Seele.

Die Lektion der Geschichten

Inzwischen solltest du verstanden haben, welch entscheidende kreative Quelle die Wahrheit der eigenen Lebenserfahrung eines Schauspielers ist. *Need, Public Persona* und *Tragic Flaw* bilden die Grundlage für das dramatische Leben einer fiktionalen Figur wie auch für das eigene Leben des Schauspielers. Diese drei Kräfte bestimmen die Figuren im Drehbuch, denn es sind dieselben Kräfte, die im realen menschlichen Verhalten am Werk sind.

Alle Figuren werden von den in einem Drehbuch festgelegten Umständen geprägt. Die meisten jener bestimmenden Umstände haben sich lange vor Beginn der Geschichte entwickelt. Jede Figur in der begrenzten Geschichtenwelt eines Drehbuchs hat ein Leben und weitere Geschichten, die dahinter wirken. Der Zuschauer muß die prägenden Momente in der Geschichte einer Figur nicht stattfinden sehen. Ein Publikum muß die konkreten Ereignisse hinter *Need, Public Persona* und *Tragic Flaw* einer Figur nicht kennen. Aber der Schauspieler, der diese Figur spielt, *muß* das.

Jede Figur hat ihre Geschichte, und der Schauspieler ist verantwortlich dafür, diese Geschichte zu kennen. Ob eine Figur auf einer realen Person mit einer recherchierbaren Biographie basiert oder nicht, ist es die Aufgabe jedes Schauspielers, die Geschichte seiner Figur so gut zu kennen, wie Philip Seymour Hoffman Truman Capotes Biographie kannte. Es macht keinen Unterschied, ob der Schauspieler als Eintagesrolle »Law & Order« nur eine Dialogzeile spricht oder die Hauptrolle Abraham Lincoln hat. Um Parallelen zwischen der inneren Welt des Schauspielers und der inneren Welt der Figur zu finden, herzustellen und aufrechtzuerhalten, muß ein Schauspieler alles wissen, was es über seine Figur zu wissen gibt.

Letztendlich ist es die Aufgabe eines Schauspielers, eine Geschichte zu vermitteln. Fürs erste wird es bei unserer Arbeit an der Figur aber nicht darum gehen. Zum besseren Verständnis der Dynamik, die die Geschichte einer Figur mit der eines Schauspielers verbindet, sehen wir uns Figuren außerhalb der fiktionalen Welt an. In den nächsten Kapiteln konzentrieren wir uns besonders darauf, die Wahrhaftigkeit des Schauspielers mit der Wahrhaftigkeit der Figur zu vereinen.

Dafür nehmen wir eine historische Persönlichkeit und keine fiktionale Figur. Damit meine ich nicht Truman Capote aus *Capote* oder Tina Turner aus *What's Love Got to Do with It (Tina – What's Love Got to Do with It?)*[60]. Keiner der Filme war ein Dokumentarfilm. Beide Figuren basierten auf realen Personen und wurden nach sorgfältiger und gründlicher Recherche geschrieben. Aber Drehbuchautoren erfanden Truman und Tina als Figuren auf ihrer eigenen, ganz persönlichen Reise durch ihre Geschichte neu. Die Figuren wiederum wurden von Hoffman und Angela Bassett anhand ihrer jeweiligen Drehbücher interpretiert und nicht anhand der Fakten von Trumans und Tinas Leben.

Um die Funktion der Recherche und den Prozeß besser zu verstehen, mit deren Hilfe ein Schauspieler sich seiner Rolle nähert, sehen wir uns »Figuren« außerhalb einer Story an. Wir benutzen reale Personen, die nur von ihrer eigenen Lebensgeschichte geprägt sind. Diese realen »Figuren« werden unsere Stützräder für die im Drehbuch beschriebenen »Figuren« sein, die später kommen. Sie liegen auf halbem Weg zwischen dem Schwerpunkt auf den Schauspieler im vorherigen Abschnitt und der Aufmerksamkeit auf den Text selbst im nächsten Abschnitt.

Historiker und Biographen neigen dazu, die Persönlichkeiten und das Leben historischer Figuren zu bearbeiten oder neu zu beurteilen. Verbreitete Ansichten über Abraham Lincolns Persönlichkeit reichen von der Betonung seiner depressiven Natur durch Historiker Joshua Wolf Shenk und Romanautor Gore Vidal bis zu Doris Kearns Goodwins und David

60 USA 1993, Regie: Brian Gibson.

Herbert Donalds Lincoln-Porträts als scharfen und sensiblen Richter der menschlichen Natur. Der Autor C.A. Tripp behauptet, Lincolns Ehen seien nur zum Schein geschlossen worden und der sechzehnte Präsident sei ein verkappter Homosexueller gewesen.

Für einen Schauspieler, der die Figur Abraham Lincoln erkundet, kann jede dieser Interpretationen relevant sein. Es hängt von der Intuition des Schauspielers ab. Im Rahmen seiner Recherche muß der Schauspieler umhertasten und so tief im Leben und in den Fakten seiner Figur graben, wie er das während der *Journey of the Need* bei sich selbst getan hat. Wenn du wirklich alles über Lincoln, Michael Jackson, Josephine Baker, Margaret Bourke-White, Kurt Cobain, Donald Trump oder Marie Antoinette liest, werden persönliche Verbindungen ans Licht kommen. Sobald genügend Fakten ausgegraben sind, beginnt der schöpferische Akt.

»Du darfst das tun«

Ein Schauspieler kann über die Helden und Schurken der Geschichte ebensowenig urteilen wie über eine Drehbuchfigur, einen direkten Nachbarn, eine Schwester oder einen Bruder. Ja, Adolf Hitler war ein Monster, dessen entsetzliche Verbrechen berüchtigt und skrupellos sind. Aber beim Erforschen der Figur wäre es unehrlich, die ständige körperliche Mißhandlung und das völlige Fehlen von fürsorglicher Liebe, die Hitlers Kindheit prägten, außer Acht zu lassen. Die *Public Persona*, »Führer, Beschützer und Retter Deutschlands«, die Hitler so wirksam kultivierte, zeigt gerade, wie bodenlos und unerfüllbar sein *Need* »beschützt zu werden« war. In keiner Weise mindert oder verharmlost das seinen monströsen, dazu passenden *Tragic Flaw*: soziopathisches Verhalten.

Ob gut oder schlecht, jeder hat ein unerfülltes *Need*, eine *Public Persona*, die es verdeckt, und einen *Tragic Flaw*, der hervorbricht, wenn *Need* und *Public Persona* aufeinandertreffen. Egal wieviel Gutes jemand getan hat, wie anmutig, charakterfest oder unbestechlich er auch erscheinen mag, in jedem Menschen wirken dieselben drei Dimensionen der Persönlichkeit.

Rosa Parks war berühmt, weil sie sich im Jahr 1955 weigerte, ihren Platz in einem nach Rassen getrennten Bus in Montgomery, Alabama, für einen weißen Mann aufzugeben. Ihr rebellischer Akt und die anschließende Festnahme rückten die amerikanische Bürgerrechtsbewegung in das Bewußtsein der Weltöffentlichkeit. Sie lösten einen erfolgreichen Boykott des Bussystems von Montgomery durch afroamerikanische Fahrgäste aus. Der Boykott von Montgomery rückte Martin Luther King erstmals ins Licht der Öffentlichkeit und führte schließlich zur Abschaffung der Rassentrennungsgesetze in Alabama.

Die Geschichte der ernsten, gottesfürchtigen Näherin, die sich im Alabama der Rassentrennung dem rassistischen Willen entgegenstellt, ist legendär. Als die Fernsehnachrichten 1989 das Bild eines einzelnen Demonstranten zeigten, der auf dem Platz des himmlischen Friedens einem chinesischen Panzer entgegentrat, nannte Nelson Mandela das einen »Rosa Parks Moment«.

Die Volksgeschichte beschreibt Rosa Parks als eine engelsgleiche Märtyrerin. Ihre Zeitgenossen stimmen dieser Einschätzung zu. »Rosa umgab ein seltsames, religiöses Glühen«, sagte James Farmer vom Congress of Racial Equality, »ein flirrendes, christliches Licht, das ihr eine einzigartige Würde verlieh.« Als Rosa Parks 2005 starb, beschrieb der Abgeordnete John Conyers aus Michigan, wie er Rosa in den 23 Jahren, in denen sie für ihn gearbeitet hatte, »mit Hochachtung behandelte, weil sie so ruhig war, so gelassen – einfach ein besonderer Mensch«.

Aber Rosa Parks war eine Frau aus Fleisch und Blut. Ihr langes Leben war von viel Schmerz und Elend gezeichnet. Sie wurde in Tuskegee, Alabama, geboren. Als ihr Vater, ein Schreiner, Rosas Mutter Leona Edwards und ihre zwei kleinen Kinder verließ, zog Leona zu ihren Eltern in eine Hütte mit Lehmboden in Pine Level, Alabama.

Ihre ganze Kindheit hindurch war Rosa klein für ihr Alter und litt unter Erkältungen und Mandelentzündungen. Sie blieb bei ihren Großeltern in Pine Level, während ihre Mutter in einer anderen Stadt an der Schule unterrichtete. Trotz ihres Alters, ihrer Zierlichkeit und ihrer Kränklichkeit arbeitete Rosa wie die anderen Farmarbeiterkinder auf den Baumwollfeldern und paßte auf ihren jüngeren Bruder Sylvester auf.

Die beiden frühesten Erinnerungen, die sie in ihrer Autobiographie *Rosa Parks: My Story* beschreibt, sind aufschlußreich. Die erste ist, daß ihr Großvater sie überschwenglich lobte, weil sie brav gewesen war. Wie bei vielen

Kindern, die in erster Linie von ihren Großeltern aufgezogen werden, erwartete man von ihr schon als Kind, daß sie sich wie eine Erwachsene benahm. Die zweite Erinnerung, die sie beschreibt, ist, wie sie versuchte einzuschlafen, während ihr Großvater in der Nähe mit einer Schrotflinte im Schoß in einem Schaukelstuhl saß, für den Fall, daß der Ku-Klux-Klan ihr Haus angreifen sollte. Kein Wunder, daß sie ihr Leben lang unter Schlaflosigkeit litt.

Als sie Kinder waren, kümmerte Rosa sich um ihren Bruder, später um ihre kranke Großmutter, um ihren Mann Raymond Parks, der Alkoholiker war, und um ihre Mutter Leona, als diese krank wurde. Rosa kümmerte sich ihr Leben lang um andere. Das engelsgleiche Bild, an das sich sowohl die Geschichte als auch jene, die sie kannten, erinnern, ist ihre *Public Persona*: eine Heilige/Pflegerin.

Sie mußte schnell erwachsen werden, wuchs ohne Vater auf und trug ihr ganzes Leben lang die Schwächen anderer mit. Das von Rosa Parks' *Public Persona* überdeckte *Need* war: selbst »gehegt und gepflegt zu werden«. Einer von Rosas liebsten Bibelversen, Psalm 27, lautet in Auszügen:

> *Denn er deckt mich in seiner Hütte zur bösen Zeit,*
> *er verbirgt mich heimlich in seinem Gezelt*
> *und erhöht mich auf einem Felsen.*

Ihre lebenslange Hingabe an die Kirche, der Sinn für den Glauben und das Zugehörigkeitsgefühl, das sie dort erfuhr, waren Balsam für dieses *Need.*

Das völlig falsche Klischee, das zur Zeit des Boykotts von der weißen Presse verbreitet wurde, ist das von Rosa Parks, der kleinen schwarzen Näherin, die versehentlich die amerikanische Geschichte veränderte, weil sie zu müde war, ihren Platz im Bus für eine weiße Person aufzugeben. Zum Zeitpunkt ihrer Festnahme im Jahr 1955 war Rosa zwölf Jahre lang als Sekretärin von Edgar Nixon, dem Vorsitzenden der NAACP, in der Bürgerrechtsbewegung aktiv gewesen. Sie war Mitglied der *Voter's League* und hatte sich leidenschaftlich als Aktivistin für die Scottsboro Boys und andere Opfer der Ungerechtigkeit der Rassentrennung engagiert.

Aber Rosas Bürgerrechtsarbeit fand immer hinter den Kulissen statt. Sie organisierte Versammlungen, führte Protokoll und erledigte Telefonate.

Sie war nie an tatsächlichen Aktionen des zivilen Ungehorsams beteiligt. Rosa Parks' *Tragic Flaw*, der aus dem Konflikt zwischen ihrem *Need* »selbst gehegt und gepflegt zu werden« und ihrer *Public Persona* der Pflegerin entstand, war Zorn. Die Tatsache, daß sie diesem *Tragic Flaw* in ihrem öffentlichen Leben so selten erlag, ist Teil ihres historischen Nimbus geworden.

Und im Falle ihrer schicksalhaften Busfahrt machte Zorn sie zu einem Teil der Geschichte. Als Rosa Parks im Dezember 1955 in jenen Bus stieg, war sie müde und deprimiert. Passiver Widerstand traf auf passive Aggressivität, als sie demselben Busfahrer gegenüberstand, der sie zwölf Jahre zuvor aus einem anderen Bus in Montgomery geworfen hatte. Sie war müde, ja. Aber als sie erkannte, daß der bewaffnete weiße Busfahrer, der sie bedrängte, derselbe war, der sie zwölf Jahre zuvor aus dem Bus geworfen hatte, gab sie keinen Zentimeter nach.

Um die Figur Rosa Parks zu verstehen, müßtest du als Schauspielerin all diese Dinge und mehr wissen. Ausgestattet mit Rosas *Need, Public Persona* und *Tragic Flaw* würdest du anfangen, die wichtigen Ereignisse, die physischen Details und die Menschen, die Rosas Leben geprägt haben, zu entdecken und festzuhalten. Du müßtest nicht nur Rosas Memoiren lesen, sondern auch ihre Biographie von Douglas Brinkley, die Memoiren von Virginia Durr, einer Gegnerin der Rassentrennung, die ihre Freundschaft mit Parks beschreibt, und viele andere.

Rosa Parks wuchs in einem rassistischen, rassendiskriminierenden Alabama auf. Mit sechs Jahren, erinnert sich Rosa in ihrer Autobiographie, »war ich alt genug, um zu verstehen, daß wir tatsächlich nicht frei waren. Der Ku-Klux-Klan fuhr in der schwarzen Gemeinde herum, brannte Kirchen nieder, schlug Leute zusammen und mordete.«

Sobald sie lesen konnte, verschlang sie jedes Buch, das sie finden konnte. Wie viele Schwarze aus dem Süden in jener Zeit las Rosa *Vom Sklaven empor* und Booker T. Washingtons andere bewußtseinsbildende Selbsthilfebücher. Das Lesen und die Realität des täglichen Überlebens in einem rassistischen Umfeld ließen in ihr einen gewissen Pragmatismus entstehen. Jahre später schrieb sie: »Ich mag mir keine Vorstellung von etwas machen, wofür ich keine Beweise habe.«

Rosa war eine passionierte Kirchgängerin. Sie verschlang die Bibel, unterstrich Sätze, schrieb Passagen ab und lernte sie auswendig. »Gott bedeutet mir alles«, sagte sie. Die Afrikanisch Methodistische Episkopalkirche, die von befreiten Sklaven gegründet wurde, »mit ihren musikalischen Rhythmen und den Widerklängen Afrikas«, schrieb Rosa Jahre später, »begeisterten mich, als ich jung war«. Die sensorischen Details von Rosas Leben – daß sie als Kind nicht ohne Schmerzen schlucken konnte, die chronische Schleimbeutelentzündung, die sie bei ihrer Arbeit als Näherin quälte – müßten erforscht werden. Ebenso wichtig sind der Geschmack von Salzschinken, grünem Blattgemüse und gebratenem Wels aus ihrer Kindheit wie auch der Stolz und das Vergnügen bei der Erinnerung daran, »den Geruch von gebratenem Speck und aufgebrühtem Kaffee zu genießen und zu wissen, daß weiße Leute das zubereiteten und nicht ich«, als sie wenige Monate vor dem Boykott Gast der Highlander Folk School war.

Die Schauspielerin, die Rosa Parks' Rolle übernimmt, müßte die Gospelmusik hören, die Rosa liebte, die Heilige Schrift lesen, die ihr soviel bedeutete, und so viele Zeitungen, Journale und Zeitschriften lesen, wie eine eifrige Leserin wie Rosa Parks das täglich getan hätte.

Kurz gesagt, jedes aufgezeichnete Detail aus dem Leben dieser Frau müßte aufgedeckt und jede mögliche Verbindung ausfindig gemacht werden. Du, die Schauspielerin, die Rosa Parks spielt, müßtest alles bei dir selbst und der Figur eingehend untersuchen. Für jede wichtige Person in Rosas Leben mußt du eine *Personalization* vornehmen. Für alles, was du über Rosa Parks herausfindest, gibt es eine mögliche Parallelempfindung aus deiner eigenen Erfahrung.

Für jede Figur, ob fiktional oder nicht, gilt dasselbe. Das hört sich nach viel Arbeit an, und das ist es auch. Doch es lohnt sich, ebenso wie die innerliche Arbeit eines Schauspielers an sich selbst. Die Details, Fakten und wissenswerten Kleinigkeiten der Geschichte sind wichtiges Rohmaterial für die Erschaffung einer Figur. Der Drehbuchguru Robert McKee (der seine Karriere nicht ganz zufällig als Schauspieler begann) schreibt in seinem Buch *STORY*: »Wir gestalten eine Landschaft aus Figurenbiographien, bepflanzen sie mit Ereignissen, die zu einem Garten werden, den wir wieder und wieder abernten.«[61]

---

61 Robert McKee, *STORY*, Berlin ^{8}2013, S. 198. (Anm. d. Red.)

KAPITEL 16

Der *private Moment der Figur*

Du hast mindestens 75 Prozent mit jeder Figur gemein, die du spielst, ob Hitler oder Peter Pan. Das wirst du nicht los, selbst wenn du wolltest.
Jack Nicholson

Privatleben

Der *persönliche private Moment* ist ein großartiges Trainingsmittel, mit dessen Hilfe der Schauspieler lernt, auf seine eigene Intimität zuzugreifen. Ein Schauspieler, der lernt, über den *persönlichen privaten Moment* öffentliche Einsamkeit herzustellen, ist viel eher in der Lage, die Intimität zu nutzen, die man braucht, um eine Figur zu erschaffen. Aber der *private Moment* an sich ist nicht nur eine Möglichkeit für den Schauspieler, seine eigene Intimität zu erforschen. Man kann ihn auch nutzen, um die Intimität einer Figur zu erforschen.

Die Szenen in *American Beauty*, in denen sich Lester, Carolyn und Jane Burnham unbefangen offenbaren, und die Momente in *Asphalt-Cowboy* und *Taxi Driver*, in denen Joe Buck und Travis Bickle mit ihrem Spiegel reden, fangen alle diese Figuren in aufschlußreichen *privaten Momenten* ein. In diesen Szenen zeigen diese Figuren unbefangen einen Grad der Intimität, der fast unangenehm ist. Um sich als Schauspieler mit derselben Intimität auf seine Figur einzulassen, empfehle ich eine Erforschung durch einen *privaten Moment der Figur*. Durch den *privaten Moment der Figur* kann der Schauspieler seine eigene Intimität in die Intimität seiner Figur integrieren.

Beim *privaten Moment der Figur* muß der Schauspieler seine eigene Intimität durch die Fakten und die Geschichte filtern, die er von der Figur kennt. Zunächst wählt der Schauspieler entsprechend seiner Recherche einen Ort aus, an dem seine Figur wirklich privat sein kann. Einmal mehr ist der Schauspieler verantwortlich dafür, die Fakten zu kennen. Er muß nicht nur entscheiden, wo und was der Ort ist, sondern auch, wie es dort aussieht und welche sensorischen Details dazugehören. Ist es warm? Ist es kalt? Wie sind die Lichtverhältnisse? Wie riecht es dort? Wie klingt es dort?

Damit der Schauspieler seine eigene echte Intimität auf die Figur übertragen kann, wählt er anschließend drei private Handlungen aus. Wie der *persönliche private Moment* müssen diese Handlungen mit einem Verhalten verbunden sein, das der Schauspieler selbst gut kennt, aber nie in der Öffentlichkeit zeigen würde.

Der *private Moment der Figur* umfaßt:

1. **Die Lebensumstände der Figur: die Fakten, die das Szenario des *privaten Moments* bestimmen.**
2. **Die Intimität des Schauspielers: drei private Handlungen, die er selbst nie in der Öffentlichkeit ausüben würde.**

Beim *privaten Moment der Figur* mischt der Schauspieler mit Hilfe seiner Vorstellungskraft das Leben der Figur und seine eigene *Empfindung* – das Bauchgefühl für die emotionale und physische Wirklichkeit. Mit Hilfe der Phantasie verbindet der Schauspieler seine eigene echte Intimität mit der Figurenintimität. Wenn ein *privater Moment der Figur* gut gemacht ist, bedeutet das für den Schauspieler wertvolles Wissen und Erfahrung mit dem Innenleben seiner Figur aus erster Hand. Er öffnet sich auch für die persönlichen Enthüllungen und Offenbarungen über seine Figur, die ihm später Auswahlmöglichkeiten beim Spielen bieten.

Ich habe miterlebt, daß der *private Moment der Figur* auf diese Weise Wunder bewirkt. Wenn Schauspieler eine Gemeinsamkeit zwischen sich und ihren Rollen finden, hört das Urteilen auf, und die Darstellung wird authentisch.

Rosa Parks: Der *private Moment der Figur*

Durch meine Recherche weiß ich, daß Rosa Parks so strenggläubig war, daß sie nicht einmal außerhalb einer Kirche tanzte. Sie war mit einem sehr gutaussehenden Mann verheiratet. Er trank und sie nicht. Rosa blieb ihr Leben lang kinderlos. Ihre *Public Persona* ist praktisch frei von jeglicher Sexualität.

Würde sie ihre sinnliche und sexuelle Seite im geheimen erkunden? Eine Schauspielerin, die Rosa Parks erforschen möchte, könnte so etwas wie meine Gesangsnummer aus der Kindheit machen, bei der ich eine sexy Sängerin mit einer reinen Jungs-Band bin. Es wäre eine starke erste persönliche Handlung – wenn Rosa heimlich den Vamp spielt und ihre sexuelle Identität in ihrem *privaten Moment* zeigt.

Rosa war sehr hellhäutig. Dank meiner Recherche weiß ich, daß einer ihrer Urgroßväter, ein schottisch-irischer Schuldknecht, weiß war. Gerüchten in ihrer Familie zufolge soll der Großvater ihres Vaters ein weißer US-Soldat aus den Nordstaaten gewesen sein. Würde sie sich insgeheim fragen, wie es wäre, als weiß »durchzugehen«? Würde sie vor ihrem Spiegel weiße Verhaltensweisen ausprobieren? Ich habe meine Abstammung nie bedauert, aber wie viele Afroamerikaner habe ich mich manchmal gefragt, wie mein Leben verlaufen wäre, wenn ich nicht als Schwarze geboren worden wäre. Für eine Schauspielerin, die sich mit Rosa Parks beschäftigt, wäre »als weiß durchzugehen« eine zweite persönliche Handlung.

Rosa Parks kümmerte sich ihr Leben lang um andere. Sie beschützte ihren vaterlosen jüngeren Bruder, pflegte ihre Großmutter, als diese krank wurde, und kümmerte sich später um ihre Mutter. Sie ertrug die Saufgelage ihres Mannes. Wäre sie nicht wütend und enttäuscht darüber gewesen, als so kluge Frau mit so großen inneren Ressourcen auf die Rolle einer Betreuerin beschränkt zu sein?

Ich war eine alleinerziehende Mutter. Ich habe meinen Sohn ohne Unterhaltszahlungen oder Sozialhilfe großgezogen. Es war eine Herausforderung, ihm ein Dach über dem Kopf, etwas zum Anziehen und die bestmögliche Schulbildung zu bieten. Ich habe mich nie darüber beschwert, aber in schweren Zeiten versank ich manchmal insgeheim in Selbstmitleid und Verbitterung. Eine Schauspielerin mit einer ähnlichen Parallele würde wahrscheinlich gern diese Wut herauslassen und sie mit Rosa teilen.

Hier trifft Recherche auf Spekulation. Wir befinden uns im Bereich der Phantasie. Bei dieser Übung ist alles möglich, solange es wahrhaftig und intim ist. Wir ziehen keine Show ab, wir erkunden eine Figur.

Ort

Rosa Parks Zuhause: eine kleine Wohnung in den Cleveland Courts in Montgomery County, Alabama. Es ist Samstagnachmittag, am Anfang des Jahres 1956. Der einjährige Montgomery Bus Boycott läuft erst einige Monate. Raymond Parks arbeitet in seinem Friseurgeschäft, und Rosas Mutter Leona McCauley ist in der Kirche, um sie für die Sonntagsgottesdienste zu putzen. Rosa hat nach ihrer Festnahme ihre Arbeit verloren. Sie lebt von den Näharbeiten, die sie zwischen Vortragsterminen (wofür sie jede Bezahlung ablehnt) und organisatorischen Tätigkeiten verrichten kann.

Die Schauspielerin, die Rosa erkundet, hat gerade die spärlich eingerichtete Bühne, die ihre Wohnung darstellt, von oben bis unten geputzt. Stolz stellt sie einen Wischmopp weg.

> *Rosa Parks lebte mit ihrer Mutter und ihrem Mann in einer kleinen Wohnung in den Cleveland Courts in Montgomery. Es muß immer wieder Zeiten gegeben haben, in denen sie allein war. Die Schauspielerin erkundet die* Public Persona *einer Heiligen/Pflegerin, die es genießt, die Hausarbeit verrichtet zu haben.*

Rosa geht zu einem Ganzkörperspiegel, den sie für die Anproben ihrer Kunden benutzt. Sie reibt und streckt ihren schmerzenden rechten Arm, während sie ihr Spiegelbild betrachtet.

> *Rosa litt ihr ganzes Erwachsenenleben lang an Bursitis, einer schmerzhaften Schleimbeutelentzündung, die durch*

anhaltende Belastung entsteht. Die Schauspielerin hat sich mit Sense Memory *vorbereitet und sich an einen ähnlichen Schmerz und an die Angst davor erinnert, daß eine Krankheit einen zu hohen Tribut fordern wird.*

Rosa Parks hält inne und sieht sich im Spiegel an. Mit leiser, dünner Stimme fragt sie: »Spieglein, Spieglein an der Wand, wer ist die Schönste im ganzen Land?« Rosa geht näher an den Spiegel heran, nimmt ihre Brille ab und streicht ihre Haare glatt nach hinten. Damit zieht sie ihre Augen auseinander, bis sie ein wenig schräg stehen. Sie lächelt.

Rosas Bruder Sylvester hatte den Spitznamen »Schlitzauge«, wegen seiner schrägen Augen. Offenbar hat die Schauspielerin einen Bruder oder jemand anderen, der ihr nahesteht, mit Rosas Bruder verknüpft.

Sie betrachtet ihre helle Haut im Spiegel und schaut dann auf ihren Arm. Rosas Gedanken wandern zu ihrem Großvater, den viele für weiß hielten. Sie fängt an zu weinen – nicht weil sie sich danach sehnt, weiß zu sein, sondern weil ihr Großvater sich zu seinen schwarzen Vorfahren und dieser Identität bekannt hat.

Rosa Parks' hellhäutiger Großvater Sylvester Edwards hatte großen Einfluß auf sie. Er war ein außerordentlich würdevoller Mann, der stolz auf sein afrikanisches Erbe war. Sie bewunderte außerdem Walter White, einen blonden, blauäugigen Afroamerikaner gemischter Abstammung, der 1916 in Atlanta die NAACP gründete. Die Schauspielerin hat erfolgreich einen respektierten und geliebten älteren Verwandten mit ihm verknüpft. Sie benutzt zudem Sense Memory *und erinnert sich an Erfahrung mit Intoleranz oder Diskriminierung.*

Rosa geht zu ihrem Sekretär und nimmt ein Taschentuch aus der obersten Schublade. Sie putzt sich die Nase, geht dann zum Radio und schaltet es ein. Es läuft warm, und man hört eine *Amos 'n' Andy*-Folge. Schnell wechselt sie zu einer Jazzsendung. Ella Fitzgeralds reine, warme, süße Stimme ertönt. Rosa sieht sich um und versichert sich, daß ihr niemand zusieht. Ihr von Bursitis geplagter Körper gibt sich einem sanft fließenden Rhythmus hin. Sie kennt keine Tanzschritte, aber sie weiß, wie man sich von Musik verführen läßt. Ihre Bewegungen werden immer sinnlicher und sie läßt die Hüften kreisen.

Ihre freien, sexy Bewegungen lassen Rosa mehr und mehr ihre Hemmungen verlieren. Sie lacht. Sie entdeckt ihr sexuelles Ich.

> *Rosas Freundin Virginia Durr hat sie vor kurzem an Ellas Musik herangeführt. Rosa tanzte nie, aber ihre Kirche, die Afrikanisch Methodistische Episkopalkirche, ermunterte die Gemeindemitglieder, sich bei den Gottesdiensten zur Gospelmusik und zu den Kirchenliedern zu bewegen. Es entsteht ein Gefühl für die sexuelle Verführungskraft von Ella Fitzgeralds Musik. Die Schauspielerin benutzt* Sense Memory, *um sich an einen sinnlichen, hingebungsvollen Tanz zu erinnern. Ihr Lachen entsteht aus einem befreiten Gefühl der Freude; nicht aus einem mechanischen Versuch zu lachen. Es ist sehr real.*

Ihr Körper und ihr Geist sind lebendig und frei, und sie singt laut mit Ella, ohne sich der Tränen bewußt zu sein, die ihr über das Gesicht laufen.

Plötzlich ruft sie: »Danke, Gott, danke, Jesus!« Dann beginnt sie zu singen: »I got my mind stayed on freedom.« Sie stürzt zum Radio und stellt es ab, holt ein Kissen vom Sofa und vergräbt ihr Gesicht darin. Dann schlägt sie mit dem Kissen auf die Sofalehne.

> *Rosa war zeitlebens an die Verantwortung gebunden, sich um ihre Mitmenschen zu kümmern. Die Schauspielerin ist von Rosas* Tragic Flaw, *der Wut, zu ihrem* Need *»selbst gehegt und gepflegt« übergegangen.*

»Ich bin schön, ich bin klug, ich bin am Leben! Warum kann ich nicht frei sein? Mama! Es ist zuviel! Ich bin nicht stark! Ich bin es nicht! Nicht mehr! Ich will, daß sich jemand um mich kümmert! Mama!« Rosas schmerzender Körper fällt auf das Sofa, sie rollt sich zusammen und wimmert wie ein Baby.

Ich beende die Übung. Zu diesem Zeitpunkt weiter zuzusehen, wäre wirklich voyeuristisch. Die Intimität der Schauspielerin und die Intimität der Figur sind ineinander verschmolzen. Das Ziel der Übung ist erreicht.

KAPITEL 17

Das Telefongespräch der Figur

Der Ausdruck der Persönlichkeit erreicht seine Erfüllung nur durch Kommunikation.
Pearl S. Buck

Hallo, ich bin's

Wir haben gesehen, daß ein improvisiertes Telefongespräch einem Schauspieler dabei helfen kann, das unter der Maske der *Public Persona* verborgene *Need* sichtbar zu machen. Weil jede Figur, die ein Schauspieler spielt, auch durch ein *Need*, eine *Public Persona* und einen *Tragic Flaw* bestimmt wird, gibt es auch immer jemanden, an den sich diese Figur – wenn auch erfolglos – wenden würde, um sich ihr *Need* erfüllen zu lassen. Und es gibt ein Telefongespräch, das der Schauspieler als diese Figur improvisieren kann, um ein persönliches Gespür für das *Need* der Figur zu entwickeln.

Durch das Telefongespräch der Figur gibt dieser Schauspieler dem Figuren-*Need* ein Gesicht. Wie bei seinem eigenen Telefongespräch liefern die Erfahrung des Schauspielers und das *Need* das authentische Gefühl. Mit Hilfe seiner Phantasie verwandelt der Schauspieler seine persönliche Wahrheit in Kunst. Der Schauspieler durchforstet die Biographie der Figur und macht einen Menschen ausfindig, an den sich die Figur – erfolglos – wendet, um sich ihr *Need* erfüllen zu lassen. Dann macht sich der Schauspieler durch einfühlsame und gründliche Recherche mit der Beziehung seiner Figur zu diesem Menschen vertraut.

Von der *Journey of the Need* kennt der Schauspieler den Namen und das Gesicht von jemandem, zu dem er mehrmals ohne Erfolg gegangen ist, um sein *Need* erfüllen zu lassen. Er kennt die Momente und die Empfindungen dieser Erfahrung. Von seinem eigenen Telefongespräch erinnert er sich daran, wie er mit der Person gesprochen hat, sich die Person erfolgreich vorgestellt und sie dazu gebracht hat, ihm zuzuhören. Beim Telefongespräch der Figur wird er diesen Vorrat an Wissen und Erinnerung nutzen, um dasselbe für seine Figur zu machen.

Durch die Erforschung von Rosa Parks' Leben weiß ich, daß ihr Vater sie, ihre Mutter und ihren Bruder verlassen hat, als Rosa etwa drei Jahre alt war. Sie sah ihn als Kind nur einmal wieder, als sie fünf war und er nach Pine Level kam, um ein paar Tage bei Leona, Sylvester (damals drei) und der kleinen Rosa zu bleiben. Sie sah ihn nicht wieder und sprach nicht mit ihm, bis sie erwachsen und verheiratet war. Rosas *Need,* selbst »gehegt und gepflegt zu werden« hängt eng mit dem Verlassenwerden durch ihren Vater zusammen. Wie würde ein Telefongespräch zwischen Rosa Parks und James McCauley aussehen? Was würde Rosa einem Mann sagen wollen, der einer liebevollen, pflichtbewußten Frau und zwei Kleinkindern den Rücken gekehrt hat?

Dreidimensionales Spielen erfordert dreidimensionales Denken. Während des Telefongesprächs sollte dich deine Vorstellungskraft überall dorthin mitnehmen, wo es in deinem eigenen Leben und in der Biographie der Figur die Wahrheit echten Gefühls gibt. Alles ist erlaubt, solange es emotional glaubhaft klingt. Wie Johnny Depp bei Interviews gesagt hat: »Ein Schauspieler muß ein bißchen wie ein Pirat sein.«

Wenn ich über Rosa Parks und James McCauley nachdenke, fällt mir eine andere berühmte Frau ein, die von ihrem Vater verlassen wurde. In Marilyn Monroes Geburtsurkunde steht der Name Norma Jeane Mortenson, nach Edward Mortenson, dem zweiten Mann ihrer Mutter. Aber Edward Mortenson hatte Marilyn und ihre Mutter verlassen, bevor Marilyn auf die Welt kam. Marilyns Mutter Gladys behauptete immer, daß ihr richtiger Vater ein Mann namens Stanley Gifford war. Gladys und Gifford hatten etwa zu der Zeit von Marilyns Empfängnis eine Affäre. Als Marilyn ein Kind war, zeigte ihr ihre Mutter ein Foto von Gifford und sagte: »Das ist dein Vater.«

Marilyn versuchte ihr Leben lang, mit Gifford Kontakt aufzunehmen, aber er weigerte sich, mit ihr zu sprechen. In seinem Drama *After the Fall (Nach dem Sündenfall)* setzte der Autor Arthur Miller, einer von Marilyns Exehemännern, ein Telefongespräch zwischen Marilyn Monroe und

Stanley Gifford für die Bühne um. Ich erinnere mich gut daran, wie ich Barbara Loden als »Maggie«, Marilyns Alter Ego, in *After the Fall* sah. Ihr Auftritt war wahrhaftig und niederschmetternd.

Mein Vater starb, als ich noch sehr jung war. Ich habe oft Gefühle des Verlassenseins erlebt, die auf den frühen Tod meines Vater zurückzuführen sind. Wenn ich mich entscheiden würde, Rosas Telefongespräch im Alter von 42 Jahren zu führen – so alt war sie 1955 –, würde ich mir überlegen, was ich in diesem Alter zu meinem eigenen Vater gesagt hätte. Ich würde auch eine *Personalization* von meinem Vater machen, mich dafür an sein herausragendstes körperliches Merkmal erinnern, an seine stärkste menschliche Eigenschaft, an etwas, was er sagen oder tun würde und so weiter, bis es eine Empfindung von meinem Vater auslöst, die ich für Rosas Vater nutzen kann.

Rosa Parks: Telefongespräch der Figur

Es ist Frühjahr 1956. Der Zustand von Rosas Mutter hat sich verschlechtert, und Rosa mußte sie ins Krankenhaus bringen. Rosa und ihr Mann Raymond haben keine Arbeit, weil ihre ängstlichen weißen Arbeitgeber nichts mit dem Boykott zu tun haben wollen. Zum ersten Mal in ihrem Leben hat Rosa Schulden. Raymond ist bei einem Saufgelage. Rosa hat große Angst vor der Zukunft und fühlt sich sehr allein.

Mit diesen Fakten ausgestattet und gestützt durch die Wahrheit ihrer eigenen Erfahrung, mit lebhafter Phantasie und voller schöpferischer Kraft, nimmt die Schauspielerin, die Rosa Parks erkundet, ihren Platz im Bühnenbild ein, das Rosas Wohnung darstellt. Es ist Zeit für dichterische Freiheit. Rosa ist allein und wählt die Nummer.

> ROSA: Hallo ... kann ich bitte James McCauley sprechen? Oh, Sie sind James McCauley ... Gut, danke, und wie geht es Ihnen, Mr. McCauley? Ich kann es nicht, ich weiß, daß du mein Vater bist, aber ich kenne dich nicht als Daddy, also kann ich dich auch nicht so nennen. Mama geht es nicht gut. Sie ist im Krankenhaus.

> Ich werde ... Sylvester? Er wohnt jetzt in Detroit. Er wollte nicht im Süden bleiben, wo er als ausgezeichneter Kriegsveteran seine Uniform wegen seiner Hautfarbe nicht in der Öffentlichkeit tragen darf. Er ist verheiratet und hat dreizehn Kinder.

Die Schauspielerin sollte eine Personalization *wie die, die ich mit meinem Vater beschrieben habe, vorbereitet haben.*

> ROSA: Was geht dich das an? Ich meine, interessierst du dich überhaupt für uns? Warum fragst du nach meiner Mutter und meinem Bruder? Warum hast du nicht angerufen oder uns geschrieben? Warum ...? Untersteh dich, einfach aufzulegen. Ich werde dich wieder und wieder anrufen.

Ich bekomme einen Eindruck von Rosas Tragic Flaw.

> ROSA: Oh, du hast davon gehört. Du hast mich in der Zeitung und im Fernsehen gesehen? Ja, ich bin Mitglied der NAACP. Ich weiß, daß dich meine politische Meinung nicht interessiert. Eigentlich willst du gar nichts von mir wissen. Aber eines möchte ich dir doch sagen: Jahrzehntelang habe ich deinen Job gemacht. Ich habe mich um Sylvester gekümmert, um Großmutter, um Mama, um alle. Ich hatte noch nicht einmal Zeit, die Highschool zu beenden, bis ich eine erwachsene, verheiratete Frau war! Und ich bin die Tochter einer Lehrerin! Es war mein Mann, der mich ermutigt hat, die Schule zu beenden, nicht mein Vater! Haben Sie irgendeine Vorstellung davon, Sir, was Sie Ihrer Frau und Ihren Kindern angetan haben? Interessiert Sie das überhaupt? Ich weiß, daß Sie ein sehr, sehr gottloser Mensch sind – mit wenig Güte.

Es zeigt die gute und gründliche Recherche der Schauspielerin. Obwohl Rosa zeitlebens eine Leseratte und eine sehr gute Schülerin war, beendete sie die Highschool erst, nachdem sie verheiratet war. Der Eindruck von Rosas Tragic Flaw *verstärkt sich durch die wachsende Empörung und den Ärger bei ihrem Telefongespräch.*

> ROSA: Nein, ich habe angerufen, um dich um Hilfe zu bitten. Mama ist schwach und sehr, sehr krank, und ich brauche Hilfe. Ich brauche Geld, ich brauche ein bißchen Ruhe. Ja, ich glaube an Gott. Ohne ihn wüßte ich nicht, wo ich wäre. Aber warum konntest du kein Vater sein? Wir brauchten dich. Alles war so schwer für Mama und meine Großeltern… Wie kannst du so etwas Schreckliches sagen? Mir wurde beigebracht »Liebet eure Feinde; tut denen wohl, die euch hassen…« Ja, meine Leute glauben daran, die andere Wange hinzuhalten. Das versuche ich jetzt… ICH BRAUCHE DICH… ICH BRAUCHE EINE FAMILIE… ICH BRAUCHE EINEN VATER, DER SICH KÜMMERT… ICH WILL, DASS DU ZURÜCKKOMMST UND ALLES WIEDER IN ORDNUNG BRINGST… Mein Mann? Mein Gott, sei nicht so bösartig. Es geht ihm nicht gut… Ja, Sie haben sich deutlich ausgedrückt. Keine Sorge, ich werde Sie nicht wieder anrufen. Sir, wenn Sie mich anrufen wollen, bin ich für Sie da, aber ich verspreche, daß ich Sie nie wieder anrufen werde, James McCauley!

Die Schauspielerin empfindet Rosas Need, *selbst »gehegt und gepflegt zu werden«.*

> *[Rosa legt auf.]*

> ROSA: »Ich hebe meine Augen auf zu den Bergen, von welchen mir Hilfe kommt. Meine Hilfe kommt von

> dem HERRN, der Himmel und Erde gemacht hat. Er wird deinen Fuß nicht gleiten lassen; und der dich behütet, schläft nicht. Siehe, der Hüter Israels schläft noch schlummert nicht. Der HERR behütet dich; der HERR ist dein Schatten über deiner rechten Hand, daß dich des Tages die Sonne nicht steche, noch der Mond des Nachts. Der HERR behüte dich vor allem Übel; er behüte deine Seele; der HERR behüte deinen Ausgang und Eingang von nun an bis in Ewigkeit.«

Rosa zitierte oft den Psalm 121. Die Schauspielerin, die sich noch immer auf das Need *eingelassen hat, benutzt ihn, um ein letztes Mal Rosas* Need *zum Ausdruck zu bringen.*

Die Übung ist abgeschlossen. Ich brauche nicht zu wissen, wen die Schauspielerin für ihre *Personalization* ausgewählt hat oder auf welche persönlichen Erfahrungen sie zugriff, um das Telefongespräch vorzubereiten. So eindringlich, wie sie die Empfindungen von Rosas *Need* und *Tragic Flaw* vermittelt und wie sie die Fakten aus Rosas Leben integriert hat, wird deutlich, daß sie ihre Hausaufgaben gemacht hat.

KAPITEL 18

Das Tier

Ein Schauspieler ist dann am besten, wenn er dich an ein Tier erinnert – wenn er fällt wie eine Katze, liegt wie ein Hund, sich bewegt wie ein Fuchs.
François Truffaut

Mit den Tieren sprechen

Als *Midnight-Cowboy* im Jahr 1969 herauskam, hob die *New York Times* in ihrer Filmkritik Dustin Hoffmans Darstellung des Ratso Rizzo besonders hervor: »Mit seinen verfilzten, nach hinten gekämmten Haaren, seinen abstehenden Ohren und seinem humpelnden Gang sieht Hoffman wie eine listige, geschlagene Ratte aus.« Zehn Jahre später machte derselbe Kritiker eine ähnliche Bemerkung über Robert De Niro als Jake LaMotta in *Raging Bull.* Die *Times* schrieb: »Es gibt keine einzige Szene in dem Film, in der er sich nicht wie ein Tier verhalten hat.«

Jede Ähnlichkeit zwischen Hoffmans und De Niros Figuren und echten Tieren war absolut gewollt. Beide Schauspieler bereiteten sich sorgfältig auf ihre Rollen vor und hatten dabei genau diese Tiere im Kopf. Seit Anbeginn der Zeit haben Menschen Tiere imitiert, sie sogar zu Göttern erhoben und als Geistführer angesehen. *Tierübungen* werden seit Stanislawskis Zeiten von Schauspielern angewendet. Das Verhalten von Tieren ist auch dann ein geeignetes Werkzeug für einen Schauspieler, wenn die Figur nicht Ratso heißt oder im Filmtitel mit einem Stier verglichen wird.

Ein Schauspieler wendet Tierübungen an, um einer Figur wahres und intensives Leben zu verleihen. Tierübungen befreien dich aus den engen Grenzen deines eigenen gewöhnlichen Verhaltens und deiner Art, dich zu bewegen. Sie geben dir die Möglichkeit, ein ganz neues Verhalten zu entwerfen, mit dem du deine Figur genau bestimmen und ihr eine besondere Note geben kannst.

Wenn du tierische Verhaltensweisen erfolgreich verinnerlichst, nimmt es dein Publikum nicht zwingend wahr. Tierübungen schaffen eine physisch greifbare Wirklichkeit unter den Worten und Bewegungen der Figur, die, obwohl eindeutig vorhanden, nahezu undefinierbar bleibt. Das Publikum kann einfach den Blick nicht von dir abwenden. Beachte die ausgeprägte Körperlichkeit und die überragende Anziehungskraft bei den folgenden Figuren. Jede von ihnen wurde mit einem Tier vor Augen vorbereitet.

Marlon Brando	Vito Corleone	*The Godfather (Der Pate)*[62]	Bulldogge, der in den Hals geschossen wurde
Al Pacino	Sonny Wortzig	*Dog Day Afternoon (Hundstage)*[63]	Hund
Robert De Niro	Max Cady	*Cape Fear (Kap der Angst)*[64]	Schlange
Tom Cruise	Frank T. J. Mackey	*Magnolia*[65]	Fuchs
Juliette Binoche	Rose	*Décalage horaire (Jet Lag – Oder wo die Liebe hinfliegt)*[66]	Katze

Heute läuft für viel zu viele Schauspieler der Aufbau einer Figur auf ein wenig Make-up und einen Kostümwechsel hinaus. Die Anwendung

---

62 USA 1972, Regie: Francis Ford Coppola.

63 USA 1975, Regie: Sidney Lumet.

64 USA 1991, Regie: Martin Scorsese.

65 USA 1999, Regie: Paul Thomas Anderson.

66 F 2002, Regie: Danièle Thompson.

von Tierübungen hat in den letzten Jahrzehnten an Popularität verloren. Schauspielerinnen stehen unter derart großem Druck, so schön wie möglich auszusehen und auf konventionelle Weise attraktiv zu bleiben, daß sie selten Tier-Verkörperungen in ihre Figuren einbauen. Regisseure, die nicht sehr schauspielerfreundlich sind, wissen oft nicht, wie sie mit Tierübungen umgehen sollen. »Was war das denn?« fragen sie. »Mir gefällt nicht, wie sie aussieht«, »Muß sie so wütend sein?« Sie fühlen sich mit einer glatten, sicheren Oberfläche wohler als mit einer wahrhaftigen und tiefgründigen Figur.

Das ist schade, denn wenn verantwortungsvoll damit umgegangen wird, sind Tierübungen ein sehr wirksamer Schutz gegen undifferenziertes Spiel und konventionelles, klischeehaftes Verhalten. Sie können zu einem Ratso Rizzo führen.

Es gibt Menschen, die ihr ganzes Leben lang Tierübungen anwenden. Sie wissen es vielleicht nicht, aber sie sind bereits Tiere. Ihre Art sich zu bewegen und sich den Bewegungen der Menschen in ihrer Umgebung anzupassen, weist darauf hin, daß sie sich dem animalischen Verhalten nicht widersetzen oder es als unnatürlich empfinden.

Animus

Die meisten Menschen haben das Gefühl, einem bestimmten Tier ähnlich zu sein oder identifizieren sich bis zu einem gewissen Grad mit ihm. Wenn ich bei einer Tierübung den starken Einfluß eines Tieres bei einem Schauspieler wahrnehme, spreche ich ihn darauf an. Manchmal weist das Sternzeichen eines Schauspielers auf ein Tier hin. Bei einer Tierübung sucht der Schauspieler bei sich und der Figur nach einem Tier, das ihn mit seiner Rolle verbindet.

Bei Rosa Parks deuten ihre kleine Gestalt, ihre stille Erhabenheit und ihr Tonfall (die in Dokumentarfilmen wie *Eyes on the Prize*[67] zu hören und zu sehen sind) auf eine Katze hin. Rosa wirkt einfach katzenhaft. Viele Menschen identifizieren sich mit Katzen und ihrer stolzen Unabhängig-

67 USA 1987, Regie/Produktion: Henry Hampton.

keit, also würde eine Schauspielerin, die die Figur Rosa Parks anhand von Tierübungen erkundet, vielleicht auf diese Verbindung eingehen.

Eine Tierübung beginnt mit Recherche. Was, fragt der Schauspieler, sind die charakteristischen Merkmale im Aussehen meines Tiers, in seinem Verhalten und seinen Bewegungen? Der schwere, wiegende Gang des Elefanten, der wachsame, prüfende Blick der Eule, der Blitzstart des Geparden – all das sind einfache, klare Wahrheiten. Zoos, Tierhandlungen, Tiersendungen auf Discovery Channel und Animal Planet bieten Gelegenheit, Tierverhalten und -bewegungen zu beobachten. Sichte bei der Vorbereitung jegliches Material, das du finden kannst. Je gezielter deine Recherche ist, desto konkreter sind deine Auswahlmöglichkeiten und desto überzeugender wird deine Tier-Verkörperung sein.

Du bist eine Schlange? Dann mußt du aufgrund deiner Recherche entscheiden, was für eine. Klapperschlangen, Kobras und die großen Würgeschlangen haben alle ein charakteristisches Verhalten. Der Schauspieler filtert diese Fakten instinktiv und trifft eine Entscheidung. Ich vermute, für Max Cady in *Cape Fear* wählte Robert De Niro eine Kobra. Die Art, wie De Niro Cadys Oberkörper ausstellt, erinnert an die Haube einer Kobra. Als Cady brutal angreift und Illeana Douglas' Figur Lori ins Gesicht beißt, läßt er sich auf sie fallen, anstatt sie anzuspringen. Anders als Klapperschlangen nutzen Kobras beim plötzlichen Angriff die Schwerkraft und setzen keine Muskelkraft ein.

Um der Figur Rosa die Verhaltensweisen einer Katze zugrunde zu legen, ist der erste Schritt, die charakteristischen Bewegungen einer Katze, ihre Mienenspiel und die Laute und Geräusche, die sie macht, zu studieren. Wenn die Recherche erst einmal beendet ist und diese Details erkannt und geordnet sind, beginnt die körperliche Arbeit.

Spielen

Durch das spielerische Erforschen des Tieres und durch das Ausprobieren der charakteristischen Bewegungen und Verhaltensweisen entdeckt und erforscht der Schauspieler das physische Leben des Tieres. Die mühelose, forschende Bewegung der Schlange, der majestätische Gang des Löwen auf starken Pranken, der wippende Kopf des Pferdes – all das sind selbstverständliche Gewohnheiten der Tiere. Durch das Spiel läßt du dich auf die »tatsächliche« körperliche Eigenheit des Tiers ein – wie das echte Tier sich bewegt und lebt.

Eine Schauspielerin, die Rosa/eine Katze erkundet, müßte sich auf alle viere begeben, auf dem Boden wälzen, schnuppern, sich strecken und alles tun, um das Katzenverhalten, das sie beobachtet hat, nachzuempfinden. Durch das Spiel findet sie die körperliche Empfindung für das Fell und den Schwanz, die Ohren, die Augen, den leichten Schritt, das bewegliche Rückgrat und das perfekte Gleichgewicht in ihrem eigenen Körper und ihren Bewegungen.

Geräusche hinzufügen

Wenn die körperliche Empfindung zunimmt, experimentierst du mit den Geräuschen, die das Tier macht. De Niro baute bei Max Cady ein leichtes Zischen und Zungenbewegungen ein, die an das Zischeln einer Schlange erinnern. Für Rosa Parks müßte die Schauspielerin mit den spezifischen Lauten experimentieren, die Katzen hervorbringen. Es gibt mehr Lautäußerungen einer Hauskatze als nur Miauen, Maunzen oder Fauchen. Katzen haben ein großes Vokabular an zirpenden und schnurrenden Tönen, die sie benutzen, um Aufmerksamkeit zu bekommen oder ihre Stimmungen und Bedürfnisse mitzuteilen. Die Schauspielerin, die Rosa Parks erforscht, müßte diese Dinge für sich herausfinden, während sie eine Katze spielt.

Konkretes tierisches Verhalten zeigen

Sobald Geräusche und Bewegungen sich organisch verbinden, probiert die Schauspielerin die konkreten Verhaltensweisen des Tieres aus. Die Katze streckt sich, putzt sich, spielt, schläft und frißt mittels des Körpers der Schauspielerin. Wenn sie provoziert werden, gehen Katzen in die »Breitseitstellung«, um größer zu wirken. Sie markieren ihr Revier u. a.

mit Drüsen an Kinn und Wange und an den Pfoten. Eine Schauspielerin, die eine Katze erforscht, müßte all diese Dinge ausprobieren.

Das Tier auf zwei Beine stellen

Der lateinische Name für einen unserer frühmenschlichen Vorfahren ist *Homo erectus*, »aufrechter Mensch«. Wir sind die einzigen Lebewesen auf Erden, die die ganze Zeit aufrecht auf zwei Beinen stehen. Um das Tier zu vermenschlichen, nachdem das konkrete Verhalten des Tiers erforscht ist, muß der Schauspieler das Tier aufrichten.

Dafür arbeitet der Schauspieler mit seiner Wirbelsäule. Schwanz, Flügel, ein langer Hals – diese rein tierischen Merkmale sitzen an der Wirbelsäule des Tieres. Bei den Tierübungen benutzt du deine Wirbelsäule, um ein Gefühl für diese Besonderheiten zu bekommen. Die Gesamtlänge eines ausgewachsenen Löwen kann zweieinhalb Meter betragen. Seine ungeheure Kraft und seine Anmut resultieren aus dieser Größe. Um einen Löwen in eine Figur zu integrieren, muß man seine Phantasie benutzen und das Gefühl für den Schwanz und die eindrucksvolle Größe in eine aufrechte, stehende Haltung übertragen.

Katzen sind sehr beweglich und verfügen über einen außerordentlichen Gleichgewichtssinn. Die Schauspielerin, die für die Figur Rosa Parks eine Katze vermenschlicht, würde diese ausgeglichene Leichtigkeit und Anmut in ihrer eigenen Wirbelsäule suchen. Eine der stärksten Empfindungen, nämlich die für den Schwanz, kann der Schauspielerin bei einer Tierübung von Nutzen sein. Mit Hilfe ihrer Phantasie sucht die Schauspielerin nach einer Empfindung für den Schwanz und integriert sie in ihre Körperhaltung. Die Schauspielerin sollte diese Empfindung beibehalten, wenn sie das Tier vermenschlicht. Katzen drücken Stimmungen durch ihre Schwanzhaltung aus. Rosa Parks könnte deshalb, abhängig von ihrem Gefühlszustand, subtile Veränderungen in Haltung und Gleichgewicht zeigen.

In *Cape Fear* arbeitete Robert De Niro die drohende, angriffsbereite Haltung der Kobra in Max Cadys Gang ein. De Niro hielt auch seine Arme dicht am Körper und seine Beine eng zusammen. Cady stand meistens ungewöhnlich nah bei den Figuren, die er bedrohte. Einem Schlangenangriff gleich, geht er am Anfang des Films nach seiner Entlassung aus dem Gefängnis ganz unvermittelt auf die Kamera zu.

Katzen sind *Zehengänger*, sie laufen hauptsächlich auf den Zehen. Also hätte die mit einer Katze unterlegte Rosa Parks einen leichten, ruhigen Gang. Nachdem sie das Leben von Rosa Parks gründlich recherchiert hätte, müßte die Schauspielerin, die sie spielt, Rosas chronische Schleimbeutelentzündung in ihre Katzenerkundung einbauen. Für ein kleines Säugetier wie eine Katze bedeutet Krankheit Schwäche, und Schwäche ist potentiell tödlich. Das Experimentieren mit der Angst und der wilden, defensiven Wut einer verletzten Katze liefert Anregungen für Rosas *Tragic Flaw.*

Die Vorderbeine und Pfoten einer Katze sind überraschend geschickt. Sie können mit den Pfoten schlagen, klopfen und greifen. Katzen können auch Gegenstände damit manipulieren. Rosa Parks war ausgebildete Näherin, die ständig mit den Händen arbeitete. Rosas Körperlichkeit ist in den krummen Handgelenken vermenschlichter Katzenpfoten begründet.

Wenn sie jetzt wie ein Mensch steht und sich bewegt, sollte die Schauspielerin das Tier als nächstes in ihre Mimik aufnehmen. In Max Cady Gesicht zeigt sich ein sehr ausgeprägtes Schlangenverhalten. Unter den nach hinten gekämmten Haaren sind Cadys Augen wie die einer Schlange unbeweglich und starr. Und De Niro bewegt als Cady kaum Unterkiefer und Lippen. Dadurch bekommt Cady das ausdruckslose, lippenlose Aussehen eines Reptils. Wenn er lacht, öffnet Cady weit den Mund und hält ihn wie eine fressende Schlange in starrer Position offen.

Der Mund und das Gesicht einer Katze sind nicht so ausdrucksstark wie die eines Menschen. Dokumentaraufnahmen von Rosa Parks zeigen, daß sie keine Veranlagung zu besonders starker Mimik besaß. Den unbeweglichen Kiefer der Katze in Rosas nüchternem Gesichtsausdruck zu entdecken, würde die Verbindung zwischen Tier, Schauspielerin und Figur vertiefen. Durch deine Recherche weißt du, daß Katzen, wie Schlangen und einige andere Tiere, ein Jacobson-Organ haben, dessen Sinneszellen in der Mundhöhle am Gaumendach liegen und das den Geruchssinn der Katze verbessert. Wenn du Rosa Parks spielst, könntest du Empfindungen erkunden, die mit der Kombination von einem ruhigen

Äußeren und einem überaus empfindsamen und wachsamen Inneren einhergehen.

Viele von Rosa Parks' Zeitgenossen berichteten, daß sie sehr leise sprach. In *Eyes on the Prize* und in alten Nachrichteninterviews hat Rosa einen weichen, leichten Alabama-Akzent. Sie hatte die Tendenz, sozusagen schnurrend durch die Vokale zu gleiten, und ging am Satzende mit der Stimme hoch, als würde sie Fragen stellen. Sie sprach zudem mit einem leichten Zischen, das deutlich wurde, wenn sie das »s« aussprach. Die Schauspielerin, die sie spielt, würde daran arbeiten, das Empfinden und den Klang der leisen, zirpenden und schnurrenden Laute einer Katze und die Art, wie die Katzenzunge diese Laute bildet, in Rosas einzigartige Sprechweise einzubauen.

Zuletzt integriert die Schauspielerin das Katzenverhalten in Rosas Verhalten. Als Rosa setzt die Schauspielerin sich mit gefalteten Händen hin, ebenso behutsam, wie eine Katze sich mit gekreuzten Vorderpfoten ausruht. Sie behält die neugierige, aufmerksame Augenbewegung und den meistens neutralen Ausdruck der Katze bei. Sie läuft leise auf den Fußballen und spiegelt dabei die flinke Leichtigkeit der Katze wider. Die grazilen, aber geschickten Finger der Näherin, ein wenig verlangsamt durch den Entzündungsschmerz, erinnern an die Pfoten der Katze. Sie ißt und trinkt mit kleinen Bissen und Schlucken, so reinlich, wie es eine Katze tut.

Durch diesen Prozeß entsteht eine Figur, die auf mehreren Wahrheiten beruht. Die erste ist die Wahrheit von Rosa Parks' Leben: ihr *Need*, ihre *Public Persona* und ihr *Tragic Flaw* sowie die tatsächlichen Umstände und Ereignisse, die sie geprägt haben. Die zweite ist die Wahrheit des eigenen Lebens der Schauspielerin: was du aus deiner eigenen Erfahrung und deinem Gefühlsleben auf die Figur Rosa überträgst. Die dritte ist die Wahrheit der Phantasie: was eine lebendige Phantasie aus der sorgfältigen Analyse und der gründlichen Erforschung durch die Anwendung von Tierübungen in die Figur einfließen läßt.

KAPITEL 19

Der Ort der Niederlage

> *Nur wer leidet, Verluste erlebt, Unglück erfährt und von Niederlage zu Niederlage stolpert, kennt das Leben wirklich.*
> Anaïs Nin

»Betrug, Betrug«

Bühne und Filmset erfordern, daß der Schauspieler ein unerschütterliches Glaubenssystem aufrechterhält. Der Zuschauer weiß sofort, ob der Schauspieler ein Gefühl für die Umgebung hat, in der sich seine Figur bewegt. Wenn ein Schauspieler nicht an das glaubt, was seiner Figur widerfährt, warum sollte es ein Publikum glauben? Wenn das Publikum den Eindruck hat, daß die Figur in der Geschichte, die sie sehen, sich nicht tatsächlich dort aufhält, wo sie der Geschichte zufolge sein sollte, ist die Vorstellung gelaufen.

Menschen suchen bei anderen immer nach Zeichen von Unaufrichtigkeit. Ein Schauspieler, der kein eindeutiges und absolutes Gefühl für den Ort herstellt, an dem sich seine Figur befindet, zeigt alle Merkmale eines Lügners. Diese Schauspieler treten unruhig von einem Fuß auf den anderen, bewegen sich ganz steif und zeigen auf andere Weise, daß sie nicht dort hingehören, wo sie sind. All das sind klare Anhaltspunkte dafür, daß der Schauspieler lediglich weiß, wo der Schauspieler ist, und nicht, wo seine Figur dem Text nach ist. Es ist die unfreiwillige Körpersprache eines Schauspielers, die nicht zum Verhalten einer Figur gehört.

Ein Vorsprechen stellt eine besondere Herausforderung für das Ortsempfinden des Schauspielers dar. Der Schauspieler kommt in einen sterilen Raum, setzt sich und versucht mit einer Casting-Assistentin zu arbeiten, die monoton Drehbuchseiten herunterliest. Es gibt nichts im Raum, was der Schauspieler benutzen kann, um sich vor der Kamera und auf Anhieb auf einen Ort *einzulassen*. Der Schauspieler muß den *Ort* mitbringen.

Casting-Agenten und Regisseure wollen genausowenig wie das Publikum einen Schauspieler vorspielen sehen. Sie wollen das Leben, nicht die Arbeit sehen. Es liegt ganz an dir, eine Figur mit deinem Körper und nicht mit deinem Kopf zu vermitteln. Der Schlüssel dazu ist Empfindung. Wenn du eine Empfindung für den Ort zu einem Vorsprechen mitbringst, kannst du jeden sterilen, engen Raum mit dem Leben und Atmen deiner Figur füllen.

Waterloo

Wir alle kennen bestimmte Orte aus der Vergangenheit, die für uns Jahr für Jahr eine persönliche Bedeutung behalten. Es sind Orte, die noch Jahrzehnte später eine Empfindung auslösen – Geruch, Aussehen, Licht und Klang dieses Schauplatzes. Orte, an denen wir Momente der Enttäuschung, Niederlage, Tragik und des Unglücks erlebt haben, sind in der Erinnerung mit der stärksten Emotion verbunden und haben sich fest in unser taktiles Gedächtnis eingegraben. Ein *Ort der Niederlage* – der Baseballplatz, auf dem ein Spiel verloren wurde, die Treppe zum Hauseingang, das Auto, das Restaurant oder das Sofa, wo eine Beziehung beendet wurde, das Krankenhausbett, in dem ein Leben zu Ende ging, das Büro des Rektors oder des Chefs – alle diese Orte lösen wegen des emotionalen Ballasts, den wir von dort mitnehmen, eine eindeutige Empfindung für den Ort aus.

Um die Gemeinsamkeiten zwischen dem Schauspieler und der Figur zu finden, benutze ich die »Ort der Niederlage«-Übung. Bei dieser Übung improvisierst du ein Szenario, das die Empfindung für einen Ort, an dem die Figur eine Enttäuschung, Erniedrigung oder einen Verlust erlebt hat, mit einem Ort der Niederlage aus deiner eigenen Vergangenheit in Verbindung bringt.

Für Rosa Parks kann dich deine Recherche in alle möglichen Richtungen führen. Daß Rosas Vater sie praktisch im Stich gelassen hat, die Alkoholsucht ihres Mannes und ihre Kinderlosigkeit verweisen auf Schauplätze, an denen Rosa am eigenen Leib tiefe Niederlagen erfahren hat. Der Vorfall, den ich als Rosas Ort der Niederlage vorschlagen würde, ereignete sich im Jahr 1955, zwölf Jahre vor Parks' berühmter Weigerung, ihren Sitzplatz aufzugeben, und der anschließenden Festnahme in einem anderen Bus in Montgomery, Alabama.

Seit 1896, als das Oberste Bundesgericht der USA ein Gesetz in Louisiana bestätigte, das getrennte Eisenbahnabteile für Weiße forderte, waren öffentliche Verkehrsmittel und andere öffentliche Einrichtungen in Alabama nach Rassen getrennt. Als Rosa Parks an einem Nachmittag im November 1943 in einen Stadtbus in Montgomery stieg, waren die Jim-Crow-Gesetze in vollem Umfang wirksam.

Die zehn Sitzplätze im vorderen Teil von jedem Stadtbus in Montgomery waren nur Weißen vorbehalten. Die zehn weit hinten waren für die »Neger« vorgesehen, solange keine weiße Person dort sitzen wollte. Zwischen diesen beiden klar definierten Bereichen gab es sechzehn Sitze, über die der Busfahrer nach Belieben bestimmen konnte. Die Stadtbus-Fahrer von Montgomery waren alles weiße Männer, die bewaffnet waren und nach den Regeln der Busgesellschaft und dem Gesetz in Montgomery »Polizeibefugnisse« hatten.

Einige Fahrer zwangen schwarze Fahrgäste, vorne im Bus zu zahlen, dann auszusteigen und hinten wieder einzusteigen. Natürlich nur, wenn der Fahrer nicht vorher losfuhr, was sie häufig taten. An diesem Novembertag im Jahr 1943 war der Bus, in den Rosa stieg, überfüllt mit schwarzen Fahrgästen. Sie stieg vorne ein, bezahlte ihre Fahrkarte und ging durch die kleine Gruppe von weißen Passagieren im vorderen Teil nach hinten.

Der Fahrer, ein besonders herrischer und einschüchternder Mann namens James Blake, stand auf und bestand darauf, daß Rosa aussteigen und im überfüllten hinteren Teil des Busses wieder einsteigen sollte. Sie weigerte sich und setzte sich statt dessen auf einen der leeren Plätze im mittleren Abschnitt. Obwohl Rosa protestierte, packte Blake sie am Mantelärmel und zerrte sie aus dem Bus. Es war eine Demütigung, die Narben hinterließ. In den nächsten zwölf Jahren prüfte sie jeden herannahenden Bus auf der Cleveland-Avenue genau, um nicht in einen Bus mit demselben Fahrer zu steigen.

Um diesen Ort der Niederlage herzustellen und zu erkunden, mußt du alles über Rosas Leben zu jener Zeit herausfinden. Darüber hinaus solltest du dir möglichst viel über die Geschichte des amerikanischen Rassismus in dieser Zeit aneignen, von der Verfolgung der Scottsboro Boys in den dreißiger Jahren bis zu Franklin Roosevelts Aufhebung der Rassentrennung in amerikanischen Militärbasen in den vierziger Jahren.

Für die »Ort der Niederlage«-Übung muß die Schauspielerin außerdem einen persönlichen parallelen Vorfall wählen, so daß sie die Figurenrealität in einer persönlichen Wahrheit verankern kann. Ich zum Beispiel habe keine Diskriminierung von der gehässigen Intensität erlebt wie in Rosa Parks' Alabama, doch als Afroamerikanerin bin ich in meinem Leben mit Fanatismus in Berührung gekommen. Meine Vorfahren wurden aus ihrer Heimat verschleppt, gekauft und verkauft wie Maultiere, ausgepeitscht, vergewaltigt und gelyncht. Sich dieser Wahrheit zu stellen, würde mir und jeder Schauspielerin, die als Rosa Parks die »Ort der Niederlage«-Übung macht, dabei helfen, eine überzeugende Parallelwahrheit zu finden.

In den frühen Siebzigern bot mir Harold Clurman die Zweitbesetzung für die Rolle der Eve an, die Hauptrolle in einem neuen Stück namens *Die Erschaffung der Welt und andere Geschäfte*. Das Stück war von Arthur Miller, dem Autor von *Tod eines Handlungsreisenden* und *Hexenjagd* und wurde von Robert Whitehead produziert, damals einer der größten Hollywoodproduzenten. Zu dem Zeitpunkt, als das Stück außerhalb New Yorks aufgeführt wurde, war die andere Schauspielerin ausgestiegen, und ich hatte die Hauptrolle. Die Kritiken in Boston waren phantastisch, und als wir es im Kennedy Center in Washington D.C. aufführten, waren sie ebenso euphorisch. Wir sollten am Broadway spielen, sobald die Aufführungen in Washington vorbei waren. Es war der größte Durchbruch in meiner Karriere.

Während der Probenzeit und während des ersten erfolgreichen Testlaufs in Boston war Robert Whiteheads Frau, die Schauspielerin Zoë Caldwell, Stammgast hinter der Bühne. Zoë war eine erfahrene Schauspielerin und hatte jahrelang am Broadway gespielt. Ich hatte noch nie eine Hauptrolle wie diese gehabt, und Zoë war sehr nett zu mir. Sie gab mir kleine Geschenke und Ratschläge und freute sich über die guten Kritiken in Boston und bei den Probeaufführungen in Washington.

Nach einigen Aufführungen am Kennedy Center kamen Robert Whitehead und Arthur Miller zu mir in die Garderobe. »Susan«, sagte Whitehead, »Zoë würde gerne die Rolle der Eve spielen. Wir haben entschieden, daß sie die Hauptrolle spielt und du ihre Zweitbesetzung bist. Ist das nicht großartig?«

Ich war fassungslos. Ich hatte der Rolle, die Miller geschrieben hatte, Leben eingehaucht. Sicher, ich hatte als Zweitbesetzung angefangen, aber niemand außerhalb der Produktion wußte das, und die Kritiken waren großartig. Und jetzt sollte ich durch die Frau des Produzenten ersetzt werden? Empörung und Wut, Demütigung, Enttäuschung und Hilflosigkeit – ich assoziiere diese Dinge mit dieser winzigen Garderobe und dem Flur, der hinter der Bühne im Kennedy Center dorthin führt. Diese Empfindungen sind heute genauso stark wie damals. Das ist mein Ort der Niederlage.

Man kann auch Tierübungen bei der »Ort der Niederlage«-Übung anwenden. Tiere müssen von Natur aus auf jedes Detail und jede Veränderung in ihrer Umgebung eingestellt sein, um zu überleben. Wenn du die natürliche erhöhte körperliche Sensibilität des Tieres vermenschlicht hast, solltest du in der Lage sein, die Empfindung vom Ort der Niederlage deiner Figur mit der Empfindsamkeit eines Tiers zu sehen, zu fühlen, zu riechen und zu hören. Die Anwendung von Tierübungen hilft einem dabei, eine neutrale Umgebung in einen konkreten und realen Ort zu verwandeln.

»Ort der Niederlage«-Übung:

1. Der Ort der Niederlage der Figur
   bspw. Rosa Parks – Ein Bus in Montgomery, Alabama im Jahr 1943
2. Der Ort der Niederlage der Schauspielerin
   bspw. hinter der Bühne im Kennedy Center
3. Das auf die Figur übertragene Tier
   bspw. Rosa Parks – eine Hauskatze

Wie der *private Moment der Figur* ist diese Übung eine Erkundung und KEINE Aufführung. Die Grundidee der Übung ist es, ein Gefühl für einen Ort zu bekommen, und nicht, eine Geschichte zu erzählen. Die Bühne ist bis auf absolut notwendige Möbel oder Requisiten leer. Rosa Parks bräuchte nur einen Stuhl, der ihren Sitz im Bus darstellt.

Die Schauspielerin muß für James Blake, den Busfahrer, eine *Personalization* vornehmen. Ich zum Beispiel würde lieber Arthur Miller statt Robert Whitehead als James Blake nehmen. Whitehead war kultiviert und ruhig. Jane Alexander nannte ihn einmal »einen der attraktivsten Männer, den ich je gesehen habe«. Aber die Recherche zeigt, daß James Blake ein großer, ungehobelter und einschüchternder Mann war. Arthur Miller entsprach dem mehr. Millers herausragendstes körperliches Merkmal war seine Größe. Seine stärkste menschliche Eigenschaft war seine Intelligenz, die etwas von Bauernschläue hatte. Etwas, was er sagte und was ich nie vergessen werde, war: »Ich wußte gar nicht, daß du neurotisch bist«, als ich gegen die Degradierung zu protestieren wagte, die er und Whitehead mir anboten. Unter den Details dieser *Personalization* findet sich sicher ein starker Auslöser für eine Empfindung.

Die Schauspielerin würde für Rosa Parks' Ort der Niederlage noch andere persönliche Details von ihrem eigenen Ort der Niederlage sammeln. Zum Beispiel hatte der Bereich hinter der Bühne im Kennedy Center graue Wände und Teppiche. Es war sehr ruhig. Die Garderobe wurde nur von einem Schminkspiegel beleuchtet, die Wände waren kahl, bis auf eine Gauguin-Postkarte, die meine Assistentin an die Wand gehängt hatte. Miller und Whitehead näherten sich mir aus verschiedenen Richtungen, wie Hyänen pirschten sie sich heran und führten mich zu meiner Garderobe, bevor sie mir die Situation erklärten. Obwohl Miller und Whitehead vor und hinter mir in der Garderobe standen, konnte ich beide wegen des großen Schminkspiegels sehen, der an der Wand des winzigen Raums hing.

Als James Blake Rosa Parks aus seinem Bus zerrte, ließ Rosa absichtlich ihre Handtasche fallen und setzte sich auf einen Sitzplatz nur für Weiße im vorderen Teil des Busses, um sie aufzuheben. Blake, ein großer, schwerer Mann, stand vor der winzigen Rosa Parks und brüllte: »Raus aus meinem Bus.« Rosa bewahrte Ruhe und warnte ihn davor, sie zu schlagen. Inzwischen riefen sogar einige der schwarzen Fahrgäste ihr zu, sie solle nach hinten gehen, damit sie weiterfahren könnten. Rosa war gedemütigt und aufgebracht wegen Blakes grober Behandlung und enttäuscht, daß niemand ihr Hilfe oder Unterstützung anbot.

Ich würde Rosa Parks' Ort der Niederlage auf diesen Moment konzentrieren. Eine Schauspielerin, die diesen Ort der Niederlage improvisiert, würde jede mögliche Empfindung von ihrem eigenen Ort der Niederlage nutzen und sie mittels ihrer Phantasie freisetzen. Das Schöne an der Übung ist, daß die Schauspielerin, die als Rosa Parks an diesem Novembertag im Jahr 1943 im Bus sitzt, die ganze Demütigung zurückgeben und alles sagen kann, was sie an ihrem eigenen Ort der Niederlage nicht gesagt hat oder sagen konnte.

Ich würde mit Hilfe des Fußbodens im Bus und des grauen Teppichs im Kennedy Center, an den ich mich so lebhaft erinnere, nach einer Empfindung suchen. Ich würde die Erinnerung an das helle Licht des Schminkspiegel wachrufen. James Blake, der vor mir steht, würde dieselbe Empfindung in mir auslösen wie der imposante, höhnische Arthur Miller. Die ungeduldigen Fahrgäste wären lauter Robert Whiteheads in einem vollen Bus.

> ROSA *[sitzt auf einem Stuhl, schreit]*: Nein! Nein! Das können Sie nicht mit mir machen! Ich bin ein Mensch! Sie haben kein Recht, mit meinem Leben und mit mir so umzuspringen! Warum tun Sie das? Warum laßt ihr das zu? Habt ihr keinen Sinn für Gott? Für das Leben? Audemus jura nostra defendere!

Die Schauspielerin bringt den »Ort der Niederlage«-Moment auf den Punkt. Ihre *Personalizations* waren anschaulich. Bei ihrem kurzen Ausbruch wurde der Ort – der überfüllte Bus – für einen Augenblick lebendig, als würde er plötzlich in der Dunkelheit beleuchtet. Ihre Idee, das Motto des US-Bundesstaates Alabama zu benutzen – »Wir wagen es, unsere Rechte zu verteidigen« –, war besonders genial. In ihrer Wut erinnerte sie stark an eine in die Enge getriebene Katze. Sie wich körperlich vor den ausgestreckten, aggressiven Händen zurück. Wenn sie derartige Details und solche Lebendigkeit mit in ein Vorsprechen bringen kann, wird sie einen bleibenden Eindruck hinterlassen.

KAPITEL 20

Das Interview mit der Figur

Ich lebe für den Augenblick. Selbst wenn ich ein Interview gebe oder mich unterhalte, denke ich nur daran.
Omar Sharif

Der heiße Stuhl

Wie jeder andere Handwerker weicht der Schauspieler während der Arbeit ständig einer Flut von Entscheidungen, Wahlmöglichkeiten und Fragen aus und wehrt sie ab. Jede echte kreative Zusammenarbeit stellt das Engagement, die Vorbereitung und die Fähigkeiten eines Künstlers auf die Probe. Intuition und Phantasie helfen uns über viele Fallgruben unseres kreativen Lebens hinweg, aber manchmal müssen wir uns einfach Inquisitoren und ihren Fragen stellen.

Schauspielen kann ein tägliches Verhör sein. Die Erschaffung einer Figur konfrontiert dich mit einer verwirrenden Vielzahl von Fragen. Der feste Boden aus Tatsachen und Biographie, in dem du eine Figur verwurzelst, kann zu Sand werden, wenn du nicht richtig vorbereitet bist. Wenn du die Biographie nicht vollständig durchgearbeitet hast, wird die Figur eine Totgeburt sein. Wenn du der Figur nicht mit deiner eigenen Wahrheit Leben einhauchst, wird dein Spiel nicht lebendig sein und über die bloßen Fakten hinausgehen.

Wenn du wirklich »in der Figur« bist, läßt du dich durch nichts erschüttern: Ein herunterfallender Scheinwerfer, eine vergessene Textzeile, eine spontane Improvisation – nichts, was dir oder um dich herum passiert, kann dich von deiner Figur trennen, wenn du vorbereitet bist. Um die Stärke dieser Verbindung zwischen Schauspieler und Figur im Kurs auf die Probe zu stellen, führe ich ein Interview mit der Figur. Bis zum Zeitpunkt des Interviews hat der Schauspieler schon mehrere Übungen absolviert, die ihm beim Aufbau seiner Figur geholfen haben. Mit dem

Interview läßt sich erfolgreich die Wirksamkeit von Tierübungen, *privaten Momenten der Figur*, dem Telefongespräch der Figur und dem Ort der Niederlage überprüfen. Das Interview mit der Figur stellt dein Wissen über deine Figur auf die Probe und zeigt, wie sehr du dich auf deine Rolle eingelassen hast.

Die Übung selbst ist im Grunde eine Gruppenimprovisation. Der Schauspieler setzt sich auf einen Stuhl und wird von den anderen Schauspielern befragt. Figureninterviews können die Form von Gerichtsverhandlungen, Verhören, Kriegsgerichten, Frage-und-Antwort-Spielen, Pressekonferenzen oder Debatten haben. Die Fragen müssen hohe Anforderungen an das Wissen des Schauspielers über seine Figur stellen.

Die Schauspielerin, die Rosa Parks spielt, müßte die ganze Vorbereitung, die sie für den Aufbau der Figur Rosa bis jetzt gemacht hat, noch einmal durchgehen:

1. Die *Public Persona* (»eine Heilige, sich um alle zu kümmern«), das *Need* (»selbst gehegt und gepflegt zu werden«), der *Tragic Flaw* (»Wut«).
2. Das auf Rosa Parks übertragene Tier: eine Hauskatze
3. Die Fakten über jene Zeit: Gospelmusik aus der Zeit; Zeitungsartikel über den Montgomery Boykott; soviel Filmmaterial, wie sie finden kann, und so weiter.

Zusätzlich muß sie für alle wichtigen Personen in Rosas Leben *Personalizations* machen.

Eine unvollständige Liste von *Personalizations* für Rosa Parks:
· Rosas Mutter Leona McCauley
· Rosas Vater James McCauley
· Rosas Mann Raymond Parks
· Ihr Bruder Sylvester McCauley
· Rosas Freund E. D. Nixon
· Ihre Mentorin, Virginia Durr
· Johnnie Mae Carr, Freundin seit der Kindheit
· Rosas Lehrerin Alice L. White

- Der Busfahrer James Blake
- Eine weitere Mentorin, Septima Clark
- Die Polizisten bei ihrer Festnahme: F. B. Day und D. W. Mixon

Dieses Interview mit der Figur wird eine Routinebefragung von Rosa durch die Beamten sein, die sie am 1. Dezember 1955 festnahmen. F. B. Day und D. W. Mixon sowie einige andere weiße Polizisten werden Rosa im Rathaus von Montgomery neugierige Fragen stellen, bevor sie sie in das städtische Gefängnis an der North Ripley Street überführen.

Rosa Parks: Interview mit der Figur

DAY: Der Name ist Rosa P-A-R-K-S?

ROSA: Ja, Sir.

DAY: Gut. Wie lautet Ihr Geburtsdatum?

ROSA: 4. Februar 1913.

DAY: Geburtsort?

ROSA: Tuskegee, Alabama.

DAY: Name des Vaters?

ROSA: Warum …?

Die Schauspielerin zögert, läßt die Empfindungen zu, die sie bei einer Personalization *mit ihrem Vater hatte.*

DAY: Name des Vaters?

ROSA: James McCauley. Ich verstehe nicht...

DAY: Name der Mutter?

ROSA: Ach, meine arme Mutter... Leona Edwards McCauley. Ihr geht es nicht gut. Wann darf ich sie anrufen und ihr sagen, daß bei mir alles in Ordnung ist?

Rosas Public Persona, *die Pflegerin, kommt zum Vorschein.*

DAY: Ich habe gehört, daß einige Ihrer Familienmitglieder als weiß durchgehen.

[Rosa sagt nichts.]

Eine vielsagende Pause. Mehr Empfindungen: die Scham und die Wut vom privaten Moment der Figur.

DAY: Ich habe gehört, Ihr Großvater McCauley war der weißeste Neger aller Zeiten.

ROSA: Wie dem auch sei, er hatte immer eine doppelläufige Flinte dabei. Er war sich sicher, daß er eines Tages die Gelegenheit haben würde, einem von Ihrer Sorte eine Kugel durch den Kopf zu jagen.

Eine interessante Wahl – die Schauspielerin kann Rosas passive Aggressivität und den konfrontativen Sinn für Humor, den sie von ihrem Großvater hat, nachempfinden.

DAY: Verheiratet?

ROSA: Ja, und ich würde gern meinen Mann anrufen.

DAY: Name?

ROSA: Der Name meines Mannes? Raymond Parks. Darf ich ihn anrufen?

DAY: Schulbildung?

ROSA: Highschool. Ich bekam mein Abschlußzeugnis 1933.

DAY: 1933? Sie müssen die älteste Highschool-Absolventin in Montgomery sein.

[Alle lachen.]

ROSA: Mein Mann hat mich dazu ermuntert.

Ein Anflug von Rosas Need *»gehegt und gepflegt zu werden«.*

DAY: Officer Mixon, Sie wollen … ähm … sie etwas fragen?

MIXON: Ja, das will ich. Warum zum Teufel haben Sie sich geweigert, aufzustehen und Ihren Platz diesem Weißen zu geben?

ROSA: Warum schubst ihr uns alle herum?

Gut recherchiert – es ist ein wörtliches Zitat aus Rosas Autobiographie.

MIXON: Gesetz ist Gesetz. Sie wissen, was das Gesetz ist, oder?

ROSA: Für einen Sitzplatz zahlen und nur ein paar Blocks fahren und dann stehen zu müssen war zuviel …

Das Need.

MIXON: Warum sind Sie nicht aufgestanden?

ROSA *[nach einer Pause]*: Kann ich bitte ein Glas …

DAY: Nein!

ROSA: … Wasser …

Das Need.

EIN ANDERER OFFICER: Nein, hier gibt's keinen Trinkwasserbrunnen für Farbige. Haben Sie Kinder?

ROSA *[ihre Augen füllen sich mit Tränen]:* Nein, ich bin kinderlos.

DAY: Ist Ihr Mann ein Säufer?

Rosa schweigt. Die Schauspielerin wechselt von der Traurigkeit ihres unerfüllten Needs *zur schäumenden Wut ihres* Tragic Flaws.

EIN ANDERER OFFICER: Ich hab gehört, Sie treiben's mit diesem Abgeordneten aus New York.

ROSA: Adam Clayton Powell?!

Adam Clayton Powell war ein sehr attraktiver Mann.

OFFICER: Ganz richtig. Ein hellhäutiger Nigger …

[Rosa starrt ihn zornig an.]

Rosa verfällt in das feindselige Schweigen ihres Tragic Flaw.

OFFICER: Gutaussehender Kerl, was?

Rosa kann Powells offensichtliche Anziehungskraft nicht leugnen.

OFFICER: Sie haben nicht gesagt, gegen was für ein Gesetz Sie verstoßen haben, aber Sie können sicher sein, daß der Oberste Gerichtshof es nicht ändert, so wie das Gesetz letztes Jahr.

ROSA: »Brown gegen den Bildungsausschuß«. Ein großer Sieg. Richter Warren hat es deutlich gesagt. Dieses rassistische Plessy-Urteil; getrennte Bildungseinrichtungen sind »von Natur aus ungleich«.

[Rosa lacht in sich hinein.]

Die Schauspielerin zeigt ihre Empfindung durch das Lachen.

OFFICER: Was ist so verdammt komisch daran?

ROSA: Sie würden das nicht verstehen. Muß ich hier den ganzen Abend nur rumsitzen?

OFFICER: Halten Sie den Mund!

ROSA: Meine Füße sind geschwollen, meine Schultern tun weh. Ich habe Bursitis. Bitte tun Sie mit mir, was Sie tun müssen, und lassen Sie mich meinen Mann anrufen.

Das Need.

OFFICER ROTH: Was macht Ihr Mann beruflich?

ROSA: Er arbeitet im Friseurladen in der Maxwell Air Force Base.

ROTH: Kennen Sie den Namen des Busfahrers, dem zu gehorchen Sie sich geweigert haben?

ROSA: Ja. Es war meine zweite Begegnung mit diesem Fahrer.

ROTH: Wie heißt er?

ROSA: James F. Blake. Meine erste Begegnung mit ihm war im Jahr 1943.

Hier hat die Schauspielerin einen Fehler gemacht. Obwohl Rosa den Fahrer von ihrem zwölf Jahre zurückliegenden ersten Zusammenstoß wiedererkannte, erfuhr sie seinen Namen erst einige Tage nach der Festnahme bei ihrem Prozeß.

DAY: Welches Gesetz haben Sie gebrochen?

ROSA: Es ist ein grausames und dummes Jim-Crow-Gesetz ...

DAY: Beantworten Sie die Frage!

ROSA *[unter Tränen]:* Ich habe die Trennungsverordnung der Stadt mißachtet. Es mußte ein Schlußpunkt gesetzt werden, und dies schien mir die Gelegenheit zu sein, daß das Herumgeschubse aufhört und ich herausfinde, welche Menschenrechte ich habe, wenn überhaupt...

Das Need. *Die Schauspielerin hat sich wirklich darauf eingelassen.*

OFFICER: Sie sind nur eine Bürgerin zweiter Klasse. Nur weil Sie ein paar weiße Leute kennen, haben Sie nicht das Recht, was anderes zu glauben.

> ROSA: Das geht schon viel zu lange so. Meine Mutter ist krank und mein Mann ... Bitte belästigen Sie ihn nicht, er hat nichts damit zu tun ... nichts ... er warnt mich ständig, daß ich gelyncht werde ...

> OFFICER BART: Mrs. Parks, sagen Sie mal, schämen Sie sich nicht als farbige Frau, keine Kinder zu haben?

Rosa ringt um Fassung und versucht, sicher in ihrer Public Persona *zu bleiben.*

> ROSA *[nachdem sie tief Luft geholt hat]*: Ich habe viele Neffen und Nichten. Sie sind die Kinder meines Bruders, sie wohnen in Detroit. Aber auch durch meine Kirche und meine Arbeit für die NAACP habe ich viel Kontakt zu Kindern. Ich komme aus einem sehr stolzen Volk. Sie müssen sich schon sehr anstrengen, um meinen Stolz zu brechen ... also können wir das jetzt beenden?

> OFFICER: Ihr Vater, ist er tot oder lebt er noch?

> ROSA: Mein Vater ... lebt noch ...

Rosa kommen die Tränen, ganz gleich wie sehr sie sich bemüht, sie zurückzuhalten.

Ich beende das Interview. Die Schauspielerin, die Rosa spielt, hat gute Arbeit geleistet. Sie hat gezeigt, wie viel von Rosas Biographie sie verinnerlicht hat. Obwohl sie bei ein paar einzelnen Fakten Fehler gemacht hat, hat ihre starke Empfindung von Rosas *Need* und ihrer *Public Persona* das ausgeglichen. Ich hätte mir nur gewünscht, sie hätte Rosas *Tragic Flaw* aktiver ausgelebt. Die Schauspielerin drückt Empfindungen des *Tragic Flaw*, Rosas Wut, nur durch Schweigen und Pausen aus. Sie muß noch eine Stimme für den *Tragic Flaw* ihrer Figur finden.

Eastwood De Wayne, der selbstbewußte, attraktive Charmeur, der in meinem Kreis nicht locker werden konnte, hat sich mit großen Schritten von dem steifbeinigen Hengst, der er am ersten Kurstag war, entfernt. Für das Interview mit seiner Figur zieht Eastwood weiße Hosen und ein buntes Hawaiihemd an. Er setzt sich ans Klavier und spielt virtuos ein kurzes Chopin-Stück, das dann in »I go to Rio« übergeht. Er ist buchstäblich Peter Allen, »The Boy from Oz«, geworden. In den folgenden fünfzehn Minuten beantwortet Eastwood mit einem spielerischen und perfekt klingenden australischen Akzent Fragen zu Allens Jugendzeit, zu seiner Ehe mit Liza Minnelli und seiner Karriere.

Es zeigt sich, daß Eastwood mehr als Verletzlichkeit unter seiner Public Persona *versteckte. Eastwood ist selbst ein großes musikalisches Talent. Er begleitet Peter Allens fröhliche Antworten mit brillanten und temperamentvollen Tonfolgen auf dem Klavier. Es stellt sich heraus, daß Musiktheater Eastwoods erste Liebe war. Er hat seine musikalische Fähigkeit seit der Grundschule geheimgehalten, weil sie ihm unmännlich erschien. Wie traurig ist diese Welt, in der ein begabtes Kind seine gottgegebenen Talente leugnet, weil es sich davor fürchtet, so beurteilt zu werden?*

Teil IV

Der Text

KAPITEL 21

Die »klassischen Punkte«

Jeder Augenblick ist ein goldener Moment für den, der das Sehvermögen hat, ihn als solchen zu erkennen.
Henry Miller[68]

Zeit für eine Geschichte

Menschen werden von den gleichen Fakten, Entscheidungen und Empfindungen angetrieben, gepeinigt und erlöst, die fiktionale Figuren antreiben. Die gleichen grundlegenden Wahrheiten menschlicher Erfahrung haben jede Geschichte in jeder Epoche geformt und geprägt. Die Liebe, der Schmerz, die Freude und die Angst, die wir selbst empfinden und bei anderen erkennen, sind das, was uns zum Drama hinzieht. »Die Zuschauer kommen nicht, um dich zu sehen«, hat Julianne Moore einmal gesagt, »sie kommen, um sich selbst zu sehen.« Das hat sich seit dem Beginn der Menschheit nicht geändert und wird sich auch nie ändern. Elementare, universelle Menschlichkeit ist das, was einer Geschichte Bedeutung und Beständigkeit verleiht, unabhängig von der Sprache oder der Gesellschaft, in der die Geschichte spielt.

Die Kunst des Schauspielens besteht darin, durch eine Geschichte menschliches Verhalten zu erschaffen und zu interpretieren. Um das erfolgreich zu tun, muß der Schauspieler die genauen Dimensionen einer Geschichte kennen. Ein Schauspieler, der die Struktur und Form der Geschichte, in der seine Figur vorkommt, nicht versteht, kann nicht erfolgreich durch diese Figur kommunizieren. Sie wird zur Staffage, zu einem menschlichen Requisit. Sie ist so nutzlos wie ein Porträtmaler, der nichts von Perspektive und Farbe versteht.

»Jede Geschichte«, scherzte Jean-Luc Godard einmal, »hat einen An-

68 In: *Berühmte Zitate*, Langenscheidt, Berlin/München 2011. (Anm. d. Red.)

fang, eine Mitte und ein Ende, aber nicht unbedingt in dieser Reihenfolge.« Bei der Filmproduktion ist das kein Scherz. Aus den praktischen Gegebenheiten einer Filmproduktion ergibt sich für den Schauspieler, daß Anfang, Mitte und Ende beim Drehen nicht unbedingt aufeinanderfolgen. Drehorte, Verfügbarkeit der Schauspieler und andere Produktionsbedingungen zerschlagen förmlich den chronologischen Fortgang der Geschichte. Diese Chronologie wird im Schneideraum wieder hergestellt und erhält einen Feinschliff, während der Schauspieler längst bei seinem nächsten Job ist. Zum Wohle der Produktion muß der Schauspieler möglicherweise an einem Tag die Sterbeszene und am nächsten die Hochzeitsnacht seiner Figur drehen.

Wenn du den Handlungsbogen des Drehbuchs nicht fest im Griff hast, verlierst du im unvermeidlichen Chaos der Dreharbeiten den wahren Kern der Geschichte. Du mußt das Drehbuch so gut kennen, daß die Glaubwürdigkeit deiner Figur den Produktionsprozeß unbeschadet übersteht.

Von den Umständen bis zur Auflösung

Jede Geschichte, egal aus welchem Genre oder in welchem Stil, fängt mit diesen fünf Punkten an:

Umstände (Gegebenheiten)
Konflikt
Krise
Höhepunkt
Auflösung

Egal ob in einer traditionellen Erzählung wie *Vom Winde verweht* oder *Tod eines Handlungsreisenden*, einem großangelegten Film mit mehreren Handlungssträngen wie *Magnolia, Crash (L. A. Crash)*[69] oder *Nashville,*[70]

69 USA 2004, Regie: Paul Haggis.
70 USA 1975, Regie: Robert Altman.

einer scheinbar handlungsfreien Pseudodokumentation wie *Keane*[71] oder einem Musical wie *Dreamgirls*[72] – es gibt diese fünf Punkte. Sie sind klare Markierungen im dramatischen Leben der Figur und der Entwicklung der Geschichte. Ein Schauspieler, der glaubwürdig arbeiten möchte, muß diese Markierungen nutzen, um die Figur an jedem beliebigen Punkt in der Geschichte richtig zu plazieren.

Die Umstände

Umstände (oder Gegebenheiten) sind Tatsachen. Was sind die Tatsachen in der Welt der Geschichte?

> Es ist der Beginn des zweiten Weltkriegs.
> Marokko ist zu einer Anlaufstelle für Nazi-Verfolgte geworden.
> Ein Amerikaner betreibt dort einen Nachtclub.
> Der Amerikaner übernimmt gestohlene Dokumente zur sicheren Aufbewahrung.
> Die verlorene große Liebe seines Lebens kommt in Marokko an.
> Ihr neuer Mann ist ein von der Gestapo gesuchter Freiheitskämpfer.
> Sie muß die Dokumente haben, um mit ihrem Mann den Nazis zu entkommen.
> Der Amerikaner und seine verlorene Liebe sind immer noch sehr ineinander verliebt.
>
> *Casablanca*[73]

> Ein Zuhälter aus Memphis wird bald Vater und will mehr aus seinem Leben machen als bisher.

---

71 USA, 2004, Regie: Lodge H. Kerrigan.

72 Broadway-Musical von Henry Krieger und Tom Eyen, 1981. (Anm. d. Red.)

73 USA 1942, Regie: Michael Curtiz.

Er ruft ein paar Mitstreiter zusammen, um eine Hip-Hop-Platte zu machen.
Er muß seine Cleverness nutzen, damit seine Platte aufgenommen und gehört wird.

Hustle & Flow

Nachdem er von einem geistig verwirrten, ehemaligen Patienten besucht wurde, versucht ein Kinderpsychiater aus Philadelphia zu verstehen, wie ihn diese Erfahrung verändert hat.
Er fängt an, mit einem verhaltensgestörten kleinen Jungen zu arbeiten, der glaubt, daß er die Geister der Toten unter uns sehen kann.
Der Junge besitzt diese Gabe tatsächlich.
Der Psychiater findet heraus, daß er selbst tot ist – ein Opfer der verhängnisvollen Begegnung mit seinem ehemaligen Patienten.

The Sixth Sense[74]

Diese Umstände der Geschichten sind keine Ansichts- oder Glaubenssache. Es sind einfache, vorgegebene Tatsachen. Egal wie aufregend oder emotional eine Geschichte wird, eine Tatsache bleibt eine Tatsache. Diese Tatsachen – die Umstände der Geschichte – sind der Rettungsanker des Schauspielers.

Der Konflikt

Ein Konflikt ist die Kraft, die eine Geschichte vorantreibt. Ohne Konflikt gibt es nichts zu tun, keine Fragen zu stellen, kein Risiko, kein Wachstum und keine Veränderung. Der Schauspieler muß den Konflikt aufspüren wie ein Bluthund. Du mußt ihn annehmen und für dich so wahr werden lassen, wie er es für deine Figur ist. Konflikt

74 USA 1999, Regie: M. Night Shyamalan.

ist das Lebenselixier des Dramas – die »Musik der Story«, wie Robert McKee sagt.

Zwei Kräfte sind notwendig, um einen Konflikt entstehen zu lassen. Auf der einen Seite ist die protagonistische Kraft. Der Protagonist treibt die Handlung voran. Ohne Widerstand gibt es keinen Konflikt. Der Antagonist ist dieser Widerstand. Eine gegnerische Figur oder Kraft hält die Vorwärtsbewegung des Protagonisten auf.

Die unterschiedlichen Erzählstile und Intentionen der Autoren machen es dem heutigen Schauspieler manchmal schwer, den konkreten Konflikt zwischen Protagonist und Antagonist zu erkennen. In jeder Szene kann der Protagonist eine Figur oder ein Element sein, die oder das die Handlung vorantreibt. Der Antagonist kann jede Figur oder jedes Element des Konflikts sein, die oder das diese Vorwärtsbewegung blokkiert. Wo immer es einen Konflikt gibt, gibt es eine protagonistische Kraft, die vorwärtszukommen versucht, und eine antagonistische Kraft, die das Vorwärtskommen zu verhindern versucht.

Der Schauspieler muß wissen, wo seine Figur im Verhältnis zum Konflikt Protagonist/Antagonist steht. Auch wenn du nur eine kleine Nebenrolle, nur eine einzelne Zeile Text hast oder nur in einem Gegenschuß zu sehen bist – du mußt wissen, auf welcher Seite du stehst. Ein Schauspieler, der nicht weiß, auf welcher Seite des Zauns zwischen Protagonist und Antagonist er steht, kann die Geschichte nicht erzählen.

Steht deine Figur im Film *Crash* auf der antagonistischen Seite mit dem rassistischen Status quo oder auf der protagonistischen mit den Personen, die versuchen, ihr Leben jenseits der Stereotypen zu leben, die die antagonistische Kraft aufrechterhält? Bist du in *Magnolia* auf der protagonistischen Seite der Liebe, Familie und Verantwortung oder auf der antagonistischen Seite der Egozentrik und der emotionalen Einsamkeit?

Ob Protagonist oder Antagonist, es gibt zwei Arten von Konflikten. *Innere Konflikte* sind Kämpfe einer Figur mit sich selbst. Bei inneren Konflikten geht es oft um Selbsterkenntnis und Identität (z. B. »Wer bin ich?«), wie in den Filmen *Fight Club*[75] und *The Bourne Identity (Die Bourne Identität)*[76].

75 USA 1999, Regie: David Fincher.

76 USA/D/CZ 2002, Regie: Doug Liman.

Bei *äußeren Konflikten* geht es um konkrete zwischenmenschliche Probleme (z. B. unerwiderte Liebe), wie in *Bringing Up Baby (Leoparden küßt man nicht)* [77] und *Eternal Sunshine of the Spotless Mind (Vergiß mein nicht!)*[78] oder um physische Risiken und Gefahren wie bei den Heldenreisen in *Deep Impact*[79] und *The Last Samurai (Last Samurai)* [80].

Die meisten Figuren kämpfen mit beiden Konfliktarten. In *Requiem for a Dream*[81] hat Harry Goldfarb es mit einem inneren Konflikt zu tun – seiner selbstzerstörerischen Lust, sich mit Drogen zu betäuben – und trägt zugleich die äußeren Konflikte zwischen sich und seiner Mutter aus, die er beklaut, seiner Freundin, die er nicht beschützen kann, den Gangstern, die ihn zum Sklaven gemacht haben, und den Polizisten, die ihn einsperren wollen.

Die Umstände zwingen den Protagonisten in einen Konflikt. Wenn die Geschichte voranschreitet und die Handlungen des Protagonisten gelingen oder scheitern, vertieft und verschärft sich der Konflikt. Der Protagonist drängt vor, und der Antagonist drängt zurück, bis beide den Augenblick der Krise erreicht haben.

Der Augenblick der Krise

Wenn in einer Geschichte der Augenblick der Krise erreicht ist, gibt es kein Zurück mehr. In *Sleepless in Seattle (Schlaflos in Seattle)*[82] sind Sam, Annie und Jonah auf dem Weg zum Empire State Building. In *Casablanca* bringt Rick Blaine die Transitvisa zum Flugplatz, um Ilsa zu treffen. »Ich habe erkannt«, sagt Travis Bickle in *Taxi Driver*, als er sich bereit macht, einen amerikanischen Senator zu töten, »daß mein Leben auf einen Punkt fixiert ist. Ich hatte nie die Wahl zwischen zwei Möglichkei-

77 USA 1938, Regie: Howard Hawks.
78 USA 2004, Regie: Michael Gondry.
79 USA 1998, Regie: Mimi Leder.
80 USA 2003, Regie: Edward Zwick.
81 USA 2000, Regie: Darren Aronofsky.
82 USA 1993, Regie: Nora Ephron.

ten.« Aber Travis hat, wie alle Protagonisten, eine Wahl, und die Krise drängt ihn dazu, die wichtigste Entscheidung zu treffen.

Der Höhepunkt

Auf dem Höhepunkt erfahren wir, wie sich der Protagonist entscheidet. Travis tötet einen Zuhälter und anderes kriminelles Gesindel, keinen politischen Kandidaten. Sam entscheidet sich, mit Jonah auf dem Empire State Building zu warten, geht weg, kommt wegen Jonahs Rucksack zurück und trifft auf Annie. Rick Blaine erschießt einen Gestapomajor und läßt Ilsa und ihren Mann in die Freiheit fliegen.

Der Höhepunkt ist der ultimative Ausdruck von Konflikt und Krise. Es ist der Moment, in dem sich die Handlungen des Protagonisten zur Erfüllung seines *Needs* endgültig auszahlen oder nicht.

Die Auflösung

Bei der Auflösung sehen wir schließlich die Ergebnisse des Höhepunktes. Die Auflösung zeigt uns, was sich für den Protagonisten und seine Welt verändert hat. Wir erfahren, was die Figur verloren oder gewonnen hat, während sie sich zum Höhepunkt der Geschichte vorgearbeitet hat. »Der Pate« Michael Corleone tröstet seine Schwester, deren Mann er ermorden ließ. Dann kehrt er sich von seiner eigenen Frau ab und gibt jede Hoffnung auf ein normales Familienleben außerhalb der Mafia auf. Rick und Louis brechen in *Casablanca* auf, um sich dem französischen Widerstand anzuschließen.

In *Traffic (Traffic – Macht des Kartells)*[83] gibt es drei Auflösungen. Der mexikanische Polizist Javier Rodríguez besucht ein Baseballspiel in dem neuen Baseballstadion, das er als Preis für seine Kooperation mit der amerikanischen Drogenbehörde verlangt hat. Rodríguez hat schließlich etwas zum übergeordneten Wohl der Gemeinde getan. Der amerikani-

---

83 USA 2000, Regie: Steven Soderbergh.

sche Polizist Montel Gordon offenbart, daß seine anscheinend sinnlose Konfrontation mit Helena Ayala ein Trick war, um eine Wanze in ihrer Wohnung zu verstecken, mit der er sie überwachen wird. Robert Wakefield geht mit seiner Tochter Caroline zu einem Treffen der *Narcotics Anonymous*. Er ist so ehrlich mit Caroline verbunden, wie es zuvor nie möglich gewesen wäre.

Eine Geschichte beginnt mit den Figuren und deren Lebensumständen. Sie schreitet durch einen Konflikt voran. Sie intensiviert sich durch eine Krise, erreicht den Höhepunkt, wenn alles, was zurückgehalten wurde, zum Ausdruck kommt, und fällt ab zur Auflösung, wo all das, was gerade geschehen ist, diese Menschen und ihre Welt verändert.

Stell es dir vor wie Sex. Die Umstände bringen euch zusammen. Der Konflikt läßt euch miteinander agieren: flirten, küssen. Der Augenblick der Krise ist dann, wenn ihr zur Sache kommt, und der Höhepunkt ist … muß ich das erklären? Die Auflösung ist ein Hinweis darauf, was hinterher anders ist. Eine Zigarette? Tiefer Schlaf in den Armen des anderen? Ein Festessen? Eine Trennung? Noch einmal? Jeder Höhepunkt hat unterschiedliche Folgen.

Othello

von William Shakespeare

HÖHEPUNKT
Der eifersüchtige Othello erwürgt Desdemona.

KRISE
Jago bringt Othello dazu, zu glauben, daß Cassio und Desdemona eine Affäre haben.

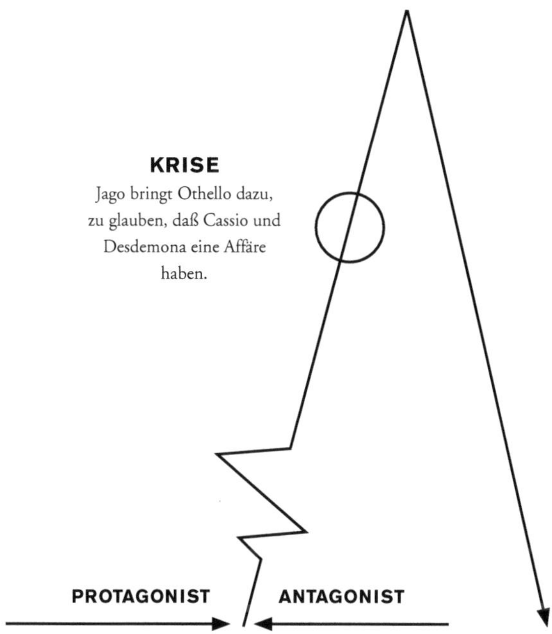

PROTAGONIST **ANTAGONIST**

UMSTÄNDE
Der Mohr Othello hat heimlich Desdemona geheiratet. Jago, Othellos Fähnrich, hat sich gegen Othello gewandt und plant insgeheim, ihn zu vernichten.

KONFLIKT
Protagonist Othello nähert sich der Wahrheit. Antagonist Jago setzt eine Lüge nach der anderen in die Welt.

AUFLÖSUNG
Othello und Desdemona sind für immer zusammen.
»Ich küßte dich,
Eh ich dir Tod gab;
nun sei dies der Schluß:
Mich selber tötend sterb' ich so
im Kuß.«
(William Shakespeare, *Othello*, V, 2, übersetzt von Wolf Graf Baudissin)

Die Umstände

William Shakespeares *Othello* beginnt mit der heimlichen Vermählung zwischen dem Mohr Othello, mächtiger nordafrikanischer Feldherr im Dienst des Königs von Venedig, und Desdemona, der schönen weißen Tochter Brabantios, eines mächtigen und rassistischen venezianischen Senators. Einer von Othellos Fähnrichen, ein Ratgeber namens Jago, dem Othello vollkommen vertraut, hat sich heimlich gegen Othello gewandt, nachdem nicht er, sondern der tugendhafte Cassio befördert wurde. Jago und Rodrigo, Desdemonas verschmähter Verehrer, planen gemeinsam, Othello zu vernichten. Jago stiftet Rodrigo an, den Senator mit möglichst aufrührerischen Worten von der verbotenen Ehe seiner Tochter zu berichten.

Der Konflikt

Beim Konflikt zwischen dem Antagonisten Jago und dem Protagonisten Othello geht es um Täuschung und Manipulation. Protagonist Othello geht fälschlicherweise davon aus, daß Jago vertrauenswürdig ist. Othello führt das protagonistische Team an. Er steuert auf die Wahrheit zu.

Antagonist Jago ist getrieben von Neid und dem Wunsch, den Mohren zu unterwerfen und zu versklaven. Jago glaubt, daß er, nachdem er Othello vernichtet hat, dessen Seele besitzen wird. Jago führt das antagonistische Team an; er häuft Lügen an, um Othello zu behindern, zu stürzen und zum Sklaven zu machen.

Die Krise

Der Augenblick der Krise ist gekommen, als Jago Cassio ein Taschentuch, das Othello Desdemona geschenkt hat, unterschiebt. Jago behauptet Othello gegenüber, daß Cassio und Desdemona eine Affäre haben. Othellos Mißtrauen gegen Desdemona wächst, und er bewegt sich auf eine Konfrontation zu. Jago treibt ihn weiter voran, indem er dafür sorgt, daß Othello zufällig ein Gespräch zwischen Jago und Cassio über Cassios Geliebte Bianca mitanhört, das er fälschlicherweise auf Desdemona bezieht.

Der Höhepunkt

Das Stück erreicht den Höhepunkt, als Othello Desdemona erwürgt. Sie stirbt »schuldlos« (V, 2).

Die Auflösung

Am Ende des Stücks offenbaren Cassio und Jagos Frau Emilia alles, was Jago Othello angetan hat. Othello sticht auf Jago ein, verwundet ihn und richtet den Dolch dann gegen sich. Tödlich verletzt fällt Othello neben die leblose Desdemona. »Ich küßte dich, / Eh ich dir Tod gab; nun sei dies der Schluß: / Mich selber tötend sterb' ich so im Kuß.«

Brokeback Mountain

von E. Annie Proulx, Drehbuch: Larry McMurtry und Diana Ossana, Regie: Ang Lee

HÖHEPUNKT

Jacks Frau erzählt Ennis, daß Jack bei einem Unfall ums Leben gekommen ist. Ennis erkennt die Wahrheit.

KRISE

Jack und Ennis geraten wegen einer Zukunft aneinander, von der sie wissen, daß sie sie nicht gemeinsam erleben werden.

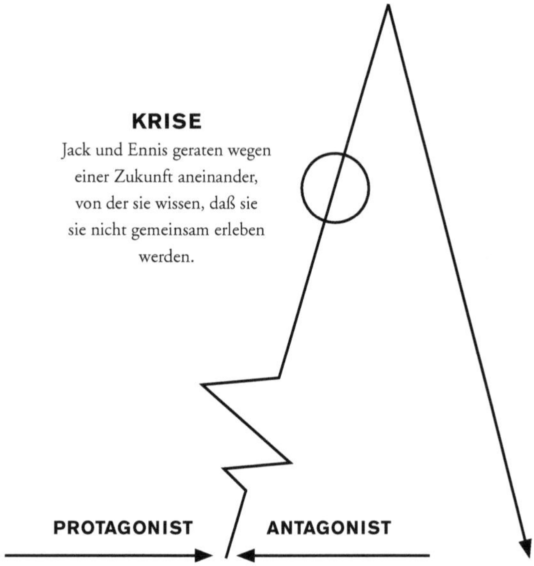

UMSTÄNDE

Ennis und Jack arbeiten zusammen in der abgelegenen Wildnis von Wyoming. Jack macht den ersten Schritt, und die beiden Männer werden ein Liebespaar.

KONFLIKT

Jack und Ennis bilden gemeinsam eine protagonistische Kraft und stehen einer antagonistischen Kraft gegenüber, die sich zusammensetzt aus der Natur, einer intoleranten Gesellschaft, jedem, vor dem sie ihre Liebe verstecken, und ihren eigenen individuellen inneren Konflikten, wie Jacks Verlangen nach anderen Männern und Ennis Unfähigkeit, sich an Jack oder jemand anderen zu binden.

AUFLÖSUNG

Ein Cowboy, zwei Hemden. »Jack, ich schwör's dir …«

Die Umstände

In den frühen sechziger Jahren arbeiten Ennis, ein wortkarger junger Farmhelfer, und Jack, ein ungestümer junger Rodeo-Cowboy, gemeinsam als Schafhirten in der abgelegenen Wildnis von Wyoming. Jack hatte schon früher homosexuelle Erfahrungen. Die Strapazen, die die beiden Männer gemeinsam ertragen, bringen sie immer näher zusammen, bis sie sich eines Abends betrinken und bei Vollmond im selben Zelt landen. Jack macht den ersten Schritt, aber Ennis übernimmt die Führung. Ennis sagt, es sei eine »einmalige Sache«, aber die beiden Männer sind ein Liebespaar geworden.

Der Konflikt

In *Brokeback Mountain* ziehen sich mehrere Konflikte durch die zwei Jahrzehnte andauernde Geschichte. Gemeinsam bilden Jack und Ennis eine protagonistische Kraft, die zu Anfang in einem äußeren Konflikt mit der antagonistischen Kraft der Natur steht: ein räuberischer Bär, das raue Wetter, der Vollmond. Im weiteren Verlauf der Geschichte wird ihre doppelte protagonistische Kraft mit der antagonistischen Kraft der äußeren Umstände konfrontiert – einer intoleranten Gesellschaft, ihren Frauen und allen anderen, vor denen sie ihre Liebe verstecken.

In den folgenden Jahrzehnten ringt Jack mit einem inneren Konflikt, bei dem die positive Kraft seiner wahren Liebe für Ennis seinem maßlosen Verlangen nach anderen Männern feindlich gegenübersteht. Ennis kämpft mit einem inneren Konflikt, der ihn davon abhält, sich zu Jack oder sonst jemandem in seinem Leben zu bekennen. »Wenn du es nicht ändern kannst«, sagt er zu Jack, »mußt du damit leben.«

Die Krise

Ennis läßt zu, daß seine familiären Verpflichtungen den regelmäßigen Treffen mit Jack in die Quere kommen. Ennis' Frau läßt sich von ihm scheiden. Jack trifft sich mit einem anderen Mann. Ennis läßt sich widerspruchslos eine Beziehung mit einer anderen Frau entgehen, die ihn liebt. Bei einem ihrer Zusammentreffen geraten Jack und Ennis, die jetzt um die vierzig sind, wegen einer Zukunft aneinander, von der sie wissen, daß sie diese nicht miteinander teilen werden. »Wir haben nie genug Zeit«, sagt Jack. Auf Jacks Drängen hin offenbart Ennis, welchen Preis er für seine Bindungsunfähigkeit zahlt. »Ich bin gar nichts. Ich bin nirgendwo«, sagt er. Sie trennen sich wieder.

Der Höhepunkt

Monate nach ihrem letzten Treffen kommt Ennis' Postkarte an Jack, auf der er ein Treffen vorschlägt, mit dem Vermerk »verstorben« zurück. Er ruft Jacks Frau an. Sie sagt ihm, daß ihr Mann bei einem Unfall ums Leben gekommen ist. Ennis weiß, daß Jack von einem homophoben Mob gelyncht worden ist.[84]

Die Auflösung

Im Haus von Jacks Eltern findet Ennis ein Hemd von sich und eins von Jack, die Jack heimlich zusammen aufgehängt hat. Ennis nimmt die Hemden mit und verwahrt sie in einem Kleiderschrank in seinem Wohnwagen mit einer Postkarte vom Brokeback Mountain, einem Ort, den er nie verlassen, zu dem er jedoch auch nie zurückkehren wird. Zuletzt gesteht er seine Bindung ein und segnet das Hemd mit den Worten: »Jack, ich schwör's dir …«

84 Eine eingeblendete stumme Szene, in der Jack von drei Männern brutal zusammengeschlagen wird, läßt offen, ob es sich dabei um Ennis' Vorstellungen oder um tatsächlich Geschehenes handelt, ob Jack also in Wahrheit von homophoben Männern erschlagen wurde. (Anm. d. Red.)

KAPITEL 22

Die Szenenanalyse/ Der Drehbuchauszug

Worte zeigen vielleicht den Verstand eines Mannes, aber Taten seine Bedeutung.
Benjamin Franklin

Wenn alles im Drehbuch steht, warum sollte man noch einen Film daraus machen?
Nicholas Ray

»Wie hast du den ganzen Text gelernt?«

Für den Laien birgt Schauspielen viele Geheimnisse. Von außen besehen scheint es eine Herkulesaufgabe zu sein, die Dialoge eines ganzen Stückes auswendig zu lernen. Der Laie nimmt an, daß die Aufgabe des Schauspielers darin besteht, den ganzen Text einschließlich einer Liste von Gesten, Bewegungen und gefühlvollen Vortragsweisen zu lernen.

Die Aufgabe des Schauspielers ist es, die Geschichte durch menschliches Verhalten zu erzählen. Deine Beziehung zum Text – den Dialogen und Regieanweisungen in der Beschreibung – ist eigentlich ganz einfach. Du mußt dir die Worte des Autors vollständig zu eigen machen. Du lernst den Text nicht. Der Text *durchdringt* dich. Durch Auswendiglernen läßt sich das nicht erreichen. Du *nimmst den Text auf*, indem du eine Verbindung zum Autor herstellst. Du tauchst ein in die emotionale, psychologische und körperliche Energie der Worte des Autors – in die Handlung des Textes.

Seit meinen frühen Tagen beim Kindertheater weiß ich, daß es beim Textlernen nicht so sehr um das Auswendiglernen der Wörter auf dem

Papier geht, sondern darum, die Worte des Autors in mein Inneres zu lassen. Ich schlief mit dem Textbuch unter dem Kopfkissen, nahm es überallhin mit, schrieb die Wörter wieder und wieder in ein Notizbuch – tat alles, was den Wörtern half, einen Weg in mein Inneres zu finden und meine Phantasie zu beflügeln.

Aber als ich die Hauptrolle in *Die Erschaffung der Welt und andere Geschäfte* übernahm, mußte ich den ganzen Text in wenigen Tagen lernen. Wir hatten am Ende der Woche in Boston Premiere, und ich war starr vor Angst. Ich hatte keine Zeit, um einen meiner alten Tricks anzuwenden. Aber der Regisseur Harold Clurman, ein Veteran des *Group Theatre* und wirklich einer der besten Regisseure, Kritiker und Lehrer aller Zeiten, hatte Mitleid mit mir. Zu meiner Überraschung sagte er: »Ich werde dir beibringen, nicht auswendig zu lernen.«

Was mich Clurman lehrte, war, den Text auf eine Weise zu analysieren, daß die Worte des Autors so klar und meine Verantwortung der Figur gegenüber so konkret wurden, daß ich keinen Druck mehr verspürte, ihn auswendig lernen zu müssen. Mit Hilfe von Harold Clurmans System lernte ich die Handlungen hinter dem Text, nicht die Zeilen selbst. Wenn man die Handlungen kennt, wird der Text ein organischer Teil der Erfahrung der Figur und nicht eine Litanei von leblosen Aussagen und Fragen, die der Schauspieler wortwörtlich nachplappert.

Mit Hilfe der Szenenanalyse untersuchte ich jedes Wort mit derselben Intensität und auf ebenso vielen Ebenen, wie ich die Figur ansah. Einen Text systematisch in Handlungen zu zerlegen, ermöglicht dem Schauspieler, die volle Bedeutung der Worte des Autors in sich aufzunehmen. Clurmans System ermöglichte mir, eine einzigartige, unerschütterlich starke Beziehung zum Text herzustellen und aufrechtzuerhalten. Selbst wenn das Stück vierhundert Jahre vor meiner Geburt geschrieben worden wäre, läßt mich die Analyse enger mit dem Autor zusammenarbeiten, als ich es je für möglich gehalten hätte.

Ein Schauspieler, der dieses System beherrscht, wird sich den Text zu eigen machen. Dein Gedächtnis wird sich durch deine Vorbereitungsarbeit inspirieren lassen. Du wirst deine eigene emotionale und sinnliche Erfahrung nutzen, um eine Verbindung zum Text herzustellen. Wenn die Analyse gründlich, detailliert und vollständig ist, lernt der Schauspieler den Text, ohne ihn auswendig zu lernen. Wenn du die Handlung kennst, kommt der Text von selbst.

Die Szenenanalyse bzw. der Drehbuchauszug[85] ermöglicht auch ein Verständnis für die Kontinuität der Geschichte, das selbst durch das schlimmste, ständige Neuordnen der Szenen nicht verlorengeht. Wenn du deine Arbeit machst, wirst du den Text kennen. Wenn du mit der Szenenanalyse arbeitest, wirst du immer wissen, wo du im Handlungsverlauf stehst. Du mußt nicht den Musterschüler spielen, der für die Abschlußprüfung büffelt. Statt dessen wirst du ein Künstler sein, der sein Können und seine Phantasie benutzt, um gemeinsam zu arbeiten und etwas zu erschaffen, indem du »etwas nimmst, das nicht mehr als Tinte ist, und es in Verhalten verwandelst«, wie Robert Duvall einmal in einem Interview gesagt hat.

Beat für Beat – Moment für Moment

Der grundlegende Baustein eines Textes ist der *Beat*, die kleinste Einheit einer Szene. Jeder Beat ist ein einzelner vollständiger dramatischer Gedanke – ein Moment. Ein Beat ist vollständig, wenn er einen dramatischen Gedanken zu Ende bringt, ihn nicht nur anstößt. Um einen Beat zu erkennen, mußt du den Text durchlesen, bis du an den Punkt kommst, an dem ein dramatischer Gedanke sich wie ein vollständiger Moment anfühlt. Der nächste Beat ist dann der folgende Moment und so weiter. Jeder Beat beginnt am Ende des vorangegangenen vollständigen dramatischen Gedankens.

Alle Figuren sind ständig damit beschäftigt, ihr *Need* zu erfüllen, egal wie ruhig oder schweigsam ihre jeweilige *Public Persona* auch sein mag. Hattie in *Sweet and Lowdown*[86] und Chief Bromden in *One Flew Over The Cuckoo's Nest (Einer flog über das Kuckucksnest)*[87] kommen in beiden

---

85 Deutscher Begriff aus der Filmproduktion. (Anm. d. Red.)

86 USA 1999, Regie: Woody Allan.

87 USA 1975, Regie: Miloš Forman.

Filmen nahezu ohne Worte aus. Sie vermitteln dem Zuschauer ihr *Need* durch die Entscheidungen, die sie treffen – durch ihre *Handlungen.*

Niemand sagt nur leere Worte. Es gibt immer eine Handlung hinter dem, was eine Figur sagt. Es hört auch niemand nur leere Worte. Hinter dem Zuhören, Hinhören und der Reaktion auf die Worte einer anderen Figur steht immer eine Handlung. Figuren schalten sich nicht ein und aus wie Roboter, wenn eine andere Figur spricht oder sich bewegt. Das tun nur schlechte Schauspieler.

Das Mittel, das der Schauspieler zum Übermitteln der Worte des Autors an das Publikum benutzt, ist Handlung. Egal wer spricht, jede Figur hat eine Handlung für jeden Beat. Und für jede dieser Handlungen gibt es ein transitives Verb, das sie beschreibt: »anklagen«, »bitten«, »spielen«, »versöhnen«, »herabsetzen«, »loben«, »verführen«, »verachten«, »beschwichtigen«.

Figuren erfüllen nicht ihr *Need*, arbeiten mit ihrer *Public Persona* oder sind in ihrem *Tragic Flaw* durch schwerfällige Intellektualisierungen blockiert. Egal wie kunstvoll oder gewagt die Dialoge sind, es gibt einfache, unmittelbare Handlungen, durch die ein Schauspieler die Aufmerksamkeit der anderen Figuren gewinnt. Je einfacher und aktiver das Verb, das die Handlung beschreibt, desto stärker ist das Spiel.

Es gibt fünf Kategorien, um einen Beat zu beschreiben. Es sind die fünf *Werkzeuge eines Autors*:

Exposition
Charakterisierung
Darstellung des *Needs*
Darstellung des Konflikts
Aktive Handlung

Bei der Szenenanalyse bzw. bei einem Drehbuchauszug ordnet der Schauspieler jedem Beat eines dieser fünf Werkzeuge zu. Zu jedem Beat gehört ein entsprechendes Werkzeug: Exposition, Aktive Handlung, Darstellung des Konflikts und so weiter. Das Werkzeug, das man dem Beat zuordnet, gilt für alle Figuren in der Szene. Diese Werkzeuge kommen nie zweimal hintereinander vor. Es gibt keine zwei Darstellungen des Konflikts oder zwei Aktive-Handlungs-Beats in Folge. Wenn zwei aufeinanderfolgende Beats in dieselbe Kategorie zu gehören scheinen, stimmt etwas nicht mit dem Text oder dem Textverständnis des Schauspielers.

Exposition

Exposition bedeutet Tatsachen. Direkt, schlicht und einfach: »Luke, ich bin dein Vater«, »Eisberg, direkt voraus!«, »Ich bin kein Kommunist«, »Houston, wir haben ein Problem«. Ein Expositions-Beat ist eine Feststellung. Ein Expositions-Beat hat immer dieselbe Handlung: »Die Wahrheit sagen«.

In dem Bemühen, in jedes Wort im Text so viel Energie und Bedeutung wie möglich hineinzulegen, vergessen viele Schauspieler, daß die Handlung bei einem Expositions-Beat einfach »die Wahrheit sagen« ist. Als ich Eva in *Die Erschaffung der Welt und andere Geschäfte* spielte, mußte ich über die zwei Schauspieler, die Kain und Abel spielten, sagen: »Das ist mein Sohn Kain und das ist mein Sohn Abel.« Beide Schauspieler waren weiß. Einer war älter, der andere (er war blond) genauso alt wie ich.

Ich dachte, daß ich dem Satz nur Glaubwürdigkeit verleihen könnte, wenn ich Evas Schmerz und ihre Enttäuschung über ihre Söhne und deren gegenseitige Feindseligkeit hineinlegen könnte. Ich dachte, wenn ich Kains Namen nenne, dann würde ich ihn mit der schmerzlichen Enttäuschung sagen, die ich mittels *Personalization* hergestellt hatte. Ich ging zur Probe, wir probierten die Szene, und als ich zu dem Satz kam, sagte ich ihn mit all den Tränen und dem Kummer, den ich in mir hatte.

Clurman explodierte förmlich. »Was, habe ich dir gesagt, sollst du bei einem Expositions-Beat machen?« fragte er. »Halt dich an die Tatsachen, halt dich an die Tatsachen, sag, wie es ist!« Danach folgte ich bei jeder Vorstellung seinen Anweisungen. Ich stand da und sagte einfach: »Das ist mein Sohn Kain, und das ist mein Sohn Abel«, die schlichte, einfache Wahrheit, wie sie im Text stand. Und jeden Abend seufzte das Publikum unisono ein zustimmendes »Ohhhhhhh«. Kein Gelächter, kein Schulterzucken, keine ratlosen Blicke – allabendlich kauften sie es mir ganz und gar ab.

Wenn ich die Zeile nicht als die Tatsache, so wie es war, festgestellt hätte, wenn ich nicht darauf geachtet hätte, daß der Sachverhalt klar war, hätte das Publikum zuerst mich, dann die zwei Männer, die meine Söhne spielten, angesehen und wäre völlig verwirrt gewesen. Indem ich die Tatsachen benannte, erzählte ich die Geschichte.

Charakterisierung

Die Charakterisierung funktioniert wie ein Adjektiv. Mit der Charakterisierung beschreibt der Autor eine Person, einen Ort oder einen Gegenstand. In Drehbüchern finden sich meist weniger Charakterisierungen als in Theaterstücken, weil Filme von Natur aus visueller sind. Die Charakterisierung zeigt nicht, sondern beschreibt. Man benutzt persönliche Handlungen bei der Figurencharakterisierung. »Bezaubern«, »schmeicheln«, »herumspielen«, »angeben«, »ein Thema umgehen«, »scherzen«, »schwärmen« – das sind mögliche Handlungen, die die Bedeutung einer Charakterisierung vermitteln.

Darstellung des *Needs*

Diese Beats knüpfen an das innere, emotionale, psychologische Leben der Figur an. *Need*-Beats können direkt das durch die *Public Persona* einer Figur verdeckte unerfüllte *Need* ansprechen oder ein anderes psychologisch oder emotional wichtiges Bedürfnis in der Szene. Bei der Handlung, die einen *Need*-Beat begleitet, geht es immer darum, einen Gemütszustand, ein Verlangen, ein Bedürfnis, einen Wunsch oder eine Obsession »offenzulegen« oder »zu enthüllen«. »Eine Schwäche aufdekken«, »eine Wunde freilegen«, »ein Gefühl eingestehen« sind mögliche Formulierungen für den Ausdruck des *Needs*.

Wenn ein Autor eine Pause benutzt, ist das ebenfalls eine Darstellung des *Needs*. Eine Pause gibt dem Schauspieler die Gelegenheit, sich auf das *Need* seiner Figur *einzulassen*, um im nächsten Moment wieder daraus aufzutauchen. Pausen sind kleine *private Momente der Figur*.

Darstellungen des Konflikts

Darstellungen des Konflikts sind, wie der Konflikt selbst, entweder innere – im Innern der Figur – oder äußere – zwischen den Figuren oder anderen äußeren Kräften. Die Darstellungen des Konflikts erfordern kompetitive, konfrontative Verben für ihre Handlungen – »kämpfen«, »blockieren«, »zwingen«, »provozieren«, »angreifen«, »vernichten«, »fordern«, »anklagen« –, Handlungen, die eine aggressive, kämpferische Energie haben.

Aktive Handlung

Aktive-Handlung-Beats sind Beats, die eine Geschichte voranbringen. Auftritte, Abgänge, ans klingelnde Telefon gehen, Fragen stellen – jeder Beat, der die Geschichte selbst vorantreibt, ist ein »Aktive-Handlung«-Beat. Die Handlungen für einen solchen Beat stehen oft in Klammern im Dialog, in den Regieanweisungen oder in der Beschreibung. Wenn ein Beat der »Aktiven Handlung« im Text steht, ist die dazugehörige Handlung: »handeln wie vorgegeben«. Ansonsten verlangt eine Handlung eines aktiven Beats ein starkes, transitives Verb wie »drängen«, »herausfordern«, »verführen«, »vor etwas davonlaufen« oder »zwingen«.

KAPITEL 23

Die Standpunkte

Worte bedeuten mehr als das, was auf dem Papier steht.
Es ist die menschliche Stimme, die sie mit tieferen Bedeutungs-
nuancen erfüllt.
Maya Angelou

Sieh genauer hin

Die folgende Szene steht in der veröffentlichten Fassung von Alan Balls Oscar-prämiertem Drehbuch zu *American Beauty*. Es ist eine kurze, aber wichtige Szene kurz vor dem Höhepunkt der Geschichte. Ich werde die Szene in Beats zerlegen, sie markieren und sie dann für jede Figur genauso durchgehen, als würde ich mit den Schauspielern arbeiten, die diese Rollen spielen.

Während wir die Szene durchgehen, werden wir im Drehbuch an jedem Beatende einen Schrägstrich einfügen. Jeder Beat wird außerdem hinter dem Schrägstrich numeriert.

```
INNEN, Haus der Burnhams – Wohnzimmer – Continuous

POV (LESTERS SUBJEKTIVER BLICK): Als wir uns
LANGSAM um eine ECKE HERUMBEWEGEN, kommt Angela
ins Blickfeld, sie steht an der STEREOANLAGE,
eine CD-Hülle in der Hand. Sie hat geweint; ihr
Gesicht ist geschwollen und ihr Haar zerwühlt. Sie
betrachtet uns ängstlich … und setzt dann ein leicht
herausforderndes Lächeln auf.
```

ANGELA
Ich hoffe, Sie haben nichts dagegen, daß ich Musik höre.

Lester lehnt sich an die Wand und trinkt einen Schluck von seinem Bier.

LESTER
Ganz und gar nicht./①
(dann)
Miese Nacht?/②

ANGELA
Richtig mies eigentlich nicht, nur … eigenartig.

LESTER
(grinst)
Glaub mir, sie kann unmöglich eigenartiger sein als meine.

Sie lächelt./③ Sie stehen da, ohne etwas zu sagen; die Atmosphäre ist aufgeladen.

ANGELA
Jane und ich haben uns gestritten.
(nach einer Pause)
Es ging um Sie.

Sie versucht, verführerisch zu wirken, als sie das sagt, aber sie ist ziemlich schlecht darin. Lester runzelt die Stirn.

ANGELA (weiter)
Sie ist sauer auf mich, weil ich gesagt habe, ich finde Sie sexy./④

Lester grinst. Er ist sexy.

LESTER
(bietet ihr Bier an)
Möchtest du einen Schluck?

Sie nickt. Lester hält ihr die Flasche an den Mund, und sie trinkt ungeschickt. Er wischt ihr sanft mit dem Handrücken das Kinn ab.

LESTER (weiter)
Also … wirst du es mir verraten? Was willst du?

ANGELA
Ich weiß es nicht.

LESTER
Du weißt es nicht?

Sein Gesicht ist ganz nah an ihrem. Sie ist verunsichert, es geht ihr zu schnell …

ANGELA
Was wollen Sie?/⑤

LESTER
Soll das ein Witz sein? Ich will dich. Ich wollte dich vom ersten Moment an. Du bist das Allerschönste, was ich je gesehen habe.

Angela holt tief Luft, als Lester sich zu ihr neigt und sie auf die Wange, die Stirn, die Augenlider, den Hals küßt …

ANGELA
Sie halten mich nicht für gewöhnlich?

LESTER
Du könntest nicht gewöhnlich sein, selbst wenn du es versuchen würdest.

```
                    ANGELA
                  Danke./⑥
                 (weit weg)
   Ich finde, es gibt nichts Schlimmeres, als
            gewöhnlich zu sein .../⑦

Und Lester küßt sie auf den Mund./⑧
```

Wir werden die Beats in der folgenden Tabelle numerieren und ordnen. Während wir die Szene Beat für Beat durchgehen, schreibst du nacheinander die Beat-Nummer in die Spalte mit der Überschrift »Beat«. Die Beats durchzunumerieren macht es für den Schauspieler übersichtlicher. Auch für mich macht es die Arbeit mit einem Schauspieler am Set einfacher. Bei unterschiedlichen Interpretationen, einer Unklarheit oder einer Schwierigkeit kann ich mich gezielt mit dem numerierten Beat befassen und behalte sogar am Telefon den Überblick.

In die zweite Spalte schreibt der Schauspieler, welches von den fünf Werkzeugen des Autors dem jeweiligen Beat zugeordnet wird. Die Überschrift der dritten Spalte ist »Handlung«. In diese Spalte schreibst du das konkrete transitive Verb oder den Satz, mit dem sich die Handlung der Figur in diesem Beat am besten beschreiben läßt.

Es wäre sinnlos, einfach nur das Drehbuch zu analysieren und die Bausteine zu bestimmen und zu numerieren. Der Drehbuchauszug ist erst vollständig, wenn der Schauspieler den Worten des Autors seine eigene Wahrheit hinzufügt. Die vierte Spalte trägt die Überschrift »Persönliches Material«. Hier listest du dem Beat entsprechend deine eigenen Empfindungen, *Personalizations* und Auslöser für *Sense Memory* auf.

Drehbuchauszug

TITEL: **FIGUR:**

Beat:	Beschreibung:	Handlung:	Persönliches Material:

Angelas Standpunkt

In der vorangegangenen Szene hatte Angela Hayes, ein halbwüchsiges Mädchen, dessen *Need*, auf einer reinen, unschuldigen Ebene »angebetet zu werden«, unter der typischen, zynischen *Public Persona* einer jugendlichen Verführerin liegt, gerade einen heftigen Streit mit Lester Burnhams Tochter Jane und Janes Freund Ricky. Lester fühlt sich sehr zu Angela hingezogen, und zu Janes Mißfallen wehrt Angela seine Annäherungsversuche nicht ab. Janes Worte sind scharf und zutreffend. Sie dringen durch Angelas *Public Persona.*

Am Anfang der Szene trifft Lester auf Angela, die Musik hört und versucht, ihre angeknackste Maske einer manipulativen Kindfrau wieder aufzusetzen. Der erste Beat, der erste vollständige dramatische Gedanke, endet, wenn Lester einen Schluck trinkt und zu Angela sagt: »Ganz und gar nicht.«

```
INNEN, Haus der Burnhams – Wohnzimmer – Continuous

POV (LESTERS SUBJEKTIVER BLICK): Als wir uns
LANGSAM um eine ECKE HERUMBEWEGEN, kommt Angela
ins Blickfeld, sie steht an der STEREOANLAGE,
eine CD-Hülle in der Hand. Sie hat geweint; ihr
Gesicht ist geschwollen und ihr Haar zerwühlt. Sie
betrachtet uns ängstlich … und setzt dann ein leicht
herausforderndes Lächeln auf.

                    ANGELA
     Ich hoffe, Sie haben nichts dagegen, daß
                 ich Musik höre.

Lester lehnt sich an die Wand und trinkt einen
Schluck von seinem Bier.

                    LESTER
             Ganz und gar nicht./①
```

Das ist eine Charakterisierung Angelas. Ihre Handlung für diesen Beat ist »das brave Mädchen spielen«.

Die Nummer und die letzten ein oder zwei Wörter des Beats gehören in die erste Spalte, Charakterisierung kommt in die zweite und »die Unschuldige spielen« in die dritte Spalte. In die vierte Spalte kommt das persönliche Material: eine *Personalization*, eine *Sense Memory*, eine Erfahrung oder ein bestimmter Ort, der bei der Schauspielerin ein Gefühl für die Handlung »das brave Mädchen spielen« auslöst. Eine *Personalization* mit einem attraktiven älteren Mann oder einem männlichen Objekt der Schwärmerei wäre ein gutes Terrain, das eine Schauspielerin, die Angela spielt, erkunden sollte.

Drehbuchauszug

TITEL: *American Beauty* **FIGUR:** Angela

Beat:	Beschreibung:	Handlung:	Persönliches Material:
① »… gar nicht.«	Charakterisierung	Das brave Mädchen für ihn spielen	

Lester fragt Angela: »Miese Nacht?« Das ist in sich schon ein Moment, ein vollständiger dramatischer Gedanke, der den zweiten Beat bildet. Er gibt Angela einen Impuls, er steigert die Wirkung der Erzählung und bringt die Geschichte voran. Dieser zweite Beat ist eine aktive Handlung.

Angela hört Lester aufmerksam zu und läßt sich von ihm einnehmen. Die Handlung wäre also »sich von seiner Herzlichkeit/Anteilnahme angezogen fühlen«. Das persönliche Material der Schauspielerin sollte diese entgegenkommende Herzlichkeit enthalten.

LESTER
Ganz und gar nicht./① (dann)
Miese Nacht?/②

ANGELA
Richtig mies eigentlich nicht, nur …
eigenartig.

LESTER
(grinst)
Glaub mir, sie kann unmöglich eigenartiger
sein als meine.

Sie lächelt./③ Sie stehen da, ohne etwas zu sagen; die Atmosphäre ist aufgeladen.

Der dritte Beat endet mit Angelas Lächeln. Es ist eine weitere Charakterisierung. Es war tatsächlich eine miese Nacht für sie, aber sie entscheidet sich, sie für Lester als »eigenartig« einzustufen. Sie erzählt ihm etwas, von dem sie annimmt, daß es sie in seinen Augen reizvoll macht, von dem sie glaubt, er wolle es hören. Sie hört ihm aufmerksam zu, obwohl sie keine Ahnung hat, wovon er eigentlich redet. Die Handlung hinter ihrem Lächeln ist »mit ihm zu flirten«. Das persönliche Material könnte eine weitere *Personalization* sein, vielleicht dieselbe wie beim ersten Beat.

Beat:	Beschreibung:	Handlung:	Persönliches Material:
② »Miese Nacht?«	Aktive Handlung	Sich von seiner Herzlichkeit/ Anteilnahme angezogen fühlen	
③ »Sie lächelt.«	Charakterisierung	Mit ihm flirten	

Als nächstes beschreibt Angela den Streit, den sie gerade mit Lesters Tochter Jane hatte. Dieser vierte Beat endet mit »… ich finde Sie sexy.« Angela hat das wirklich gesagt. Jane ist wirklich wütend auf sie. Es ist eine Tatsache, ein Expositions-Beat, und wie bei allen Expositions-Beats ist ihre Handlung, »die Wahrheit zu sagen«. Das persönliche Material müßte aus einer Zeit, einem Ort oder von einer Person stammen, der oder die mit dem *Need* »die Wahrheit zu sagen« verbunden ist.

```
                    ANGELA
        Jane und ich haben uns gestritten.
                (nach einer Pause)
                  Es ging um Sie.

Sie versucht, verführerisch zu wirken, als sie das
sagt, aber sie ist ziemlich schlecht darin. Lester
runzelt die Stirn.

                ANGELA (weiter)
      Sie ist sauer auf mich, weil ich gesagt
         habe, ich finde Sie sexy./④
```

Beat:	Beschreibung:	Handlung:	Persönliches Material:
④ »… ich finde Sie sexy.«	Exposition	Die Wahrheit sagen	

Zum nächsten vollständigen dramatischen Gedanken gehört, daß Lester ihr einen Schluck Bier gibt, ihr sanft das Kinn abwischt, sie fragt, was sie will, und sich ihr nähert. Der Moment endet mit Angelas Frage an Lester: »Was wollen Sie?«

Die Frage treibt die Szene und die Geschichte voran. Der fünfte Beat ist ein »Aktive-Handlung«-Beat. Was hinter dem Drumherumreden stand, rückt nun in den Vordergrund. Dieser Beat bringt die Szene auf die nächste dramatische Ebene. Es geht schneller, als es Angela lieb ist. Die begleitende Handlung, »ihn etwas zu fragen«, ist einfach, klar und aktiv.

```
                    LESTER
              (bietet ihr Bier an)
          Möchtest du einen Schluck?

Sie nickt. Lester hält ihr die Flasche an den Mund,
und sie trinkt ungeschickt. Er wischt ihr sanft mit
dem Handrücken das Kinn ab.

               LESTER (weiter)
        Also … wirst du es mir verraten? Was
                  willst du?

                    ANGELA
              Ich weiß es nicht.

                    LESTER
              Du weißt es nicht?

Sein Gesicht ist ganz nah an ihrem. Sie ist
verunsichert, es geht ihr zu schnell …
```

ANGELA
Was wollen Sie?/⑤

Beat:	Beschreibung:	Handlung:	Persönliches Material:
⑤ »Was wollen Sie?«	Aktive Handlung	Ihn etwas fragen	

Der nächste Beat endet damit, daß Angela »Danke« sagt. Noch immer davon getroffen, daß Ricky sie als »gewöhnlich« verurteilt hat, will sie verzweifelt hören, was Lester sagt, so verzweifelt, daß sie ihr wachsendes Unbehagen ignoriert. Beat Nummer ⑥ ist ein »*Need*«-Beat. Sie offenbart ihr *Need* »angebetet zu werden«.

LESTER
Soll das ein Witz sein? Ich will dich. Ich wollte dich vom ersten Moment an. Du bist das Allerschönste, was ich je gesehen habe.

Angela holt tief Luft, als Lester sich zu ihr neigt und sie auf die Wange, die Stirn, die Augenlider, den Hals küßt …

ANGELA
Sie halten mich nicht für gewöhnlich?

LESTER
Du könntest nicht gewöhnlich sein, selbst wenn du es versuchen würdest.

ANGELA
Danke./⑥
(weit weg)
Ich finde, es gibt nichts Schlimmeres, als gewöhnlich zu sein …/⑦

»Ich finde, es gibt nichts Schlimmeres, als gewöhnlich zu sein« ist der siebte Beat. Es ist ein Konflikt-Beat, ein Moment, der viel über Angela, über ihr *Need*, ihre *Public Persona* und ihren *Tragic Flaw* aussagt. Angelas innerer Konflikt liegt zwischen ihrem unschuldigen *Need* »angebetet zu werden« und ihrer koketten *Public Persona* einer Lolita. Angela will etwas Besonderes sein, gibt sich aber mit jeder Art von Aufmerksamkeit zufrieden. Angelas *Tragic Flaw* kommt zum Tragen – sie erniedrigt sich, sie verrät sich selbst. Sie fühlt sich gewöhnlich und würde alles tun, um dieses Gefühl loszuwerden. Zwischen Lester und ihr gibt es einen äußeren Konflikt; sie ist die Antagonistin zu seinem Protagonisten. Ihre Handlung ist, »das Gewöhnliche an sich verbergen«.

```
Und Lester küßt sie auf den Mund./⑧
```

Am Ende der Szene küßt Lester sie auf den Mund. Anders als seine Küsse auf ihre Wange ist dieser Kuß ein vollständiger dramatischer Gedanke an sich. Beat Nummer ⑧ ist ein eindeutiger »Aktive Handlung«-Beat. Die Szene endet damit. Für beide Figuren tun sich schwerwiegende Komplikationen auf. Obwohl Angela einwilligt, tauscht sie ihren Körper für die Anbetung ein, die sie braucht. Es ist ein konkreter, aktiver Beat für sie: »Nehmen, was sie von ihm will.«

Beat:	Beschreibung:	Handlung:	Persönliches Material:
⑥ »Danke«	*Need*	Ihr *Need* »angebetet zu werden« offenbaren	
⑦ »… gewöhnlich zu sein.«	Konflikt	Das Gewöhnliche an sich verbergen	
⑧ »… auf den Mund.«	Aktive Handlung	Nehmen, was sie von ihm will	

Lesters Standpunkt

In *American Beauty* gibt es mehrere Sequenzen, die detailliert Lester Burnhams Phantasien und Träume zeigen. Er stellt sich vor, mit einer Halbwüchsigen zu schlafen, aber wir sehen keine Bilder von verschwitzten Rücken und kopulierenden Körpern. In seinen Phantasien sieht Lester Angela inmitten von Rosenblättern und in sanftem Licht. Hier wird Lesters *Need* deutlich. Lesters *Need* ist es, »Schönheit zu erfahren«. Seine protagonistische Kraft ist die Suche nach dieser Schönheit. Lesters *Public Persona* ist die eines Durchschnittsmenschen aus der Vorstadt. Er ist das verbitterte Oberhaupt einer zerrütteten Familie und steckt mitten in einer von Jugend besessenen Midlife-Crisis.

Als Lesters *Need*, seine Sehnsucht nach Reinheit, mit seiner *Public Persona,* einem Nullachtfünfzehnspießbürger, zusammenprallt, ist er machtlos. Er schmeißt seinen Job hin, er ist unfähig, seine eigene Frau zu verführen, und nicht in der Lage, seine Familie zusammenzuhalten oder zu inspirieren. Er will keine Verantwortung übernehmen, nicht sein hedonistisches Verlangen kontrollieren oder seinen gewalttätigen Nachbarn, einen heimlichen Schwulen, besänftigen. Diese Kraftlosigkeit ist Lesters *Tragic Flaw.*

Kurz vor dem ersten Beat der Szene hat Lester den Annäherungsversuch von Rickys Vater abgewehrt. Zu Beginn der Szene versichert Lester Angela, daß es in Ordnung ist, dort zu sein, wo sie ist, und zu tun, was sie tut. Dieser erste Beat ist eine Charakterisierung von Lesters Figur. Er wirft jegliche Verantwortung über Bord und entscheidet sich dafür, »den Coolen zu spielen«. Für das persönliche Material des Schauspielers müßte er eine *Personalization* mit jemandem vornehmen, der ihn sexuell anzieht.

Daß er Angela in Beat ②, einem »Aktive Handlung«-Beat, nach ihrer miesen Nacht fragt, bringt die Geschichte voran. Seine Handlung ist »Anteilnahme vortäuschen«. Beat ③, Lesters Eingeständnis, wie eigenartig seine Nacht war, endet mit Angelas Lächeln. Bei diesem Beat der Figurencharakterisierung versucht er »einer von den Teenies zu sein«.

```
INNEN, Haus der Burnhams – Wohnzimmer – Continuous
```

POV (LESTERS SUBJEKTIVER BLICK): Als wir uns LANGSAM um eine ECKE HERUMBEWEGEN, kommt Angela ins Blickfeld, sie steht an der STEREOANLAGE, eine CD-Hülle in der Hand. Sie hat geweint; ihr Gesicht ist geschwollen und ihr Haar zerwühlt. Sie betrachtet uns ängstlich … und setzt dann ein leicht herausforderndes Lächeln auf.

ANGELA
Ich hoffe, Sie haben nichts dagegen, daß ich Musik höre.

Lester lehnt sich an die Wand und trinkt einen Schluck von seinem Bier.

LESTER
Ganz und gar nicht./①
(dann)
Miese Nacht?/②

ANGELA
Richtig mies eigentlich nicht, nur … eigenartig.

LESTER
(grinst)
Glaub mir, sie kann unmöglich eigenartiger sein als meine.

Sie lächelt./③ Sie stehen da, ohne etwas zu sagen; die Atmosphäre ist aufgeladen.

ANGELA
Jane und ich haben uns gestritten.
(nach einer Pause)
Es ging um Sie.

Sie versucht, verführerisch zu wirken, als sie das sagt, aber sie ist ziemlich schlecht darin. Lester runzelt die Stirn.

ANGELA (weiter)
Sie ist sauer auf mich, weil ich gesagt
habe, ich finde Sie sexy./④

Drehbuchauszug

TITEL: *American Beauty* **FIGUR:** Lester

Beat:	Beschreibung:	Handlung:	Persönliches Material:
① »… gar nicht.«	Charakterisierung	Den Coolen spielen	
② »Miese Nacht?«	Aktive Handlung	Anteilnahme vortäuschen	
③ »Sie lächelt.«	Charakterisierung	Einer von den Teenies sein	
④ »… ich finde Sie sexy.«	Exposition	Diese Tatsache zur Kenntnis nehmen	

Bei der Exposition in Beat ④ ist Lester auf der Empfängerseite. Weil Lester etwas Wahres hört und es nicht selbst sagt, ist seine Handlung »diese Tatsache zur Kenntnis nehmen«. In Beat ⑤ hat sich Lester verraten, und die Geschichte schreitet voran. Seine Handlung bei diesem Beat ist »zu verführen«. Der Schauspieler kann ein allgemeines Gefühl von Begierde und Verlangen erkunden. Der folgende Beat, der mit Angelas »Danke« endet, ist ein »*Need*«-Beat für Lester. Sein Verlangen nach ihr kommt ans Licht; seine Handlung für Beat ⑥ ist, »seinen Hunger nach ihr zu offenbaren«.

ANGELA
Ich weiß es nicht.

LESTER
Du weißt es nicht?

```
Sein Gesicht ist ganz nah an ihrem. Sie ist
verunsichert, es geht ihr zu schnell …

                    ANGELA
              Was wollen Sie?/⑤

                    LESTER
        Soll das ein Witz sein? Ich will dich.
        Ich wollte dich vom ersten Moment an. Du
        bist das Allerschönste, was ich je gesehen
                     habe.

Angela holt tief Luft, als Lester sich zu ihr neigt
und sie auf die Wange, die Stirn, die Augenlider,
den Hals küßt …

                    ANGELA
        Sie halten mich nicht für gewöhnlich?

                    LESTER
        Du könntest nicht gewöhnlich sein, selbst
           wenn du es versuchen würdest.

                    ANGELA
                  Danke./⑥
```

Beat:	Beschreibung:	Handlung:	Persönliches Material:
⑤ »Was wollen Sie?«	Aktive Handlung	Verführen	
⑥ »Danke.«	*Need*	Seinen Hunger nach ihr offenbaren	

Der nächste Beat ist heikel. Da Lesters *Need* darauf aus ist, »Schönheit zu erfahren« und romantische, reine Liebe zu suchen, geht es um eine Darstellung des Konflikts, wenn er Angelas falscher, verlogener Sinnlichkeit erliegt. Lester erkennt zwar auf irgendeiner Ebene, daß das, was er gleich mit Angela erleben wird, die Sanfte-Licht-und Rosenblättervollkommenheit seiner Phantasievorstellungen heraufbeschwören wird, aber die Vollkommenheit, die Lester sucht, hat nichts zu tun mit einem heimlichen Rendezvous mit einem verängstigten Teenager, deren Gefühle gerade ernsthaft verletzt wurden. Er sollte sie verehren, statt dessen ist Lester durch seinen *Tragic Flaw* machtlos angesichts seiner körperlichen Begierde. Lesters protagonistische Kraft ist blockiert. Indem sie sich ihm hingibt, verkörpert Angela die antagonistische Kraft der Szene. Es ist ein innerer Konflikt für Lester. Seine Handlung ist, »sie sich nehmen«.

```
                    ANGELA
                  Danke./⑥
                  (weit weg)
     Ich finde, es gibt nichts Schlimmeres, als
             gewöhnlich zu sein .../⑦

Und Lester küßt sie auf den Mund./⑧
```

Letztendlich ist ihr Kuß in Beat ⑧ für Lester, wie bereits für Angela, eine aktive Handlung. Gemeinsam nähern sie sich dem Höhepunkt der Geschichte. Lesters Handlung könnte heißen: »Sie verschlingen.«

Beat:	Beschreibung:	Handlung:	Persönliches Material:
⑦»... gewöhnlich zu sein.«	Konflikt	Sie sich nehmen	
⑧ »... auf den Mund.«	Aktive Handlung	Sie verschlingen	

Eine Geheimwaffe

Einigen Schauspielern, mit denen ich arbeite, ist es lieber, wenn der Regisseur nicht genau weiß, wie sie sich auf ihre Rolle vorbereitet haben. Leider können einige Autoren und Regisseure ziemlich in die Defensive gehen, wenn sie das Gefühl haben, ein Coach dringe in ihr Territorium ein.

Die Stärke des Drehbuchauszugs (bzw. der Szenenanalyse) liegt in der Selbstfindung des Schauspielers und in den Ideen, die dabei entstehen. Zweck ist es, Ideen zu finden und Optionen zu schaffen, nicht, bei Auseinandersetzungen zu gewinnen. Was du dabei herausfindest, ist allein deine Sache. Es geht weder den Regisseur noch den Autor oder die anderen Schauspieler in der Szene etwas an. Die Hauptregel lautet, NIEMALS mit Hilfe dieser Methode eine Entscheidung zu diskutieren oder eine Änderung eines Regisseurs anzufechten. Wenn du Selbstvertrauen gewinnst und mit der Methode vertraut bist, wirst du lernen, die Änderungen eines Regisseurs auf eine Weise zu interpretieren, die zu deiner Vorbereitung paßt.

Die Stärken dieser Methode liegen in der emotionalen Verbindung und der persönlichen Vertrautheit mit dem Text, die du durch die Arbeit erreichst. Selbst wenn du von deiner Analyse nicht überzeugt bist, wirst du den Text durch diese Arbeit besser und genauer kennen als durch bloßes Auswendiglernen.

Der Drehbuchauszug zwingt den Schauspieler dazu, nachzudenken und sich etwas vorzustellen. Er generiert Ideen und Mittel. Diese Mittel wappnen dich gegen Unsicherheit bei den Proben, nicht chronologische Disposition und kurzfristige Änderungen. Gestatte dir, flexibel und einfallsreich zu sein. Mach die Auszüge einfach nur, um zu wissen, daß du Auswahlmöglichkeiten hast. Und dann, wie Clurman sagt, »verbrenn die Auszüge«.

Teil V

Das Leben

KAPITEL 24

Improvisation

Ich weiß nicht, welcher Teufel mich reitet, ich improvisiere nach der Musik, die mir ihren Willen aufzwingt, das heiße, brechend volle Theater, die Scheinwerfer, die mich verbrennen, haben mich verrückt gemacht. Fieberglut hat meinen ganzen Körper erfaßt, sogar die Zähne und die Augen! Bei jedem Sprung glaube ich, an den Himmel zu stoßen, und wenn ich wieder herunterkomme, gehört mir die Erde.
Josephine Baker[88]

Swing Time

Ein Schauspieler muß »ein Gespür, einen Rhythmus, ein Gefühl für Melodie und Tempo haben«, sagt Laurence Fishburne. »Anwender der Kunst, Achtung:«, schreibt er in der Einleitung zu seinem Stück *Riff Raff*, »Gammelt nicht rum! Bewegt euch, kommt und haut rein! Ein ›Riff‹ ist ein ›Riff‹. Also swingt!«

Gutes Schauspielen swingt. »Die meisten Musiker interessieren sich für die Wahrheit«, sagt Saxophonlegende John Coltrane. Leidenschaftliches, visionäres Spielen trifft das gleiche Ziel wie gute Musik. Es sagt die Wahrheit. Coltranes berühmteste Aufnahme ist eine Coverversion von »My Favorite Things« aus dem Musical *The Sound of Music*.

Das ist die Melodie des Liedes, wie Richard Rodgers und Oskar Hammerstein sie geschrieben haben:

---

88 In: Josephine Baker/Jo Bouillon: *Ausgerechnet Bananen!* Aus dem Franz. übertragen von Simon Saint-Honoré, Bern/München 1976, S. 78. (Anm. d. Red.)

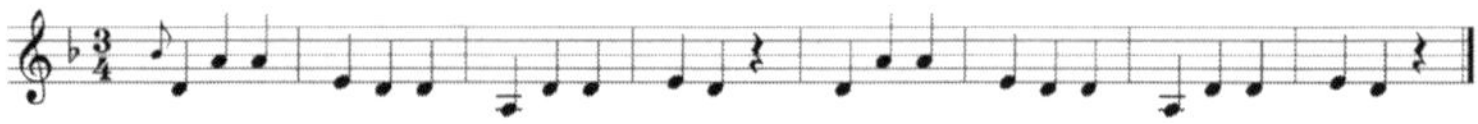

Und das hat Coltrane daraus gemacht:

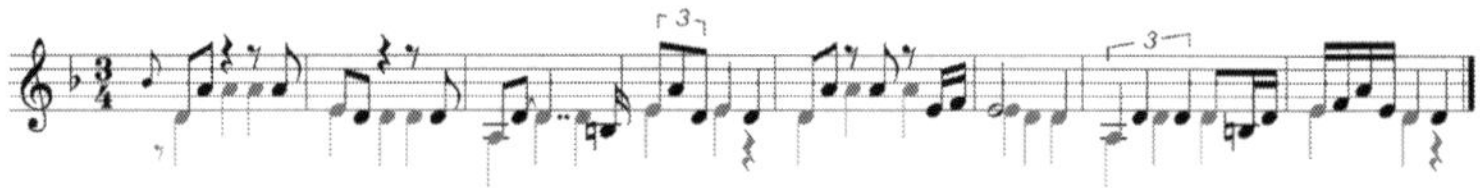

Coltrane fing mit dem »Text« der Melodie an und verwandelte »My Favorite Things« in ein organisches, lebhaftes und ganz persönliches Werk. Er spielte den Song nicht einfach; er ließ ihn lebendig werden.

Schauspielen muß dasselbe emotionale, waghalsige, intuitive und orgastische Leben haben wie Coltranes Solo. Genau wie ein Saxophonist läßt ein Schauspieler jede Faser seiner selbst, seine Vorbereitung und seine Technik in das Stück fließen, das er spielt. Schauspieler spielen mit dem Text, sie spielen Riffs, sie arbeiten mit und gegen das Tempo und die Tonhöhe der Szene. Sie versuchen alles, tun alles, um sich tiefer auf die Wahrheit ihrer Figur einzulassen und diese Wahrheit an das Publikum weiterzugeben. Alles ist möglich, wie Coltrane sagt, »solange es irgendein Gefühl für Kommunikation gibt«.

Frei improvisieren

Viele Leute glauben noch immer, daß die Filme *A Woman Under The Influence (Eine Frau unter Einfluß), Husbands (Ehemänner), Faces (Gesichter)* und *Opening Night*[89] des unkonventionellen Drehbuchautors, Schauspielers und Regisseurs John Cassavetes am Set frei improvisiert wurden. In Wahrheit stand jeder dilettantische, unverkennbar wahre Moment in Cassavetes' Filmen genau im Drehbuch. Seine Schauspieler wurden dazu ermutigt, vor der Kamera und in den Proben zu improvisieren, aber immer nur innerhalb der Grenzen der Szene, wie sie im Drehbuch stand. Ein Musiker braucht eine Melodie oder eine Akkordfolge, auf der er improvisieren kann. Unstrukturierte Improvisation nützt einem Schauspieler ebensowenig wie einem Musiker. Der Schauspieler braucht

89 Jeweils USA 1974, 1970, 1968, 1977.

einen Text oder eine festgelegte Struktur bei einer Szene, damit er improvisieren kann.

Bei der Improvisation geht der Schauspieler über die Grenzen der Worte des Autors hinaus. Als Einstieg benutzt er sein Wissen über die Figur und die Vertrautheit mit dem Text. Eine Improvisation ist ein Weg, eine Reise außerhalb des kartierten Textgeländes. Auf dieser Reise kann die Phantasie des Schauspielers alles aus seinem Innern oder von irgendwo anders heraufbeschwören. Improvisieren kann Wissen hervorbringen, das das Verständnis eines Schauspielers für seine Figur erhöht. Es kann Empfindungen im Schauspieler wecken, die, auch wenn sie nicht ausdrücklich im Text stehen, ihn besser auf die im Text beschriebenen Umstände fokussieren, als er es allein anhand des Textes hätte erarbeiten können.

Strukturierte Improvisation ist ein Werkzeug, um die Welt der Figur zu erforschen. Der Schauspieler benutzt die Improvisation, um die geheimen Winkel jener Welt zu erhellen, die der Text nicht beleuchtet. Bei der Improvisation treten potentielle Hinweise und Anhaltspunkte zutage, die zu einem besseren Verständnis der Tatsachen und Konflikte bei der späteren Arbeit mit dem Text führen. Selbst wenn diese Hinweise und Anhaltspunkte dir nichts über deine Figur sagen, können sie dir vielleicht etwas über dich selbst sagen, was dich der Geschichte näherbringt. Improvisation kann dich und deine Figur so fest verbinden, daß nichts euch trennen kann.

Nachdem du den Text in einzelne Beats aufgeteilt und diesen Beats Handlungen zugeordnet hast, leg den Text vorübergehend beiseite. Ausgestattet mit deinem Wissen über die Szene und ihre Figuren, verwendest du deine eigenen Worte und Bewegungen, um die Gefühle in der Szene mitzuteilen. Basierend auf den Umständen deiner Figur, die du aus dem Text erfahren hast, sagst du, wie du dich fühlst. Bleib ehrlich und offen und vergiß für eine Weile den Text zugunsten der Empfindungen dahinter. Wenn du dann auf den Text zurückkommst, hast du die wichtige Erfahrung gemacht, als deine Figur zu leben. Du kannst nun diese Freiheit und dieses Leben nutzen, um die Bedeutung und die Gefühle hinter den Worten des Autors zu vertiefen.

Schauspieler, die gut im Improvisieren sind, können sich sehr weit vom

Text entfernen und dann, wie Coltrane, zur darunterliegenden Textmelodie zurückkehren. Schauspieler, die sich mit Improvisation schwertun, spielen lediglich Riffs auf den Text und treten auf der Stelle, weil sie nur hier und da ein Wort im Text ersetzen. Jemand, der schlecht improvisieren kann, wiederholt einfach ständig einzelne Sätze aus dem Text.

Der wirkliche Unterschied liegt in der Haltung des Schauspielers. Ein guter Improvisator will seine Figur und ihre Welt erkunden. Er sehnt sich nach den Teilen der Wahrheit, die da draußen hinter den Worten des Autors warten und die er in die geschriebene Szene einbringen kann.

Schauspieler, die sich gegen die Erkundungsreise durch Improvisation wehren, trauen meist ihrer Vorstellungskraft nicht. Sie fühlen sich ohne Straßenkarten für das, was ihre Figur sagt, nicht sicher. Ein schlechter Improvisator gerät leicht in Panik. Er wird nicht den Mut haben, sich vom Text zu lösen und frei zu improvisieren.

KAPITEL 25

Die wirkliche Welt

In der langen Geschichte der Menschheit (und der Tierwelt auch) setzten sich diejenigen durch, die gelernt hatten, möglichst effektiv zusammenzuarbeiten und zu improvisieren.
Charles Darwin

Respekt

Regisseure wie Sidney Lumet und Francis Ford Coppola haben großen Respekt vor dem Anteil des Schauspielers, seine eigene Vision umzusetzen. Lumet plante drei Wochen bezahlte Proben für seine Hauptdarsteller ein. Er mietete eine Probenhalle, markierte die Grundrisse der verschiedenen Dekorationen und arbeitete das Drehbuch Satz für Satz und Schritt für Schritt mit seinen Schauspielern durch. Alle Ideen wurden gehört und jede Möglichkeit bedacht.

Coppola versammelt seine Besetzung in provisorischen Dekorationen. Er läßt Requisiten und Möbelstücke aufstellen, die später in der richtigen Dekoration benutzt werden. Coppola arbeitet sorgfältig und persönlich mit jedem Mitwirkenden. Wie Lumet ermutigt er die Schauspieler, das Drehbuch zu erkunden. Coppola läßt die Schauspieler Szenen improvisieren, die nicht im Drehbuch stehen, sondern sich auf die Biographien beziehen, die seine Schauspieler für ihre Figuren erstellen. Das gibt seinen Darstellern ein Gefühl von echten gemeinsamen Erinnerungen, die sie als Figuren wieder abrufen können.

Coppola hat an der Hofstra University Theater studiert, bevor er sein Filmstudium an der University of California in Los Angeles aufnahm. Lumet (1924–2011) war der Sohn eines Schauspielers und kam zum Filmemachen, nachdem er seine eigene Theatergruppe gegründet hatte. Solche Künstler arbeiten mit ihren Schauspielern auf direkte und anerkennende Weise zusammen, weil sie verstehen, was ein Schauspieler tut und wie viel er beiträgt. Sie verlassen sich bei der Weiterentwicklung ihrer Regieidee auf die Hilfe ihrer Schauspieler.

Sidney Lumet und Coppola gehören zu einer aussterbenden Rasse. Immer mehr Film- und Theaterregisseure kommen aus der Werbung, vom Schreiben oder von der Fotografie. Für einen unabhängigen »Selfmade«-Filmemacher oder einen Regisseur, der Musikvideos dreht, ist das, was ein Schauspieler macht – seine Vorbereitung und seine Methode –, meist ein Rätsel.

Unterm Strich

»Filmemachen ist zu neunzig Prozent Casting.« Diese Binsenweisheit gibt es, solange es Filmregisseure gibt. Da die Produktionskosten weiter in die Höhe schießen, liegt diese Zahl jetzt näher bei hundert Prozent. Selbst die Screen Actors Guild [US-amerikanische Schauspielergewerkschaft; Anm. d. Red.] schreibt in ihren Verträgen für Low-Budget-Produktionen vor, daß Schauspieler eine normale Tagesgage [ohne Zuschläge für Mehrarbeit usw.; Anm. d. Red.] für jeden Probentag erhalten. Unabhängig davon, ob ein Film hundert Millionen oder 1,2 Millionen Dollar kostet, Produzenten wollen einfach nicht für Proben zahlen. Theaterproduzenten stehen unter demselben finanziellen Druck wie Filmproduzenten. Sie zahlen für die Proben nicht mehr als das absolute Minimum.

Stanley Kubrick war bekannt dafür, manchmal fünfzig oder sechzig Takes von einzelnen Einstellungen zu drehen. »Wenn ich eine sehr große Anzahl Takes drehen muß, liegt das immer daran, daß die Schauspieler den Text nicht oder nicht gut genug können«, sagte er einmal in einem Interview. Für Kubrick war jeder Take eine gefilmte Probe. Und er erwartete von seinen Schauspielern, daß sie bereit waren, ihm bei jedem Take etwas anderes über ihre Figur zu verraten. Ein verantwortungsbewußter Schauspieler sollte an jedes Engagement herangehen, als wäre es ein Film von Kubrick. Jeder Schauspieler sollte bei jedem Engagement so viele verschiedene Antworten und Ideen wie möglich parat haben. Deine Vorbereitung – die Recherche, die Übungen und der Drehbuchauszug –, das alles dient einzig der Vision des Regisseurs.

Das Vorsprechen

Bei einem Vorsprechen wollen Casting-Agenten und Regisseure das sehen, was jedes Publikum sehen will – Leben, Magie, künstlerische Schöpfung – mit einem Wort: Wahrheit. Wenn du ihre Aufmerksamkeit gewinnen kannst, geben sie dir die Chance, die Aufmerksamkeit des Publikums zu gewinnen. Sie wollen *etwas* sehen. Gib es ihnen, und sie werden dir etwas zurückgeben. Ein Schauspieler muß zum Casting gehen und wissen, daß er einen unentbehrlichen Beitrag zu dem Projekt leisten wird. Du mußt »jenen hellen Funken entzünden, der sich in jedem Menschen nach dem Wunder der Verwandlung sehnt«, wie Edward G. Robinson einmal sagte. Aber du mußt diesen Beitrag leisten wollen. Du mußt überzeugt davon sein, daß du so spielen kannst, daß es uns, mit den Worten von Tilda Swinton, »in die Wildnis der menschlichen Natur mitnimmt und dort zurückläßt«. Deine Vorbereitung schafft diese feste Überzeugung und macht deshalb diesen Beitrag möglich.

Ein Schauspieler, der *Need*, *Public Persona* und *Tragic Flaw* einer Figur ausfindig gemacht und erkundet hat, der durch *Sense Memory* und *Personalization*-Übungen Parallelen gefunden hat, der Tierübungen angewendet, den Ort der Niederlage und den *privaten Moment der Figur* erforscht und gründlich seine Drehbuchauszüge (Szenenanalyse) gemacht hat, bringt eine einzigartige Präsenz in ein Vorsprechen mit. Ein Schauspieler, der seine ganze Seele und jeden wachen Moment in seine Vorbereitung investiert hat, ist besser ausgerüstet, das »etwas andere« stattfinden zu lassen.

Die meisten Schauspieler haben nicht viel Zeit, um sich auf ein Vorsprechen vorzubereiten. Aber selbst wenn du weniger als eine Stunde für die Vorbereitung hast, kannst du trotzdem etwas Magisches mitbringen. Finde einfach eine Wahrheit, die du erzählen willst. Die Wahrheit im Text, zu der du eine Verbindung findest, wird dich tragen. Du mußt wissen, was im Text für dich wahr ist. Wenn du das weißt, kannst du das Vorsprechen gelassen angehen.

Die Probe

Bei vielen Filmen und bei den meisten Theaterstücken hat ein Schauspieler ein oder zwei Tage für eine Leseprobe, bei der die ganze Besetzung zusammensitzt und den Text entspannt durchgeht. Was einmal als erste Probe gedacht war, wird immer mehr zur einzigen Probe, bevor ein Schauspieler zum Set kommt. Es ist daher wichtig, möglichst viel aus der Leseprobe herauszuholen.

Als sich Sam Peckinpah darauf vorbereitete, im Jahr 1968 seinen bahnbrechenden Western *The Wild Bunch (The Wild Bunch – Sie kannten kein Gesetz)* zu drehen, hatte er seit mehreren Jahren keinen Film mehr gemacht. Das Casting gestaltete sich schwierig. Ein Schauspieler nach dem anderen gab das Drehbuch zu *The Wild Bunch* weiter. Als er schließlich sein Ensemble zur ersten Leseprobe versammelte, war Peckinpah besorgt, daß die Zusammensetzung von Schauspielern, die er gefunden hatte, nicht funktionieren würde und sie das Drehbuch nicht zum Leben erwecken könnten. »Die Crew war auch da«, erinnerte sich der *Wild Bunch*-Schauspieler Bob Hopkins. »Es war ziemlich gut organisiert.« Wie viele besorgte Regisseure vor und nach ihm kam Peckinpah zur Leseprobe und wollte sichergehen, daß er beim Casting die richtige Auswahl getroffen hatte. Peckinpah setzte sich ans Kopfende des Tisches, stellte Schauspieler und Crew vor und sagte seinen Schauspielern, sie sollen sich entspannen und ganz zwanglos das Drehbuch lesen. Alle am Tisch holten tief Luft und öffneten ihre Drehbücher auf Seite eins.

Als das Lesen begann, merkte Peckinpah, daß etwas nicht funktionierte. Besetzt als Sykes – ein grauhaariger, halb verrückter alter Goldgräber –, las Edmond O'Brien, ein für seine Wandlungsfähigkeit ausgesuchter brillanter Charakterdarsteller mit großer Erfahrung, aus dem Drehbuch, als sei es ein Telefonbuch. Hopkins erinnerte sich, daß O'Brien »einfach seine Rolle las, ausdruckslos, er nuschelte praktisch«. Voller Argwohn, noch mal von vorne anfangen zu müssen, unterbrach Peckinpah das Lesen und fragte O'Brien: »Eddie, was soll das werden?«

»Ach, du meinst, wie ich die Figur spielen will?« antwortete O'Brien. »Wolltest du das jetzt sehen?«

»Ich möchte *etwas* davon jetzt sehen«, sagte Peckinpah gereizt. Als die

Leseprobe weiterging, sprang Edmond O'Brien auf, tanzte schrill lachend als Sykes durch den Raum. Ein sehr erleichterter Sam Peckinpah lachte und sagte: »Alles klar, ich sehe, du hast es drauf.«

Regisseure behaupten oft, sie wollten nicht, daß ihre Schauspieler bei der Leseprobe »spielen«. Aber was sie wirklich meinen, ist, daß sie die Figur hören und sehen wollen, nicht den Schauspieler. Ein Schauspieler muß zur Leseprobe erscheinen und auf eines vorbereitet sein – zu kommunizieren. Deine Figur muß in der Lage sein, sich in den Worten des Textes mit den anderen Figuren zu unterhalten. Das meinen Regisseure mit »spiel nicht«, »lies einfach das Drehbuch vor« und den anderen irreführenden Klischees, die sie den Schauspielern am Tisch sagen. Achte darauf, als deine Figur zuzuhören, zu sprechen und wieder zuzuhören. Verwickle die anderen Figuren in ein Gespräch. Das ist alles, was ein Schauspieler bei einer Leseprobe tun muß: *kommunizieren*.

Wenn die Zeit gekommen ist, aufzustehen und eine Szene durchzustellen – die unmittelbaren Details, wie die Schauspieler und die Kamera sich laut Drehbuch bewegen, auszuarbeiten –, läßt ein schauspielerfreundlicher Regisseur die Schauspieler Bewegungen und Gänge ausprobieren und ihren eigenen Weg durch die Szene finden und feilt dann am Szenenablauf. Wahrscheinlicher ist es jedoch, daß der Regisseur alles schriftlich ausgearbeitet hat, mit einer Liste der Einstellungen oder einem Storyboard. Diese Regisseure werden von dir erwarten, daß du dich bei bestimmten Sätzen an Markierungen hältst, Requisiten in die Hand nimmst und andere mechanische Dinge in einem bestimmten Tempo und in einer bestimmten Reihenfolge tust.

So oder so, die Last, den Überblick über alle Stichworte, Zeitabläufe und Bewegungen zu behalten, liegt beim Schauspieler. Und es ist eine schwere Last. Nimm bei der Probe einen Stift zur Hand und notiere jede Position und jede Bewegung neben der entsprechenden Regieanweisung und dem Dialog in deinem Text. Wo auch immer sich deine Figur hinbewegt, bei welchen Sätzen sie sich bewegt, was sie in die Hand nimmt, weglegt, trägt, hält oder bemerkt, alles wird bis ins kleinste Detail in deinem Text notiert.

Wenn die Proben vorbei sind, beginnt die eigentliche Arbeit. Allein und in deinem eigenen Tempo mußt du, der Schauspieler, jede Bewegung, jede Geste, jede Einzelheit für deine Figur rechtfertigen. Du mußt einen Grund und eine Erklärung für alles haben, was deine Figur in einer Szene tut. Alles, was mit deiner Figur passiert – die Bewegungen, die Gänge, die Handlungen –, muß für dich absolut glaubhaft klingen, so daß es (auch) für ein Publikum glaubhaft klingt.

Der Regisseur ist nicht da, um Schauspielunterricht zu erteilen, und der Schauspieler ist nicht da, um der Regie Tips zu geben. Der Autor wird wahrscheinlich nie da sein. In der wirklichen Welt erfordert Spielen, daß du dich durch deine eigene private Vorbereitung bereits in die Figur, den Autor und den Regisseur hineinversetzt hast, dabei alle Fragen gestellt und deine Rolle geklärt und begründet hast, bevor du zum Set kommst.

Es gibt einen Grund und eine Rechtfertigung für alles, was du als Schauspieler in einer Szene tust. Aber der einzige zuverlässige Ort, an dem du als Schauspieler erwarten kannst, eine Antwort zu finden, befindet sich in dir selbst. Du gehst von der Couch rüber zur Bar und sprichst deinen Text, während du ein Glas in die Hand nimmst? Warum? Wenn du die Recherche, die persönliche und die Figurenerforschung und den Drehbuchauszug (die Szenenanalyse) gemacht hast, kannst du die Frage selbst beantworten. Du kannst die Frage wenn nötig auf fünfzig oder sechzig verschiedene Arten beantworten. Du willst wissen, warum du an einer bestimmten Markierung bei einer bestimmten Zeile stehenbleibst? Du lieferst die Begründung. Und wenn dir keine tiefsinnige Erklärung einfällt, ist deine Begründung, daß sie dich genommen haben, weil du so gut vorbereitet zum Vorsprechen gekommen bist. Es liegt jetzt an dir. Du wirst dafür bezahlt. »Such dir deinen Platz, sieh dem anderen in die Augen und *sag die Wahrheit.*«

KAPITEL 26

Gold Dust

Schauspielen ist wie Zwiebeln schälen. Du mußt jede Schicht ablösen, um die nächste freizulegen.
Juliette Binoche

Einmal in der Woche gebe ich eine Meisterklasse namens *Gold Dust*, in der erfahrene Schauspieler in einer Gruppe arbeiten und Figuren entwickeln. In den letzten paar Jahren hat Juliette Binoche gelegentlich an diesen Kursen teilgenommen. Ich habe diese außergewöhnliche Künstlerin das erste Mal im Jahr 2000 getroffen, als sie sich darauf vorbereitete, am Broadway in Harold Pinters Stück *Betrogen* zu spielen. Wir haben seitdem wiederholt zusammengearbeitet und sind inzwischen eng befreundet. Binoche ist die Tochter eines Schauspieler-Ehepaars. Sie ist Oscarpreisträgerin und eine Künstlerin von unglaublicher Hingabe und Intelligenz. Juliette Binoche ist besonders geeignet, um über meine Methode, die Verantwortung des Schauspielers und die Schauspielkunst zu sprechen.

Juliette Binoche über Susan Batson

Need, Public Persona, Tragic Flaw

Need, Public Persona und *Tragic Flaw* sind das Einmaleins der schauspielerischen Arbeit. Sie sind das, was für einen Pianisten die Tonleitern sind; *les escalades*, wie wir auf Französisch sagen. Sie sind ein wunderbares Werkzeug, mit dem man Gefühle oder Gedanken zum Ausdruck bringt und einer Figur Leben einhauchen kann, auch wenn das unmöglich erscheint. *Need, Public Persona* und *Tragic Flaw* helfen dir dabei, deine Figur zu verkörpern und die Geschichte zu erzählen. Sie zu kennen und sie als Grundlage für eine Figur zu nutzen, ist das mindeste, was ein Schauspieler tun kann.

Als ich den Film *Rendez-Vous*[90] drehte, eine meiner ersten großen Rollen, war ich zwanzig Jahre alt. Damals fand ich intuitiv die Parallelen zwischen meinem Leben und dem meiner Figur. Ich erschuf die Figur mit Hilfe von etwas, was in mir war, weil ich keine andere Methode kannte. Man könnte sagen, ich war mein eigenes *Actors Studio*. In den Filmen, die ich heute drehe, sind die Themen oft von großer Bedeutung. Meine schauspielerischen Entscheidungen müssen diese Themen widerspiegeln. Die Figuren sind schwieriger und anspruchsvoller geworden. Ich muß einen Weg finden, um mich nicht zu verlieren oder mir weh zu tun und gleichzeitig konzentriert bei der Arbeit zu bleiben. Ich habe festgestellt, daß ich, je mehr ich in Filmen riskiere, desto mehr diese drei Dimensionen *Need, Public Persona* und *Tragic Flaw* nutzen muß.

Ich gehe an diese Rollen mutig heran, weil ich weiß, daß ich eine solide Grundlage habe. Es ist wie bei einer Katze. Eine Katze springt aus einem Fenster im fünften Stock und landet auf den Pfoten, weil sie ein inneres Gleichgewicht hat. Das System von *Need, Public Persona* und *Tragic Flaw* gibt mir dieses Gleichgewicht. Es bildet eine Grundlage und hält gleichzeitig die Arbeit frisch. Obwohl Susan und ich für jede Rolle durch diese drei Dimensionen gegangen sind, hat es sich nie angefühlt, als hätten wir die gleiche Arbeitsweise wiederholt.

---

90 F 1985, Regie: André Téchiné.

Mit vollem Einsatz

Die Vorbereitung, die wir machen, ermöglicht mir, in ganz unterschiedlichen Filmen zu spielen. Komödien, politische Filme, Thriller – sie alle erfordern ganz unterschiedliche Arbeitsweisen. Wir haben zum Beispiel bei einigen Filmen Tierübungen eingesetzt, bei einigen mehr als bei anderen. Meistens haben wir höchstens ein paar Wochen Zeit, uns vorzubereiten. Wenn wir miteinander arbeiten, ist jede Art der Unterhaltung erlaubt. Wegen des Zeitfaktors ist unsere Arbeit sehr verdichtet. Sie ist konzentriert – wir lachen und weinen viel zusammen. Durch unsere gemeinsame Arbeit haben wir beide viel über das Leben gelernt.

Wenn meine Arbeit getan ist und ich vorbereitet bin, kann ich eine Geschlossenheit bei meiner Rolle sehen, die der ganzen Dynamik des Filmes dient. Am Set führt all unsere Vorbereitung dazu, daß ich mehr geben will. Ich fühle mich genauso unmittelbar verantwortlich für den Film wie der Regisseur sich verantwortlich fühlt.

Bei unserer gemeinsamen Arbeit für den Film *In My Country*[91] beschäftigten Susan und ich uns eingehend mit Apartheid. Es war eine ganz schreckliche Erfahrung – physisch unerträglich. Sogar heute ist es noch unerträglich, nur darüber zu sprechen. Aber als Schauspielerin muß ich diese schwierigen Entscheidungen treffen, um mich einzubringen. Ich will etwas erschaffen, und ich hoffe, Dinge zu verändern. Ich glaube an Verwandlung, an das Leben und daran, das Bewußtsein der Menschen durch Kunst zu verändern. Und die Welt zum Besseren zu verändern fängt damit an, das Bewußtsein der Menschen zu verändern.

Wenn du keinen Krieg erlebt hast wie meine Figur Amira in *Breaking and Entering (Breaking and Entering – Einbruch und Diebstahl)*,[92] ist das mindeste, was du tun kannst, alles über Krieg in Erfahrung zu bringen und zu versuchen, Härte und Leid des Krieges in dir selbst zu erkunden. Wenn du eine solche Rolle annimmst, weißt du, daß es schrecklich wird. Du weißt, daß du dir weh tun wirst. Natürlich kannst du dich verschließen und einen Rückzieher machen und einen kleinen Teil von dir schüt-

---

91 GB 2004, Regie: John Boorman.

92 USA/GB 2006, Regie: Anthony Minghella.

zen, aber du mußt Verantwortung für die Figur und für die Geschichte übernehmen. Das ist kein Masochismus. Ich muß diese schrecklichen Dinge wissen, um alles, was ich habe, für die Geschichte zu geben.

Für *Les Amants du Pont-Neuf (Die Liebenden von Pont-Neuf)*,[93] in dem ich eine Frau spiele, die auf der Straße lebt, ging ich raus auf die Straßen von Paris. Ich mußte die Erfahrung machen, auf der Straße zu sein und nichts zu haben, völlig allein zu sein, um in dem Film alles geben zu können. Aus diesen Empfindungen und aus dieser Erfahrung entsteht ein Wissen. Natürlich kann man mit Leuten reden und ihren Schmerz sehen und so weiter, aber eine wirkliche Erfahrung macht alles realer.

Recherchiere, aber individualisiere

Die Filme, die ich mache, enthalten immer etwas, was tief in mir verwurzelt ist. Zu entdecken, warum ich diese spezielle Geschichte erzählen muß, wird Teil des Prozesses sein. Am Anfang kann ich noch nicht wissen, warum das so ist, deshalb wird der Film eine Reise, bei der ich herausfinde, worin diese Verbindung besteht. Amira in *Breaking and Entering* beispielsweise ist ein Flüchtling – eine alleinerziehende Mutter, die mit ihrem Sohn aus dem Balkan flieht. In ihrer Wahlheimat wird sie Schneiderin. Zufälligerweise ist meine Großmutter mütterlicherseits im Zweiten Weltkrieg aus Polen geflohen. Sie kam allein mit zwei Kindern nach Frankreich, und wie Amira war sie Schneiderin.

Ich fühlte mich Amira sehr verbunden. Ich habe einen Sohn, und er ist fast ein Teenager, wie Amiras Sohn in *Breaking and Entering*, so daß ich diese Beziehung schon kannte. Viele Dinge in diesem Film hatten einen Bezug zu meinen polnischen Wurzeln – meinen Immigrantenwurzeln. Es war eine schwierige Aufgabe. Aber diese tiefe Verbindung, diese Wahrhaftigkeit, ermöglicht dir, so konkret zu arbeiten, daß die Geschichte eine universelle Gültigkeit bekommt. Je konkreter und persönlicher du in deiner Arbeit bist, desto umfassender wird deine Arbeit verstanden.

93 F 1991, Regie: Leos Carax.

Die Arbeit

Das, was du herausfindest, muß in deine Figur einfließen. Du stürzt dich hinein: du lernst und liest, recherchierst, siehst dir Aufnahmen an, triffst dich mit Leuten und reist herum. Du arbeitest mit Tierübungen, mit dem *Tragic Flaw* und dem *privaten Moment*. Aber am Ende mußt du alles wieder vergessen. Wie Susan sagt: »Du mußt den Text verbrennen und fliegen.« Wir verbrennen nicht wirklich den Text, aber es gibt einen Teil der Vorbereitung, den man vergessen muß, um gute Arbeit zu leisten. Ich stelle es mir so vor, als ob etwas in mir verbrennt.

Der Trick besteht darin, etwas in dir sofort abrufen zu können, ohne es zu wissen. Das Wunder geschieht, wenn man sich selbst vergißt. Das Ego verschwindet. Die Arbeit sollte sich nicht wie Arbeit anfühlen. Wenn du dir der Handlung zu bewußt bist, wenn dir zu bewußt ist, wie du dich bewegst, wenn dir zu bewußt ist, was die Leute von dir denken und was sie wahrnehmen, dann ist alles verloren. Die Arbeit wird dadurch gehemmt und verliert ihre Kraft als Kunstform.

Zu meiner Vorbereitung für den Film *Mary*[94] gehörte es, mich in das Evangelium der Maria zu vertiefen. Maria spricht davon, daß die Seele verschiedene Stadien und Stufen der Menschlichkeit durchläuft. Als ich das las, dachte ich: »Wow, das beschreibt ja eigentlich das Schauspielen.« Wenn du spielst, durchläufst du viele verschiedene Stadien. Du mußt alles miteinander verknüpfen, um vollständig in der Arbeit, in der Kunst, aufzugehen. Das ist für viele Leute schwer zu verstehen. Vielleicht ist es besser, daß die Leute es nicht verstehen. Du kannst es nicht verstehen, während du es tust, denn die Arbeit entsteht aus einem Gefühl – einer Wahrnehmung. Das ist der Grund, warum Schauspielen so faszinierend ist: weil es für all diese anderen Arten von Verwandlung steht.

94 USA/F/I 2005, Regie: Abel Ferrara.

Der Drehbuchauszug

Ich weiß, wie man einen Drehbuchauszug macht, aber meistens macht Susan die Analyse für mich. Sie hat wirklich einen Blick für die einzelnen Beats – Aktive Handlung, Exposition, Darstellung des Konflikts, Darstellung des *Needs* und Charakterisierung der Figur. Wenn ich mit Susan arbeite, erstellen wir einen Überblick über den ganzen Film. Es gibt einen Anfang, eine Mitte und ein Ende. Bei manchen Filmen mag das nicht so klar sein, weil manche Filme anders sind, aber ich kann immer das Gesamtbild sehen. Manchmal kann ich es sogar sehen, wenn der Regisseur es nicht sieht. Das ist sehr unangenehm, denn ich will mich nicht der Vision des Regisseurs aufdrängen. Ich kann nur beten, daß er es irgendwann selbst sehen wird.

Der Kurs

Ich kann nicht nur allein arbeiten. Im Kurs zu arbeiten und zu sehen, wie andere Schauspieler ihre Arbeit machen, tut mir einfach gut. Die Chance zu haben, neue Menschen kennenzulernen, hilft mir, zeitlebens zu wachsen. Der Kurs ist mir eine große Hilfe. Er läßt mich wirklich bescheiden werden und bringt mich an einen neutralen Ort, an dem wir, glaube ich, alle anfangen müssen. Er erinnert mich daran, daß wir alle Arbeiter sind. Ich glaube nicht, daß ich von Natur aus eine besonders talentierte Schauspielerin bin, aber ich habe viel gearbeitet. Ich habe mein Talent erworben und habe mich selbst durch das Arbeiten geschult. Ich verfüge über Erfahrung und habe eine Sensibilität entwickelt, durch die ich mich öffnen kann. Das ist eines meiner Werkzeuge.

Ich erinnere mich, wie Al Pacino einmal bei der Verleihung der Golden Globes seinen Lehrern dankte. Ich verstand das gut. Deine Lehrer sind wirklich die einzigen Zeugen der inneren Arbeit, die du machst. Susan war immer ziemlich fordernd, und sie gibt sich nicht mit irgendeinem Mist zufrieden. Das ist wunderbar im Kurs. Alle anderen im Kurs versuchen, höflich zu sein und ihre Meinung zu sagen. Aber dann kommen wir zu Susan, und sie sagt: »Nein, nein, nein! Nein, das ist Scheiße!« Das ist erfrischend.

Nach der Kursarbeit in *Gold Dust* bin ich bereit für alles, was der Regisseur will, weil ich erfüllt bin von der Arbeit im Kurs. Ich kann mich den Anforderungen des Regisseurs anpassen. Es ist wunderbar, vorbereitet und bereit, etwas zu geben, an einem Set anzukommen.

Die Arbeit mitbringen

Manchmal sind die Regisseure in der ersten Woche der Dreharbeiten mißtrauisch der Vorbereitung gegenüber, die wir gemacht haben. Aber irgendwann geben sie einfach nach. Sie lassen sich überzeugen, weil sie die Arbeit lieben. Sie wissen nicht immer, woher es kommt, aber sie wissen, daß sie etwas sehen, was sie noch nie zuvor gesehen haben.

Als ich mit John Boorman arbeitete, wollte ich am Anfang der Dreharbeiten zu *In My Country* gern zweite oder dritte Takes drehen, weil ich fand, daß ich hätte weitergehen können, aber er drehte einen Take, blieb hinter der Kamera und wollte dann weitergehen. Es war so technisch. Ich dachte: »Ich kann das nicht. Niemals kann ich hier mit ganzem Herzen dabei sein. Macht nichts, ich werde in diesem Film eben nicht so gut sein, wie ich es hätte sein können. Ich werde im nächsten gut sein …«

Aber wir setzten uns zusammen und redeten miteinander. Ich sagte ihm: »John, ich glaube, ich kann mit dir nicht arbeiten. Ich habe keinen Freiraum, um kreativ zu sein.« Er reagierte ganz wunderbar. Er veränderte sich komplett. Bei einer Szene bat er mich tatsächlich, noch einen Take zu drehen. Ich war total überrascht. Er bat mich darum, weil er wußte, daß ich noch weitergehen konnte. Am Ende der Dreharbeiten stieß er auf mich an und bedankte sich, daß ich ihm etwas über Schauspielen beigebracht hatte. Es war wunderbar, zu sehen, wie sich ein Regisseur im Alter von siebzig Jahren so verändern kann.

Bei *Quelques jours en septembre (Einige Tage im September)*,[95] in dem französisch und englisch gesprochen wird, machte sich Susan Sorgen, daß ich mich nicht öffnen könnte, wenn ich auf französisch spiele. Es macht einen ziemlichen Unterschied, ob man auf französisch oder auf

95 I/F/PT 2006, Regie: Santiago Amigorena.

englisch spielt. Die französische Sprache hat eine Art von Qualität, die nicht in den Wörtern herauskommt. Französisch ist eine sehr seltsame Sprache. Die Wörter sind so klar und kalt wie Eis. Es klingt schön, aber ich glaube, manchmal übertragen sich einige emotionale Dinge nicht. Vor Drehbeginn ging ich mit dem Regisseur etwas trinken. Und ich fragte ihn, ob es irgend etwas gebe, wovor er Angst habe. Es war sein erster Film, und er sagte, er habe vor seiner eigenen Unerfahrenheit Angst. Er fragte mich, wovor ich Angst hätte. Vielleicht davor, mit einem Regisseur zu arbeiten, der zum ersten Mal einen Film dreht? Ich sagte: »Nein, gar nicht. Ich befürchte, daß ich mich nicht traue, auf französisch offen und ehrlich zu sein.« Es war wirklich beängstigend für mich, denn die französische Sprache ist meine ganze Kindheit, meine Schulzeit, sie bedeutet mir alles, aber ich war mir nicht sicher, ob es funktionieren würde, auf französisch und auf englisch zu spielen.

Rat an junge Schauspieler

Mein Rat ist, nie lauwarm zu sein. Sei eiskalt oder brenne, aber sei nie »dazwischen«. Doch um die Temperatur zu halten, mußt du Neutralität in dir finden. Du brauchst ein scharfes Gehör, einen durchdringenden Blick und die Fähigkeit, alles um dich herum aufzunehmen. Alles Leben ist Bewegung; alle Kunst ist Bewegung. Zellen bewegen sich immer. Du mußt dich die ganze Zeit dem anpassen, was in deinem Leben geschieht. Das bedeutet Verwandlung. Ich glaube, wenn es einen Grund gibt, warum wir hier sind, dann, weil wir etwas lernen müssen und uns durch das, was wir lernen, verwandeln und verändern.

Wahrheit

Wahrheit ist ein unendlich kleiner, fast nicht wahrnehmbarer Punkt in dir. Es ist der kreative Ort. Für eine Frau ist es ihr Geschlecht. Etwas an diesem winzigen Punkt in einer Frau ist der Mittelpunkt des kreativen Prozesses. Für mich ist Wahrheit, wenn ich an diesen kleinen Punkt komme. Das meine ich mit Neutralität. Hier kann die Wahrheit beginnen. Dieser kleine Punkt ist wie nichts sein, und nichts sein bedeutet, alles zu sein. Alles um uns verändert sich. Es verändert sich durch die Zeit, durch die Gesellschaft, in der wir leben. Aber wenn wir genau hinsehen, gibt es etwas in uns, das unberührt bleibt – dieses winzige, kleine Ding.

Du mußt dir erlauben, nicht zu wissen, nicht stark, im Recht oder ohne Fehler zu sein. Sonst kannst du vor der Kamera niemals wahrhaftig sein. Wenn du so von dir überzeugt bist, daß du glaubst, alles zu wissen, wirst du nicht in der Lage sein, der Wahrheit ihren Weg zu bahnen. Als wir uns auf *In My Country* vorbereiteten, sagte ich: »Ich verstehe nicht, warum meine Figur verantwortlich ist. Sie hat nichts falsch gemacht, sie hat keinen Schwarzen getötet und hat allem Anschein nach nichts Falsches getan.«

Susan wurde wütend. Sie sagte: »Als Mensch, als Künstlerin, bist du für alles verantwortlich!« Und nach und nach kam es. Ich glaube, ich erkannte es bei einer Improvisation. Jetzt kenne ich die Wahrheit. Jeder Mensch muß verantwortlich sein.

Fin

Bevor ich Susan traf, fühlte ich mich als Schauspielerin sehr allein. Ich hatte ziemlich viele Filme gemacht und fühlte mich allein, weil niemand mich herausfordern konnte. Regisseure versuchten mit mir über meine Rollen zu reden, aber irgendwie ging es bei dem, was sie sagten, immer um sie und nicht um meine Arbeit. Ich war in einem Niemandsland der Wahrheit.

Ich sprach mit Michael Haneke, einem Regisseur, der mich durchaus herausfordern kann. Ich sagte: »Ich hätte gern die Freiheit, schlecht oder gut bei meiner Arbeit zu sein. Ich brauche eine kreative Beziehung, einen ehrlichen Umgang bei der Arbeit. Eigentlich suche ich jemanden, mit dem ich reden kann, jemandem, bei dem ich ich selbst sein kann – jemand, der nicht versucht, mich glücklich zu machen.«

Und er sagte: »Dann mußt du Susan Batson kennenlernen. Sie ist die einzige, die mir einfällt. Sie ist genial.« Und Michael, mein Gott, wenn er sagt, jemand wäre genial ... Ich kam einige Monate später nach New York, als mir eine Rolle in Harold Pinters Stück *Betrogen* angeboten wurde. Ich freute mich wirklich darauf, Susan kennenzulernen.

Wir haben seitdem so eng zusammengearbeitet, daß sie jetzt jemand ist, mit dem ich innere Bezugspunkte teilen kann. Das ist wichtig, weil diese Arbeit so viel von innen fordert. Diese Forderung kann sehr beängstigend sein. Man gewinnt viel dadurch, daß man tief gräbt, aber es ist schwer. Es ist sehr wichtig, Menschen zu haben, denen man vertraut, und Menschen, die deine Arbeit kennen, weil sie zu einem Bezugspunkt werden. Ich komme manchmal auf bestimmte Gedanken oder Details zurück, die Susan und ich herausgearbeitet haben, auf Dinge, die ich während der Zusammenarbeit aufgeschrieben habe, um meine Mitte wiederzufinden.

Der schauspielerische Prozeß bietet nicht viel Geborgenheit. Es ist schön anzuschauen, aber es gibt einem nicht die Geborgenheit, die man als Künstlerin manchmal braucht. Weil ich weiß, daß Susan da irgendwo ist und ich sie erreichen kann, ist sie für mich wie ein Kristall. Es ist nicht in Worte zu fassen – eine Art Telepathie. Wenn du einen Kristall irgendwo hinlegst, weißt du, daß er immer da ist. Du kannst deine Gedanken und dein Wesen dort hineinlegen und fühlst dich stärker. Für mich ist Susan dieser Kristall. Sie ist für mich eine Gefährtin, eine Schwester und eine Mutter geworden.

KAPITEL 27

Ex-Er-Actor-Übungen

... und doch liegt das Ende im Anfang und damit weit zurück.
Ralph Ellison[96]

Wie kommt man zur Carnegie Hall? Üben. Üben. Üben.

Verantwortungsvoll spielen

Die Schauspieler der griechischen Antike waren Elitekünstler und spielten eine ebenso große Rolle bei der Entstehung der abendländischen Kultur wie die Schriftsteller, Architekten und Philosophen jener Zeit. Die Genialität der griechischen Philosophie blieb für alle Zeiten in Büchern erhalten. Die Schönheit der griechischen Kunst und Architektur hat in Fragmenten und Tempelruinen überlebt. Aber die Aufführungen, die die Grundlage der Schauspielkunst waren, sind, wie ihre Darsteller, für immer verschwunden.

In den Jahrhunderten, die seither vergangen sind, hat die Schauspielkunst ihren Glanz als primäre Kunstform verloren. Die Kunst des Schauspielens ist in den letzten zwei Jahrhunderten so komplex geworden, daß das Spiel den Anschein von Realität hat. Große Schauspieler spielen Figuren so anschaulich und lebendig, daß sie mit ihren Figuren verwechselt werden. Großartiges Spielen sieht einfach aus, deshalb nimmt der Laie an, daß jeder es kann. »Weil jeder Mann, jede Frau und jedes Kind mehr oder weniger spielen kann«, stellte der britische Bühnen- und Filmstar Dame Sybil Thorndike einmal fest, »glaube ich, daß in dieser Kunst Perfektion am schwierigsten zu erlangen ist.« Die Arbeit und Disziplin,

96 Ralph Ellison: *Unsichtbar.* Deutsch von Georg Goyert, Berlin/Frankfurt am Main 1969, S. 11. (Anm. d. Red.)

die in die Erschaffung einer Figur fließen, bleiben hinter der perfekten Anwendung der Kunst selbst versteckt.

Der eigentliche Grund, warum Schauspielen auf der Liste der primären Kunstformen so weit nach unten gerutscht ist, liegt bei den Schauspielern. Die überwiegende Mehrheit der Schauspieler wird ihrer Verantwortung gegenüber der Kunst nicht gerecht. Verantwortungslose Schauspieler schmücken eine Geschichte aus, anstatt sich in ihre Figuren hineinzuarbeiten und die Geschichte zu erzählen. Sie verkaufen ihre Persönlichkeit, anstatt mit ihrem Instrument zu arbeiten. Sie lernen Dialoge auswendig, anstatt menschliches Verhalten zu zeigen. Sie meiden Proben und Vorbereitung, aus Angst, vor der Kamera nicht »authentisch« zu sein.

Es gibt ein Wort, das diese Schauspieler beschreibt: *Amateure*. Ursprünglich bedeutete *Amateur* »jemand, der etwas aus Liebhaberei tut«. Diese Schauspieler lieben den Trubel der Aufführung und das Geld und das Drumherum des Schauspielerlebens, aber sie bringen nicht mehr als die Leidenschaft eines Fans mit. Egal wie erfolgreich sie sind, sie bleiben Amateure. Natürlich ist Leidenschaft für das Spielen notwendig, aber sie ist nur der Anfang. Das wahre Ausmaß deiner Leidenschaft für die Kunst wird an deiner Hingabe gemessen. Und deine Hingabe wird einzig und allein daran gemessen, wie viel Arbeit du verrichtest.

Der Mut zur Hingabe bringt Schauspieler in meinen Kreis. In meinem Kreis erschaffst du etwas mit dem, was in dir ist. Du wagst es, furchtlos die Wahrheit eines erbarmungslosen *Needs*, das dich antreibt, aufzudekken, die *Public Persona*, die dieses *Need* verdeckt, und den *Tragic Flaw*, der aufblitzt, wo immer *Need* und *Public Persona* kollidieren. Von meinem Kreis aus siehst du Figuren wie Rosa Parks und Lester Burnham nicht als Heilige oder papierene Figuren an, sondern als wirkliche, lebendige Menschen, die durch ihre eigenen Wahrheiten definiert werden.

Beim Spielen sind Kunst und Wahrheit eins. Wenn du wahrhaftig spielst – eine Figur ehrlich mit der Wahrheit deiner eigenen Menschlichkeit erfüllst –, erschaffst du Leben aus der Wahrheit heraus. Die Kunst ist in *dir* – dem Künstler. *Du* verfügst über die ganze Wahrheit der Empfindung, die notwendig ist, um Figuren leben und atmen zu lassen.

Die Wahrheit wird dich tatsächlich frei machen. Wahrheit gibt dir die Freiheit, etwas zu erschaffen. Solange du ehrlich arbeitest, wirst du, wie ich gern sage, »immer für die Kunst« leben. Aber die Wahrheit zu erhalten und die Schaffensfreiheit eines Schauspielers zu schützen, ist ein täglicher Kampf. Kompromisse und Enttäuschungen können an der Persönlichkeit eines Schauspielers nagen, bis sein Instrument seine Verletzlichkeit und Stärke verliert. Du, der Schauspieler, mußt die Verantwortung dafür übernehmen, die Bandbreite und die Kraft deines Instruments auf die gleiche Weise zu erhalten, wie es jeder Künstler oder Athlet tut – durch Üben.

Der Hügel

Walter Payton, der Runningback des Footballteams Chicago Bears, zeigte eine Leidenschaft für sein Handwerk, die in der National Football League beispiellos war. Payton hatte eine einzigartige Begabung dafür, den Ball über, um und durch die Verteidigung der gegnerischen Mannschaft zu tragen. Seine Kunstfertigkeit auf dem Spielfeld war unübertroffen, und sein Engagement sowohl auf als auch abseits des Feldes war erstaunlich. Paytons Vorbereitung, sein tägliches Training außerhalb der Saison, war anspruchsvoller als alles, was er jeden Sommer im Trainingslager der Bears absolvierte. Payton lief mehrmals am Tag einen Hügel in der Nähe seines Hauses in einem Vorort von Chicago hinauf. Der »Hügel« war so steil und seine Läufe dort hinauf so intensiv, daß keiner seiner Teamkollegen es schaffte, zwei Tage hintereinander mit ihm zu trainieren.

Wenn er den Hügel hinaufrannte, simulierte Walter Payton die extreme körperliche Herausforderung, ein Runningback in der NFL zu sein. Angesichts des mörderisch steilen Anstiegs des Hügels kam es ihm einfach vor, über ein flaches, einhundert Meter langes Footballfeld zu rennen. Paytons Hügel war so gnadenlos wie ein Überraschungsangriff der gegnerischen Abwehr. Er war so grausam wie ein Spiel bei minus zwanzig Grad in Green Bay, Wisconsin.

Ein Schauspieler, der hoch hinauswill, muß genauso viel Engagement zeigen wie Walter Payton. Wie jeder andere Profi mußt du jeden einzelnen Tag im Jahr an deinem Handwerk arbeiten. Du mußt darauf achten, daß die körperliche Stärke, Intelligenz, Emotion, Phantasie, die sensorischen Fähigkeiten und das Einfühlungsvermögen deines Instruments gut funktionieren.

Ich habe eine Reihe von Übungen für das Instrument des Schauspielers entwickelt. Du kannst die folgenden fünfzig *Ex-Er-Actor*-Übungen anwenden, um Verbindungen zwischen dir, deiner Figur und dem Text herzustellen und aufrechtzuerhalten. Jede *Ex-Er-Actor*-Übung umfaßt einen kurzen Text (Szenario) oder eine einfache, durch eine Gegebenheit gekennzeichnete Situation. Nach dem Text kommt eine »emotionale Flexibilitätsübung«. Die emotionale Flexibilitätsübung verbindet eine *Sense Memory*, eine *Personalization* und eine *Sensory Condition* miteinander, die sich auf den jeweiligen Text beziehen. Benutze *Sense Memory* und *Personalization*, um Parallelen zwischen dir und der Figur im Text zu finden. Die vorgegebene *Sensory Condition* fordert dich heraus, deine Phantasie einzusetzen, um die körperliche Realität der Geschichte nachzuempfinden.

Bei jeder Übung hast du fünfzehn Minuten Zeit, um den Text in Beats einzuteilen und dich darauf vorzubereiten, die Bedeutung der Worte und die Geschichte zu vermitteln. Die Wörter müssen nicht genau mit den geschriebenen übereinstimmen, solange du sie sinngemäß vermittelst.

Laß dich ein auf das *Need* der Figur. Erkenne die *Public Persona*, suche den *Tragic Flaw* im Monolog. Die Umstände sind vorgegeben. Der Konflikt, der Augenblick der Krise, der Höhepunkt und die Auflösung sind dort. Schau in den Text und schau in dich hinein und vermittle mit deinem Text die fünf klassischen Punkte. Analysiere, erforsche, entscheide dich und tu es. *Ex-Er-Actor*-Übungen sind deine Tonleitern. *Ex-Er-Actor*-Übungen sind dein tägliches Training.

Ex-Er-Actor-Übungen sind dein Hügel.

Ex-Er-Actor-Übungen

Jerry und Jules stehen in einer Cafeteria in der Schlange. Jules hat Jerry gerade gefragt: »Wie geht's?«

JERRY: Na ja ... ich mache Besorgungen für einen Wahnsinnigen, für den ich nicht einmal arbeite, ich kann meinem Mentor keine Fragen stellen, ohne daß mir der Kopf abgerissen wird, und, korrigier mich, wenn ich falsch liege, aber warst du das nicht, der mich für so eine Art nonverbale psychologische Folter ins Büro vom Chef geschickt hat? Weil er nämlich keine Ahnung hatte, was zum Teufel ich in seinem Büro will. Er hatte mich nicht zu sich bestellt. Das war irgendeine verdrehte, kranke, inkompetente Idee von dir. Also ich denke, du weißt genau, wie es mir geht. Es geht GAR NICHT!!

Emotionale Flexibilitätsübung:

1. *Sense Memory* an einen Zeitpunkt, bei dem dir Unrecht getan wurde.
2. *Personalization* mit jemandem, der dich betrogen hat.
3. *Sensory Condition:* saurer Geschmack im Mund.

Dana, ein/e Überlebende/r[97] eines Zugunglücks, steht vor den Fernsehkameras, hält sich den Kopf und versucht zu verstehen, was gerade passiert ist.

DANA: Ich wurde nach hinten geschleudert, bin mit dem Hinterkopf aufgeschlagen ... Menschen flogen durch die Luft, Stühle flogen herum. Die meisten Leute im vordersten Wagen sind umgekommen. Sehen Sie, der Fahrer hat die Bremse gezogen und ist dann durch den Wagen gerannt und hat geschrien: »Auf den Boden! Auf den Boden!« Die Kinder haben geschrien und geweint ... Ich setze mich nie in den ersten oder letzten Waggon. Ich denke, ich habe Glück gehabt. Ich glaube schon, daß ich noch einmal Zug fahren werde. Sie sagen, es gab dreiundachtzig Tote. Was für eine Katastrophe!

---

97 Die Übungen richten sich größtenteils sowohl an weibliche als auch an männliche Personen. Die Namen sind frei erfunden.

Emotionale Flexibilitätsübung:

1. *Sense Memory* an einen Moment, in dem du Zerstörung erlebt hast.
2. *Personalization* mit jemandem, dem du zutraust, etwas zu erklären.
3. *Sensory Condition:* dumpfer Schmerz im Hinterkopf.

Jay ist ein/e Obdachlose/r auf den Straßen von New York.
Jemand hat Jay gerade 75 Cent hingeworfen.
Jay bückt sich, hebt die Münzen auf und wirft sie zurück.
JAY: Was glaubst du eigentlich, worum es hier geht, verdammt noch mal? Um deine erbärmlichen Almosen? Glaubst du, ich bin auf der Straße, damit du dein Kleingeld wegschmeißen und dann weitergehen und dir großzügig vorkommen kannst? Ich bin eine schmerzhafte Erinnerung daran, daß die Straßen mit Habgier gepflastert sind! Die goldene Regel ist ein veraltetes Konzept ohne jede Gottesfurcht!

Emotionale Flexibilitätsübung:

1. *Sense Memory* an eine Zeit, als du verbittert und zynisch warst.
2. *Personalization* mit jemandem, der dich herabgesetzt hat.
3. *Sensory Condition:* sich schmutzig fühlen und schlecht riechen.

Terry ist ein/e Schauspieler/in, der/die einen Fernsehspot dreht.
Terry hält eine Flasche Godiva-Likör in die Kamera.
Terry soll den Werbetext verführerisch sagen.
Aber während des ganzen Textes kämpft Terry gegen einen Drang zu niesen.
Am Textende kann sich Terry nicht mehr beherrschen und niest laut.
TERRY: Godiva-Likör macht da weiter, wo der Mistelzweig aufhört. – Sag deinem fröhlichen Weihnachtself, wie man die Feiertage richtig köstlich gestaltet. Sag ihm, er soll den sündhaft milden original Godiva-Likör mitbringen, cremigen Weiße-Schokolade-Godiva-Likör oder vielleicht köstlichen, samtigen Godiva-Cappuccino-Likör. Laß dich von ihnen beflügeln!

Emotionale Flexibilitätsübung:

1. *Sense Memory* an einen Moment, in dem du dich sehr sexy gefühlt hast.
2. *Personalization* mit jemandem, den du anziehend findest.
3. *Sensory Condition:* Juckreiz und Niesen.

Hamlet ist für das Begräbnis seines Vaters von seinem Studium im Ausland zurückgekehrt.
Hamlet findet heraus, daß seine Mutter und sein Onkel ein Liebesverhältnis haben.
Kurz vor dem untenstehenden Dialog haben Hamlets Mutter und sein Onkel ihn gedrängt, an die Universität zurückzukehren.
Hamlet wartet, bis sie außer Hörweite sind, bevor er seinen Worten freien Lauf läßt.
HAMLET: O schmölze doch dies allzu feste Fleisch, / Zerging' und löst' in einen Tau sich auf! / Oder hätte nicht der Ewge sein Gebot / Gerichtet gegen Selbstmord! O Gott! O Gott![98]

Emotionale Flexibilitätsübung:

1. *Sense Memory* an einen Moment, in dem du dich verraten gefühlt hast.
2. *Personalization* mit jemandem, der dich verraten hat.
3. *Sensory Condition:* starker Ekel oder Abscheu.

Jackie sitzt mit einem Freund im Wohnzimmer bei einem Drink.
JACKIE: Ich werde nichts essen, bis ich berühmt bin. Ich trete in einen Hungerstreik wie … wie heißt der noch mal … Gandhi. Der ist berühmt geworden. Aber ich werde nicht berühmt, wenn ich ein Buch schreibe. Das ist lächerlich! Du bist verrückt! Was zum Teufel sollte ich denn schreiben? Ich kenne nur das Showbusiness. Ich kenne nur Leute, die

---

98 William Shakespeare: *Hamlet* (I, 2.), übersetzt von August Wilhelm von Schlegel. (Anm. d. Red.)

sich hochvögeln, um zum Film zu kommen, Pillen schmeißen und in der Gosse landen. Das einzige, womit ich mich auskenne, sind alternde Stars, hoffnungsvolle Nutten und armselige Weiberhelden. Ich weiß nur Bescheid über Titten, Ärsche und die Wahrheit. Und darüber schreibt keiner ein Buch.

Emotionale Flexibilitätsübung:

1. *Sense Memory* an eine Zeit, als du dich wie ein Versager gefühlt hast.
2. *Personalization* mit jemandem, dem du dich unterlegen gefühlt hast.
3. *Sensory Condition:* leicht angetrunken.

Chris beendet gerade seine/ihre Rede bei einem Treffen der Anonymen Alkoholiker.
Chris hat sich vorgenommen, etwas für Hoffnung und Frieden in seinem/ihrem Leben zu tun, aber er/sie spürt immer noch den Schmerz der Vergangenheit.

CHRIS: Ich kann Sex nicht mehr auf die leichte Schulter nehmen ... Ich kann meine Verantwortung, mich im Zeitalter von AIDS zu schützen, nicht ignorieren. Außerdem bin ich mir meiner Gefühle mehr bewußt. Ich war richtig nervös vor einem Date. Wenn ich jemand Neuen attraktiv finde, stelle ich jetzt andere Fragen. Ich finde immer noch aufregende Menschen anziehend, aber das Wilde, das mich früher anzog, macht mich jetzt mißtrauisch. Ich habe gelernt, ihnen nicht meine Telefonnummer zu geben; ich lerne, bessere Entscheidungen zu treffen. Manchmal suche ich Gesellschaft und Trost bei mir selbst und nicht bei jemandem, mit dem ich zusammen bin. Und ich fühle immer die Zuneigung und Akzeptanz meiner Freunde hier an diesem Ort.

Emotionale Flexibilitätsübung:

1. *Sense Memory* an eine Zeit, als du dich als Sieger gefühlt hast.
2. *Personalization* mit einem zuverlässigen Freund oder einer Gruppe zuverlässiger Freunde.

3. *Sensory Condition:* Lust auf einen Drink oder etwas anderes, von dem du weißt, daß es schlecht für dich ist.

Tommie ist in der Praxis eines Psychiaters.
Tommie sucht Hilfe bei der Aggressionsbewältigung.
Obwohl er/sie seit neun Monaten mit dem Psychiater arbeitet, hatte Tommie gerade einen heftigen Wutausbruch.
Es ist eine Notfallsitzung.
Tommie ist ruhiggestellt.

TOMMIE: Ich bin ins Fitneßcenter gegangen – zum ersten Mal überhaupt! Als ich reinkomme, sehe ich diesen Luxuskörper trainieren. Ich sage mir, so einen Körper will ich auch. Also habe ich beschlossen, alles zu machen, was der Luxuskörper macht. Der Luxuskörper macht Kniebeugen, ich machte Kniebeugen. Der Luxuskörper geht aufs Laufband, ich renne los und springe aufs Laufband. Luxuskörper stemmt Gewichte, ich schaue, wo die Gewichte sind. Als ich mir meine Gewichte hole, kommt Luxuskörper zu mir rüber und fragt: »Warum folgst du mir überallhin und machst alles, was ich mache, nach?« Die einzige Antwort, die mir einfiel, war, Luxuskörper mit dem Gewicht, das ich in der Hand hatte, einen Schlag in den Bauch zu verpassen. Luxuskörper krümmt sich vor Schmerzen und bricht zusammen. Ich sage: »Bist du jetzt zufrieden? Jetzt mach ich nicht das, was du machst! Wenn du soweit bist, dann laß uns weiter trainieren!« Dann habe ich auf Luxuskörper eingetreten. Na, das hätten Sie sehen sollen, wie die Leute durchgedreht sind – sie schrien, kreischten, zerrten an mir herum – Wahnsinn!

Emotionale Flexibilitätsübung:

1. *Sense Memory* daran, die Kontrolle zu verlieren.
2. *Personalization* mit jemandem, auf den du sehr wütend warst.
3. *Sensory Condition:* ruhiggestellt oder high.

Jackie hat panische Angst vor dem Fliegen.
Jackies Flugzeug ist in Turbulenzen geraten.

Jackie gerät zuerst in Panik, beruhigt sich aber nach einem Moment.
JACKIE: »Der HERR ist mein Hirte, mir wird nichts mangeln.« O Gott, nicht jetzt, bitte. Das ist blödsinnig. Es war bis jetzt ein wunderbarer Flug. O Gott … »Ich hebe meine Augen auf zu den Bergen, von welchen mir Hilfe kommt.«

Emotionale Flexibilitätsübung:
1. *Sense Memory* an einen Moment, in dem du Todesangst hattest.
2. *Personalization* mit Gott.
3. *Sensory Condition*: ein enger Flugzeugsitz.

Pat ist unheilbar krank.
AIDS hat Pats Körper ergriffen.
Pat sitzt auf einem Stuhl in einem Krankenhaus und spricht mit seiner/ihrer Mutter.
PAT: Ich habe einige erstaunliche Dinge gesehen: Krieg, eine Herde Büffel, Ameisen, die in ihren Kolonien arbeiten. Lach nur. Ich bin so leidenschaftlich geküßt worden, daß ich dachte, diese Küsse würden mich umbringen. Lach nur. Ich weiß, das klingt melodramatisch, oder? Aber da ist noch mehr. Und das Wichtigste ist: Mir wurde die Anwesenheit Gottes und Jesu Christi zuteil, und sie flüstern immer in mein rechtes Ohr: »Hab keine Angst …« Also lach nur. Es ist ein großartiger Klang. *[Pat lacht und weint.]*

Emotionale Flexibilitätsübung:
1. *Sense Memory* an eine Zeit, als deine Aussichten gut waren, als du Gutes erwartetest.
2. *Personalization* mit deiner Mutter.
3. *Sensory Condition:* ein Bandwurm, der in deinem Körper herumkriecht und alles in dir auffrißt, was aktiv und stark ist.

Marty ist ein berühmter Rockstar in seiner/ihrer Garderobe, der/die sich bei seinem/ihrem Roadmanager über die Unterkunft beschwert.

MARTY: Val, Val, das ist eine Katastrophe! Siehst du, was hier vor uns steht? Ich glaub diese Sauerei einfach nicht. Bevor wir diesen Ort gebucht haben, bevor du telefoniert hast, um unsere Daten hier zu bestätigen, habe ich gesagt, daß in dieser verdammten Mischung keine grünen M&M's sein sollen. Siehst du grüne M&M's? Sag ja, Val. Da sind grüne M&M's in der Scheißgarderobe. Die sind wie Parasiten! Ich war noch nie so wütend! Ich werde dir den Gefallen tun, dir noch einmal deinen Job zu erklären. Deine Aufgabe ist es, dich um die Details zu kümmern, mit denen wir's unterwegs ständig zu tun kriegen. Ich werde das nicht noch einmal sagen. Du solltest dich schämen. Also sortier jetzt diese kleinen Monster da raus, oder die Band spielt nicht. Herrgott! Na also, das ist schon viel besser. Siehst du, jetzt kann ich freier atmen. Aahhhh …

Emotionale Flexibilitätsübung:

1. *Sense Memory* an einen Moment, in dem du dich wie ein kleines Kind benommen hast.
2. *Personalization* mit jemandem, den du furchtbar behandelt hast.
3. *Sensory Condition:* ein schlechter Geschmack im Mund.

Shelleys Name wurde als Oscar-Gewinner/in in der Kategorie Beste/r Schauspieler/in verkündet.
Shelley hat zwei Tage vor der Verleihung seinen/ihren Vater begraben.
Die Mischung aus Freude und Trauer sorgt dafür, daß Shelley sich ein wenig schwach fühlt.
Shelley steuert ohne Notizen auf die Bühne zu und improvisiert eine Dankesrede, in der er/sie den Oscar seinem/ihrem Vater widmet.

Emotionale Flexibilitätsübung:

1. *Sense Memory* an eine große Freude.
2. *Personalization* mit jemandem, den du sehr geliebt, aber verloren hast.
3. *Sensory Condition:* Schwäche oder Fieber.

Du bist der/die Soul-DJ/Jane Baby Diamond und singst bei den letzten Takten von Al Greens »Let's stay together« mit.

BABY DIAMOND: »Let's stay together, loving you whether, whether, times are good or bad, happy or sad …« Guten Abend, das ist der süße Sound von LOVE 400 um Mitternacht. Und ihr Pilot an diesem sternenklaren Himmel um Mitternacht ist meine Wenigkeit, Baby Diamond. Als nächstes kommt der alte Klassiker »Dedicated To The One I Love«. Wenn ich darf, liebe Hörer, möchte ich gleich hier und jetzt eine persönliche Angelegenheit erledigen. Liebling, ich habe einen Fehler gemacht. Ich war ein Idiot. Ich gestehe meine Dummheit im Radio ein. Öffentlich bitte ich dich um Verzeihung. Du bist die/der liebenswürdigste, netteste, schönste Frau/Mann auf der Welt. Baby, bitte komm zurück zu mir. Ich bin ein Idiot, Baby, aber bitte komm zurück. DAS HIER ist der/dem gewidmet, die/den ich liebe …

Emotionale Flexibilitätsübung:

1. *Sense Memory* an eine Gelegenheit, bei der du dich öffentlich entschuldigt hast.
2. *Personalization* mit jemandem, für den du alles tun würdest, damit er bei dir bleibt.
3. *Sensory Condition:* ein gebrochenes Herz.

Dana telefoniert mit einer sehr guten Freundin.

DANA: Also, auf dem Weg zur zweiten Sitzung gibt Billie sich alle Mühe, mich zu überzeugen, daß er/sie mich bis ans Ende seiner/ihrer Tage lieben wird. Nichts kann ihn/sie von seiner/ihrer Liebe abbringen! Ich falle voll darauf rein. Dann sind wir beim Therapeuten, und ich schütte mein Herz aus, und der Therapeut sagt: »Dana, merkst du nicht, daß Billie sich nicht für deine Unzufriedenheit interessiert? Oder, Billie?« Warte, warte … Billie sagt: »Ja!« Dann sagt der Therapeut … Nein, der Therapeut ist nur der Überbringer. Straf nicht den Überbringer. Also der Therapeut sagt: »Billie kann keine Bindung eingehen, stimmt's, Billie?« Jawohl, er sagt ja, so klar wie der helle Tag! Das war also das Ende. Die ganze Beziehung war an diesem Punkt vorbei. Ich fühle nur Schmerz und Schock! Das einzige, was ich seit gestern zu mir genommen habe, ist eine Tasse Kaffee. Also wollte ich heute Abend etwas essen gehen, das ich gern esse, und wen treffe ich? Ja ... Billie. Lächelnd, freundlich, sieht super aus. Und ich, mein Gesicht ganz verzerrt, mein rechtes Auge zuckt. Aber Billie? Nichts! Ich bin mir absolut sicher, daß Billie verrückt ist! Nein, es gibt keine andere Erklärung!

Emotionale Flexibilitätsübung:

1. *Sense Memory* an eine Zeit, als du Liebeskummer hattest.
2. *Personalization* mit jemandem, der dich verletzt hat, und mit jemandem, der sich um dich kümmert.
3. *Sensory Condition:* ein Zucken, ein Tic oder eine andere körperliche Angewohnheit, die du verstecken willst.

Tommie ist eine Prostituierte/ein Stricher, die/der sich gerade anzieht und das Schlafzimmer eines Stammkunden verlassen will.
Der Kunde hat gestanden, etwas für Tommie zu empfinden.
Tommie empfindet dasselbe, will es aber nicht zugeben.

TOMMIE: Hey, also noch mal von vorne. Ich bin eine Begleitperson, eine vornehme Umschreibung für Nutte/Callboy, Hure/Stricher. Mein Job ist es, dafür zu sorgen, daß du an jede Phantasie glaubst, die du dir ausmalst. Ich habe dich dazu gebracht, zu glauben, daß du verliebt in mich bist, aber ich kann mich in niemanden verlieben. Ich bin eine Hure/ein Stricher, ich will das Geld. Ich will nicht auf die Straße. Ich war mit vierzehn auf der Straße und bin dort geblieben, bis ich mit achtzehn schlauer geworden bin. Vier lange Jahre. Es gibt also keine Liebe, keine Romantik, nur gute Technik.

Emotionale Flexibilitätsübung:

1. *Sense Memory* an einen Zeitpunkt, als du eine große Lügengeschichte erzählt hast.
2. *Personalization* mit jemandem, den du sehr liebst.
3. *Sensory Condition:* Kälte.

Ronnie spricht mit einem Reporter vor einem Altersheim, das wegen Patientenmißbrauchs überprüft wird.
Ronnies Mutter lebt in diesem Heim.
RONNIE: Petroleum! Petroleum! Sie haben sie mit Petroleum gewaschen! Das ist wie in einem Buch von Charles Dickens! Aber wir haben das Jahr 2007, wie ist so was möglich? Als ich ins Zimmer meiner Mutter kam, stank es nach Petroleum! Petroleum! Als ich nachgefragt habe, sagten sie, daß das nicht so wäre. Nein, klar roch es nach Petroleum. Um die Patienten vor Läusen und so zu schützen. O Gott, was soll ich machen? Es ist furchtbar! Ich bin der einzige lebende Angehörige meiner Mutter, aber ich kann sie nicht allein pflegen. Sie hat Alzheimer ... *[Ronnie dreht sich um und geht.]*

Emotionale Flexibilitätsübung:
1. *Sense Memory* an eine Zeit, als du etwas Schreckliches erlebt hast.
2. *Personalization* mit deiner Mutter, als sie einmal krank war.
3. *Sensory Condition:* Petroleumgeruch.

Tony ist ein/e Songschreiber/in mit einer Schreibblockade.
Tony hat die ersten sechzehn Takte eines Lieds fertig.
Tony singt diese ersten sechzehn Takte wieder und wieder (nimm die ersten vier bis acht Zeilen von irgendeinem bekannten Lied wie »Happy Birthday«), kommt aber nicht weiter.
Nachdem Tony das Songfragment mehrmals wiederholt hat, setzt er/sie sich und starrt ausdruckslos vor sich hin.
Schließlich fängt Tony ganz ruhig an zu singen und singt das Lied dann zu Ende.

Emotionale Flexibilitätsübung:
1. *Sense Memory* an eine Zeit, als du eine kreative Blockade hattest.
2. *Personalization* mit jemandem, der dich inspiriert.
3. *Sensory Condition:* ein Ort, an dem du dich inspiriert gefühlt hast.

Cat streitet sich mit ihrer/seiner Mitbewohnerin.

CAT: Ich habe es satt, daß sich alles um dich dreht! Ich scheine keine Rechte zu haben! Ich bitte dich nur, daß du wegen dem Zustand der Wohnung niemanden hierher mitbringst, und dann werde ich schlechtgemacht und beleidigt! Du verdrehst und verzerrst alles, was ich sage. Ich glaube nicht, daß es klug ist, Leute hier zu haben, wenn alles auseinanderfällt! Ist das zuviel verlangt? Ich will das nicht. Im Recht, im Unrecht, verrückt, dumm, ein Diktator... Was ich nicht alles bin! Vergiß das alles. Wie wäre es, es zu tun, nur weil ich es so will? Wie oft bitte ich dich, etwas zu tun, nur weil ich es will? Wie oft? *[Cat geht ab.]*

Emotionale Flexibilitätsübung:

1. *Sense Memory* an eine Zeit, als du für deine Rechte gekämpft hast.
2. *Personalization* mit jemandem, dem du ständig deine Kraft gibst.
3. *Sensory Condition:* eine Wohnung, in der du wohnst/gewohnt hast, die in schlechtem Zustand ist.

Jackie redet im Schlafzimmer mit ihrem/seiner Geliebten.

JACKIE: Ich verstehe dich! Wie könnte ich dich nicht verstehen? Wir haben diese Geschichte jetzt fünfzigmal durchgekaut! Ich stecke mitten in Dreharbeiten. Bitte sei vernünftig! Laß mich den Film zu Ende machen, und dann machen wir es richtig, versprochen. Ich liebe dich, aber können wir zusammen im Bett sein, einmal, nur einmal, ohne daß du deine Mutter mithineinziehst?

Emotionale Flexibilitätsübung:

1. *Sense Memory* an einen Moment, in dem du jemanden angefleht hast, dich so zu akzeptieren, wie du bist.
2. *Personalization* mit jemandem, den du liebst, der/die dich aber auf die Palme bringt.
3. *Sensory Condition:* eine Panikattacke – das Gefühl von Ungeziefer, das über deinen Körper krabbelt. Jedes Insekt steht für etwas, was dich in deinem Leben unsicher macht.

Dana ist ein/e nervöse/r Investor/in, der/die am Handy spricht. Es ist Frühjahr 1999, kurz vor dem Platzen der Dotcom-Blase.
DANA: Nee, Mann, nee. Zu riskant. Das gefällt mir nicht. Ich will raus. Es ist zu riskant. Hör zu, Mann, wir haben damit zusammen 'ne Menge Geld gemacht, aber es ist vorbei. Der Markt ist diese Woche um fünfzehn Punkte gefallen. Na, dann hast du meinen Segen. Ich verkaufe meinen Teil. Dieses Internetgeschäft ist zu unsicher. Ich behalte meinen Anteil an Microsoft, aber ich nehme meine Gewinne von Yahoo! und alle Portalaktien mit. Die Blase platzt, Mann. Alles klar, mach's gut.

Emotionale Flexibilitätsübung:

1. *Sense Memory* an einen Moment, als du Panik bekommen hast.
2. *Personalization* mit jemandem, von dem du das Gefühl hast, daß er dein Leben in der Hand hat.
3. *Sensory Condition:* drückende Hitze.

Jay redet mit sich selbst, während er/sie sich vor dem Spiegel für eine Verabredung zurechtmacht.
JAY: Ich sage ihr/ihm, daß ich sie/ihn liebe, weil ich sie/ihn hasse. Ich bin jetzt nett zu ihr/ihm, um sie/ihn dann später abzuschießen. Küßt und streichelt sie/er mich nur, um mich zu verwirren? Wenn ich mir die Kehle durchschneide, wird sie/er mir dabei helfen? Wenn sie/er weg ist, werde ich sie/ihn schnell vergessen, wieder auf die Jagd gehen und etwas Besseres finden.

Emotionale Flexibilitätsübung:

1. *Sense Memory* an eine Zeit, als du das Gefühl hattest, daß man dich ausnutzt.
2. *Personalization* mit jemandem, von dem du absolut bewundert werden willst.
3. *Sensory Condition:* ein *privater Moment* mit der persönlichen Handlung, deinen Körper im Spiegel anzuschauen.

Terry streitet sich mit einem Geschäftspartner.

TERRY: Und noch was: Du bist ein Kommunist, nein, du bist ein starrköpfiger Sozialist! Warum verstehst du die Michael-Jordan-Theorie nicht? Warum? Ist doch egal, daß Michael ein Kapitalist ist – SEI EIN KAPITALIST! Du fährst unser Geschäft mit deinem blöden Sozialismus an die Wand! Mike sagt: »Ich bin der Beste, also bezahlt mich am besten!« Er weiß, daß er die Nummer eins ist. Du forderst kein Geld von irgendwem, als ob du der/die Schlechteste wärst! Das ist echt eine neurotische Weltanschauung, die ich nicht ertragen kann. Denk wie ein Milliardär, oder ich bin weg!

Emotionale Flexibilitätsübung:

1. *Sense Memory* an eine Zeit, als du deine eigene Macht und deinen Einfluß gespürt hast.
2. *Personalization* mit jemandem, mit dem du in einer geschäftlichen oder finanziellen Beziehung stehst.
3. *Sensory Condition:* Tierübung – ein Löwe.

Sam telefoniert mit seinem/ihrem Vater.

SAM: Es verfolgt mich, und ich muß weg. Nein, Papa. Tja, ich schätze, ich bin nicht so stark wie du. Ich kann nicht bleiben. Betrug, Papa! Ich habe alle betrogen. Weil ich geliebt werden wollte – reich und berühmt sein wollte. Jetzt bin ich nichts. Es gibt keine Erklärung. Sie haben mich aufgefordert zu kündigen. Es gibt keinen Fall. Alles, von dem sie behaupten, daß ich es getan habe, habe ich getan. Alles. Ich weiß nicht, Papa. Weil ich nicht weiß, wer ich bin. Dein Kind zu sein war nicht genug. Ich wollte mehr sein als nur dein Kind. Ja, bin ich, ich habe mir nichts bewiesen, außer daß ich tiefe Scham empfinde. Scham und Ekel. *[Sams Vater hat aufgelegt.]* Papa? Papa!

Emotionale Flexibilitätsübung:

1. *Sense Memory* an eine Zeit, als du dich selbst gehaßt hast.
2. *Personalization* mit deinem Vater.
3. *Sensory Condition:* ein unangenehmer Geruch.

Chris sieht zu, wie zwei Polizisten am Flughafen sein/ihr Gepäck durchsuchen.

CHRIS: Und sagen Sie mir bloß nicht, ich soll mich beruhigen. Ich beruhige mich, wenn Sie aufhören, mich zu schikanieren. Mit meinem Aussehen passe ich wohl in Ihr Profil von einem Drogenkurier, aber haha, Sie sind die Angeschmierten. Ich habe noch nie in meinem Leben Drogen genommen und bin viel zu clever, um zu dealen! Also wann hören Sie auf, sich wie Idioten aufzuführen und mich nicht wie ein Profil, sondern wie einen Menschen zu behandeln? Und ich will diese Koffer im selben Zustand zurück, wie sie waren, bevor Sie geöffnet wurden, und das heißt ordentlich! Ordentlich, hyperordentlich. Wenn sie das nicht sind, führe ich meine eigene Durchsuchung durch!

Emotionale Flexibilitätsübung:

1. *Sense Memory* an eine Zeit, als du isoliert warst.
2. *Personalization* mit jemandem, der dich nicht respektiert.
3. *Sensory Condition:* Ungeziefer, das über deinen Körper krabbelt. Jedes Insekt steht für eines der kleinen Dinge im Leben, die dich wütend machen.

Val ist für mehrere Verbrechen verurteilt worden.
Val gibt eine Stellungnahme ab, bevor das Urteil gesprochen wird.

VAL: Euer Ehren, es entschuldigt mein Verhalten nicht, aber erklärt es vielleicht. Jahrelang habe ich diese Dinge verleugnet. Ich war sieben Jahre alt. Es war am Morgen von Thanksgiving. Meine Mutter sagte, sie müsse noch ein paar letzte Einkäufe machen. Wissen Sie, mein Vater hat an dem Tag, an dem ich auf die Welt kam, Selbstmord begangen. Mutter tat, was sie konnte, bis zu diesem Thanksgiving. An diesem Morgen ging sie fort und kam nie zurück. Ich wartete. Konnte nirgends hin, konnte niemanden anrufen. Endlich war Montag, und ich ging zur Schule. Ich war hungrig, ich stank. Ich war wie ein Tier. Sie riefen die Behörden an, und ich wurde ein Heimkind. Ich hörte nie wieder etwas von meiner Mutter. Ja, ich bin kriminell geworden. Ja, ich habe gestohlen, gemordet, gefälscht – alles, was Sie sagen. Sperren Sie mich in den Knast, lassen Sie mich nie wieder raus oder töten Sie mich, denn ich bin eine Gefahr für die Gesellschaft. Ich will zu meiner Mama!

Emotionale Flexibilitätsübung:
1. *Sense Memory* von einem Moment, in dem du deine Mutter gebraucht hast und sie nicht da war.
2. *Personalization* mit jemandem, der ein Urteil über dich gefällt hat.
3. *Sensory Condition:* der kleine Junge oder das kleine Mädchen in dir. Was liebst du an deinem inneren Kind am meisten?

Pat versucht Sam zu trösten, der/dem es nicht gut geht.
PAT: Komm, ich mache dir Arme Ritter. Mach nicht so ein Gesicht, ich mache richtig gute Arme Ritter. Was erwartest du von mir? Ich bin kein Arzt, kein Therapeut, was kann ich für dich tun? Laß mich meine Arme Ritter machen. Sie sind gut – leckerer Ahornsirup, viel Butter –, Futter für die Seele. Vielleicht hilft es ja. Ich weiß nicht, was ich sonst tun soll. Bitte hör auf zu weinen. Die Leute von der Notaufnahme haben am Telefon gesagt, daß es dir bald wieder gutgehen wird. Was soll ich tun?

Emotionale Flexibilitätsübung
1. *Sense Memory* an eine Zeit, als du helfen wolltest, aber nicht wußtest, wie.
2. *Personalization* mit jemandem, der deine Hilfe gebraucht hat.
3. *Sensory Condition:* auf die Toilette müssen.

Cameron spricht in einer Trauerbewältigungsgruppe.
CAMERON: Meine ganze Familie ist traumatisiert. Wir versuchen, uns gegenseitig zu unterstützen, aber ihr wißt, daß jeder Mensch diesen Weg alleine gehen muß. Keine zwei Menschen gehen damit gleich um. Es ist eine sehr persönliche Sache. Als Billy anrief, um sich mein Auto auszuleihen, wußte ich, daß etwas nicht stimmte. Es ist protzig, es ist ein Mercedes. Es gab diese Schießereien auf dem Highway, also sagte ich,

nimm vielleicht besser nicht mein Auto. Aber er wollte diesem Mädchen imponieren, also sagte ich, okay. Meine letzten Worte waren: »Billy, sei vorsichtig – sei bloß vorsichtig.« Es ist ein Mercedes-Sportcoupé, ein tolles Angeberauto. Kurz bevor er losfuhr, sagte ich: »Komm, laß mich dir einen Wagen mieten.« Er lachte und sagte, er habe nicht gewußt, daß ich ihn so sehr liebe, und raste los … Ich weiß, daß wir hier sagen, wir müssen den Schmerz zulassen. Heute ist der zweite Jahrestag seines Todes, und ich sage dieselben Dinge, die ich der Polizei erzählt habe, als sie anriefen und mir sagten, daß ihn jemand auf der Schnellstraße erschossen hat, als er einen Reifen wechselte. Ich weiß, der Mörder sitzt lebenslang im Gefängnis, der kommt nicht mehr raus. Und ich bin in der Hölle und frage mich immer noch, warum ich ihm die Autoschlüssel gegeben habe. Warum habe ich mich nicht vor das Auto geworfen? Warum nicht *ich*? Laß mich tot sein!

Emotionale Flexibilitätsübung:

1. *Sense Memory* an eine Zeit, als du dich sehr schuldig gefühlt hast.
2. *Personalization* mit jemandem, den du verloren hast.
3. *Sensory Condition:* ein schweres Gewicht auf deiner Brust.

Nick ist ein/e Schauspieler/in, der/die einen Werbefilm für Pulverkaffee dreht.
Als Nick die Requisiten-Kaffeedose öffnet, ist der Gestank ekelerregend.
NICK: Öffnen Sie und riechen Sie unser goldenes Aroma. *[öffnet die Dose. Es stinkt. Nick überdeckt es mit einem breiten Lächeln.]* Riechen Sie unser goldenes Aroma und bereiten Sie sich auf eine übersinnliche Erfahrung vor.

Emotionale Flexibilitätsübung:

1. *Sense Memory* an eine Gelegenheit, als du gezwungen warst, etwas zu tun, das du nicht tun wolltest.
2. *Personalization* mit jemandem, der Druck auf dich ausübt.
3. *Sensory Condition:* ein furchtbarer Gestank.

Bobby hat gerade eine Hand transplantiert bekommen.
Bobby hält vorsichtig seine/ihre neue Hand und spricht auf einer Pressekonferenz zu den Reportern.
BOBBY: Um es kurz zu machen, ich bin zufrieden. Ich weiß nicht, ob Sie sich vorstellen können, wie es ist, der erste Mensch zu sein, der eine Hand transplantiert bekommt. Es ist wirklich phantastisch. Ich versuche, dieses wissenschaftliche Wunder zu akzeptieren, weil ich eine Hand haben will, wirklich! Schließlich möchte ich den fabelhaften Ärzten danken – besonders Doktor Jones. Auch dem liebsten, nettesten Pflegepersonal, und ... mir fehlen die Worte für meine unglaubliche Familie. Danke.

Emotionale Flexibilitätsübung:
1. *Sense Memory* an einen Moment, bei dem du etwas ganz Besonderes geleistet hast.
2. *Personalization* mit jemandem, der dir sehr geholfen hat.
3. *Sensory Condition:* ein neugeborenes Baby halten.

Charlie ist Musiker/in und sitzt in einer Talkshow.
Ihm/Ihr wurde gerade in Bezug auf seinen/ihren Ruf, schwierig zu sein, eine Frage gestellt.
CHARLIE: Ich denke, ich bin wohl schwierig. Man hört es immer wieder, also gut, ich bin schwierig. Was soll ich machen? Ich mache einfach meine Musik, jeden Tag, 365 Tage im Jahr. Ich würde nichts anders machen, all das hat mich zu dem gemacht, was ich bin – »schwierig« und so weiter. Ach ja, das muß ich auch noch sagen, ich habe nie Kompromisse gemacht. Ich weiß, daß all die Leute, mit denen ich gearbeitet habe – Techniker und so –, sagen, daß ich eine Nervensäge bin. Okay, das stimmt vielleicht, aber ich weiß, daß ich ein netter Mensch bin. Es tut weh, so gesehen zu werden. *[Ihm/Ihr kommen die Tränen.]* Verdammt, was bin ich für ein Weichei! Wo kam das denn her?

Emotionale Flexibilitätsübung:
1. *Sense Memory* an einen Zeitpunkt, als du ein ehrliches Geständnis abgelegt hast.

2. *Personalization* mit jemandem, der dich anstrengend oder problematisch gefunden hat.
3. *Sensory Condition:* Arme, die dich herzlich umschließen.

Sal telefoniert mit einem/einer Liebhaber/in, nachdem der/die ihn/sie versetzt hat.

SAL: Was ist gestern Abend passiert? Ich bin bei dir vorbeigekommen, aber du warst nicht zu Hause. Ich dachte, das hätten wir geklärt. Ja, das habe ich. Ich habe ausdrücklich morgen Abend gesagt, und das war vor zwei Tagen. Wie auch immer, ich gehe heute Abend mit meinen Eltern essen, hast du Lust? Aber du hast gerade gesagt, du hättest gedacht, daß heute Abend unser Abend ist. Oh … ich schätze, das ist wichtiger. Ist schon in Ordnung. Ist alles okay, Liebling? Es hat sich in letzter Zeit nicht so angefühlt wie sonst. Klar, das verstehe ich. Ich will nicht beim Fall des Jahrhunderts stören … kein Sarkasmus und kein Sexismus. Ja, klar. Ich liebe dich auch. *[Sal legt auf.]* Meine Güte! Da ist was faul in Manhattan!

Emotionale Flexibilitätsübung:

1. *Sense Memory* an einen Zeitpunkt, als dich jemand angelogen hat.
2. *Personalization* mit jemandem, den du liebst.
3. *Sensory Condition:* schleimige Würmer, die über deinen Körper kriechen. Jeder Wurm ist ein Zweifel.

Jackie kämpft mit einem Riesenkater und schafft es kaum ans Telefon.

JACKIE: Ja? Sei still! Nicht so laut! Was? Was los ist? Hast du gewußt, daß ein Kater bedeutet, nicht genug Wasser im Körper zu haben, um deinen Krebs-Zyklus zu regulieren? Genau das passiert, wenn man vor Durst stirbt. Also, ja, vor Durst zu sterben würde sich anfühlen wie der Kater, der dich zum Schluß umbringt. *[Jackie legt auf und legt sich wie tot auf den Boden.]*

Emotionale Flexibilitätsübung:

1. *Sense Memory* an einen Moment, in dem du dich wie eine wandelnde Leiche gefühlt hast.
2. *Personalization* mit jemandem, der dir Kopfschmerzen bereitet.
3. *Sensory Condition:* Kopfweh und trockener Mund.

Sammy redet mit einem Angestellten bei der Paß- und Visastelle eines US-Konsulats.

SAMMY: Sehen Sie, Sie beschäftigen sich zwanghaft mit den Einzelheiten. Sie sehen nicht das große Ganze. Erstens ist die Tatsache, daß diese/r Schlampe/Schweinehund, diese sogenannte Person, schon einmal verheiratet war, ein Riesenschock für mich. Ich bin sicher, eher ein Schock für mich als für die Schweizer Regierung. Hören Sie, er/sie hat mich total ausgenommen. Sie/Er hat mein Geld genommen, 4000 Dollar, um genau zu sein. Sie/Er hat mich komplett belogen, und dann fängt diese/r Frau/Mann, diese/r Ex-Gatte/in an, alle anzurufen und so einen Wirbel zu machen. Also sagen Sie mir, was zum Teufel sollte ich tun!?

Emotionale Flexibilitätsübung:

1. *Sense Memory* an eine Zeit, als du das Gefühl hattest, dir werde Unrecht getan.
2. *Personalization* mit jemandem, der dich bestohlen oder benutzt hat.
3. *Sensory Condition:* Nerven, die blank liegen, Ungeziefer, das auf dir herumkrabbelt.

Terrys Chef hat Terry einen Vergleich wegen sexueller Belästigung angeboten.

TERRY: Sie haben mich angebaggert, und nein, ich habe nicht vor, etwas dagegen zu unternehmen. Ich will Ihr Eingeständnis und dieses nette kleine Bündel Geld, bar auf die Hand. Wieviel ist das, ein paar tausend? Geben Sie mir eine Million oder nichts. Richtig, ein paar tausend geben mir nur das Gefühl, genauso eine schmierige Type wie Sie zu sein! Zum letzten Mal: Sie haben mich angebaggert. Ihr Schweigen zeigt mir, daß Sie vorhaben, mir einen Umschlag mit Geld zuzustecken, und sich weigern, irgendeine echte Reue für ihr Handeln zum Ausdruck zu bringen. Also behalten Sie Ihre paar tausend und Sie werden nicht von meinem Anwalt hören. Ich bleibe hier in der Firma, und jeden Tag werden Sie sich fragen, was ich eigentlich will. Adios, amigo.

Emotionale Flexibilitätsübung:
1. *Sense Memory* an einen Moment, in dem du dich durchgesetzt hast.
2. *Personalization* mit jemandem, der dich verletzt hat.
3. *Sensory Condition:* Tierübung – ein Fuchs.

Maxie ist im Zeugenstand, weil er/sie betrunken Auto gefahren ist.

MAXIE: Als also der Anruf kam, daß mein Sohn seine Matratze in Brand gesteckt hatte, rannte ich aus der Bar. Ich erinnere mich, daß der Barkeeper sagte, daß ich vielleicht lieber nicht fahren sollte, daß ich zuviel getrunken hätte. Aber alles, woran ich dachte, war Mikey. Er ist erst vier. Ich drückte das Gaspedal durch und schrie den ganzen Weg lang! Das nächste, woran ich mich erinnern kann, ist, daß ich im Krankenhaus aufwache und nach meinem Sohn schreie. Man sagte mir, es gehe ihm gut und daß ich zwei Menschen überfahren und getötet hätte. Meinem Sohn geht es gut, ich bin in der Hölle, und zwei Menschen sind tot. Gerechtigkeit? Es gibt keine Gerechtigkeit! Mein Sohn hat keine/n Mutter/ Vater! Dieses Paar, so jung, hat kein Leben! Tötet mich einfach! Es hat alles keinen Sinn!

Emotionale Flexibilitätsübung:
1. *Sense Memory* an eine Gelegenheit, bei der du dich falsch verhalten hast.
2. *Personalization* mit jemandem, von dem du nicht willst, daß ihm etwas passiert.
3. *Sensory Condition:* schlechter Geschmack im Mund und etwas, das du an dir haßt.

Pat telefoniert aufgebracht mit ihrem/seinem Agenten.

PAT: Anscheinend haben sie zwischen der Matinee und der Abendvorstellung zuviel getrunken. Also, zuerst kommt Richardson auf die Bühne getorkelt. Ich laufe hin, um ihm zu helfen, er reißt sich los, geht an die Rampe, durchbricht die Vierte Wand und sagt zu den Zuschauern: »Sie glauben, ich bin durchgeknallt? Das ist noch gar nichts!« Ich laufe zur Seitenbühne, um zu sehen, was der Inspizient vorhat. Da stürzt sich der andere betrunkene Idiot auf mich, oder besser gesagt, begrabscht mich. Schwul, hetero, was zum Teufel spielt das für eine Rolle! Mir werden die Kleider vom Leib gerissen; ich werde abgeknutscht und durchgevögelt. Ich schreie um mein Leben! Richardson lacht so sehr, daß er von der Bühne fällt, und das Publikum gibt uns Standing ovations!

Emotionale Flexibilitätsübung:

1. *Sense Memory* an einen Moment, als du gedemütigt wurdest.
2. *Personalization* mit jemandem, bei dem du Hilfe oder Orientierung suchst.
3. *Sensory Condition:* der Geruch einer Alkoholfahne.

Lindsay macht Schadensbegrenzung.

LINDSAY: Also, wie lange soll das noch so weitergehen? Oder hast du vor, nie wieder mit mir zu reden? Hör mal, du weißt doch, daß ich eine große Klappe habe. Ich habe keinen eingebauten Filter. Ich bin in einer nichtjüdischen Gesellschaft aufgewachsen. Wo ich herkomme, nennt man die Dinge beim Namen! Und ja, ich werde es noch tausendmal sagen, ich finde, daß Beschneidung ein grausamer und barbarischer Brauch ist! Okay, vielleicht hätte ich das nicht sagen sollen, als der Rabbi gerade damit anfangen wollte, aber es hat sie aufgerüttelt. So. Wie deine Schwester: »Werden Sie meinem Kind weh tun?« Ja, es tut weh. Hey, warte, wo willst du hin …

Emotionale Flexibilitätsübung:

1. *Sense Memory* an eine Zeit, als du dir sicher warst, recht zu haben.

2. *Personalization* mit jemandem, den du auf deiner Seite haben willst.
3. *Sensory Condition:* unerträgliche Schmerzen.

Sal wird für die Zeitschrift Sports Illustrated interviewt.

SAL: Auf keinen Fall. Ich würde mein Kind nicht dazu ermuntern, Tennis zu spielen. Auf keinen Fall! Ich werde die Tenniswelt nicht verteidigen. Ja, es sieht alles ganz zivilisiert und korrekt aus, aber es ist ein mörderisches Geschäft. Das klingt vielleicht ein bißchen verbittert, nun, dummerweise dachte ich, der Tennissport würde sich um mich kümmern. Ich habe mich geirrt. Bei diesem Spiel heißt es ich gegen sie, nicht wie beim Fußball, eine Mannschaft und so! Sehen Sie, ich war der/die jüngste Spieler/in, der/die je den Davis Cup gewonnen hat, dann habe ich Wimbledon gewonnen, und dann kam die Verletzung, und dann war ich weg vom Fenster. Ich kommentiere gern das Spiel – besonders Wimbledon –, aber ich werde nicht lügen und behaupten, die Tenniswelt sei ein angenehmer Ort.

Emotionale Flexibilitätsübung:

1. *Sense Memory* an eine bittere Erfahrung einer Sache, die du gern gemacht hast.
2. *Personalization* mit jemandem, der deinem Traum den Spaß genommen hat.
3. *Sensory Condition:* ein schlechter Geschmack im Mund.

Ein Paar beim Kauf von Eheringen bei Tiffany's.

JACKIE: Wir haben gesagt, daß wir kein Vermögen für Ringe ausgeben wollen. Wir haben gesagt, wir teilen uns die Kosten, geben wenig aus und haben Spaß, bei Tiffany rumzuhängen. Das hier macht keinen Spaß, überhaupt keinen Spaß. Und sag mir nicht, ich soll still sein! Du weißt, daß ich eine New-Yorker-Mentalität habe. Ich bin ein Mieter, kein Käufer! Ich kann keine großen Anschaffungen machen; das macht mich wahnsinnig! Ich schwöre, ich habe das Gefühl, daß ich … *[Jackie fängt an zu weinen und läuft aus dem Laden.]*

Emotionale Flexibilitätsübung:

1. *Sense Memory* an eine Zeit, als du das Gefühl hattest, etwas gegen deinen Willen tun zu müssen.
2. *Personalization* mit jemandem, mit dem du den Rest deines Lebens verbringen möchtest.
3. *Sensory Condition:* großer Widerwille.

Ein/e französische/r Zuschauer/in wird bei der Tour de France vom amerikanischen Fernsehen interviewt.

ZUSCHAUER/IN: Nein, nein, filmen Sie mich, ich bin der/die einzige Franzose/Französin, der/die Lance Armstrong lobt. Er ist in derselben Liga wie Michael Jordan und Tiger Woods. Kein anderer Franzose wird das sagen. Die meisten Franzosen denken, daß er über seine Krankheit nicht die Wahrheit sagt. Ist das zu glauben? Je ne sais pas … Und noch etwas – ich hoffe, ihn nächstes Jahr zu sehen!

Emotionale Flexibilitätsübung:

1. *Sense Memory* an eine Zeit, als du jemanden bewundert hast.
2. *Personalization* mit jemandem, dem du etwas beweisen willst.
3. *Sensory Condition:* der Versuch, in einer Menschenmenge und über den Tumult gehört zu werden.

Sam streitet mit ihrer/m Liebhaber/in.

SAM: Das ist kein Künstlergequatsche von mir! Ich identifiziere mich sehr wohl mit Menschen; tatsächlich würde ich so weit gehen und sagen, daß das meine Begabung ist. Fahr zur Hölle! Nur zu – verdreh ruhig die Augen! Es ist meine Begabung! Ich identifiziere mich so sehr mit Menschen, daß ich Angst habe, wenn ich mich von ihnen trennen muß. Nenn es psychotisch, aber so empfinde ich es. Ich habe kein Ich. Ich werde eins mit diesen Menschen, und das gibt mir etwas, das nicht viele Menschen, oder nicht viele Künstler, bekommen. Und in diesen Momenten kann ich die Entfremdung überwinden. Es ist mein Ticket in die Wirklichkeit! Also wirf mir nicht Co-Abhängigkeit vor. Wir reden von Talent, wenn wir von mir reden! Ciao, Liebling. – Schade, daß wir nicht vom selben Stern sind.

Emotionale Flexibilitätsübung:

1. *Sense Memory* an eine unversöhnliche Trennung.
2. *Personalization* mit jemandem, mit dem du sehr vertraut sein möchtest.
3. *Sensory Condition:* sich verhöhnt fühlen – Eireste im Gesicht.

Danny bestellt den Zimmerservice bei einem/r Telefonisten/in, der/die kein Deutsch spricht.

DANNY: Zimmerservice? Ja, hier ist Zimmer 337. Ja, bitte. Den gegrillten Lachs, aber ohne Soße. Keine Soße, bitte. Comprendo? Nein, keine Soße. Nein, keine, nada. Genau, keine Soße, keine Bratensoße, keine Salatsoße! Nada! Nichts auf den Lachs. Nada darauf! Si, si, si! Äh, Kaffee, einfach deutschen. German, si. Nur Vollkornbrot. Brötchen, Vollkorn, Vollkornmehl. Nein, nur dunkles Brot. Kein Weißbrot. Nein, nein, kein weißes, dunkel! Si! Si! Danke! *[Danny legt auf.]*

Emotionale Flexibilitätsübung:

1. *Sense Memory* an eine Zeit, als du dich komplett mißverstanden gefühlt hast.
2. *Personalization* mit jemandem, der dir nicht zuhören will.
3. *Sensory Condition:* sich blöd vorkommen.

Sisgo, ein in Leder gekleideter Popstar, »doziert« in einer Talkshow.

SISGO: Das ist nicht fair, Jay. Sieh mal, ich halte mich von dem ganzen negativen Zeug fern. Ich fahr nicht auf dieses Männer- und Frauen-Bashing ab. Weißt du, ich glaube … hier ist der richtige Moment, um diese Dinge auszusprechen, wenn sie abgefuckt sind – weißt du, was ich meine? Weil, weißt du, es ist echt abgefuckt, um es mal ganz einfach auszudrücken. Also, wenn es schwierig ist, ist es schwierig. Jay, nenn mich altmodisch; unter all dem Leder bin ich ganz einfach gestrickt. Weil, also, ich habe eine sehr, sehr enge Beziehung zu Gott. Ich überlasse fast alles in meinem Leben der göttlichen Fügung. *[Das Publikum applaudiert und Sisgo applaudiert ihnen.]*

Emotionale Flexibilitätsübung:

1. *Sense Memory* an eine Zeit, als du im Mittelpunkt gestanden hast.
2. *Personalization* mit jemandem, den du unbedingt von dem überzeugen willst, was du bist.
3. *Sensory Condition:* etwas, was du als positiv an dir empfindest.

Tony stellt bei einer riesigen politischen Versammlung vom Podium aus einen Kandidaten vor.

TONY: Meine amerikanischen Mitbürger, ich stehe vor Ihnen als das Kind eines der großartigsten politischen Köpfe der Welt. Ich stehe vor Ihnen als das Kind eines Mannes, der sich vor der ganzen Welt blamiert hat. Ich stehe vor Ihnen als das Kind einer Frau, die diesen Mann in guten wie in schlechten Zeiten liebt. Ich stehe vor Ihnen als das Kind, das gelernt hat, seinem Vater zu vergeben. Ich stehe vor Ihnen und bin völlig im Reinen mit meiner Vergebung. Und ich stehe vor Ihnen und bitte Sie eindringlich, zu tun, was ich getan habe. Verhindern Sie nicht den Erfolg dieser Partei, weil Sie an menschlichem Fehlverhalten festhalten, sondern halten Sie an den phantastischen Leistungen des menschlichen Geistes, der Seele und des Herzens fest. Danke! Gott segne Sie!

Emotionale Flexibilitätsübung:

1. *Sense Memory* von einer Gelegenheit, bei der du für etwas gekämpft hast, woran du glaubst.
2. *Personalization* mit jemandem, den du liebst, der verachtet wurde und dem du vergeben hast.
3. *Sensory Condition:* Ort – ein riesiges, hallendes Auditorium.

Der/die Besitzer/in eines Baseballteams spricht im Umkleideraum zu seinem/ihrem Team.

TEAMBESITZER/IN: Ihr fragt mich, womit ich zufrieden wäre. Das Beste! Ich bin ganz zufrieden mit dem Besten! Ich bin ganz zufrieden mit den besten Spielern, dem besten Team und den besten Leistungen des Teams bei jedem Spiel! Das Beste! Also, das war nicht das beste Spiel, das ihr je gespielt habt! Genaugenommen war es ein Scheißspiel, ein Selbstläufer. Nun, ich weiß, ihr seht mich an und findet mich vielleicht zu jung, um zu wissen, wovon ich rede. Zu jung, zu ... alles! Schön, ich werde euch etwas erzählen. Wenn ihr denkt, daß ich nichts weiß, denkt auch daran, daß ich der-/diejenige bin, der/die euch bezahlt. Ich unterschreibe die Schecks. Mir gehört das Team. Ich weiß alles, und ich weiß, was ich will. Ich will das Beste! Wenn ihr meint, daß ihr nicht die Besten sein könnt, dann ist alles, worauf ihr euch noch freuen könnt, daß euer Arsch auf der Straße vor diesem Stadium landet!

Emotionale Flexibilitätsübung:

1. *Sense Memory* an einen Zeitpunkt, als du dich betrogen gefühlt hast.
2. *Personalization* mit jemandem, der dich enttäuscht hat.
3. *Sensory Condition:* Tierübung – ein Löwe im Käfig.

Chris hat eingewilligt, Ronnie zu heiraten.

CHRIS: Ich kann gar nicht glauben, daß das wirklich passiert. Wirklich, ich bin nicht sicher, ob ich deiner würdig bin. Ich weiß nicht, ob ich jemals gut genug für dich sein werde. Ich weiß nicht, ob ich dir soviel geben kann, wie du mir gegeben hast, aber ich werde es versuchen. Das will ich wirklich. Ich werde es versuchen. *[Pause.]* Verdammt! Das war ja der schlimmste Anfall von Minderwertigkeitskomplexen! Kaum zu glauben. Kannst du dir das vorstellen? Mich deiner nicht würdig zu fühlen! Verdammt, ich muß verrückt sein!

Emotionale Flexibilitätsübung:

1. *Sense Memory* an einen Zeitpunkt, als du eine große Unsicherheit offenbart hast.
2. *Personalization* mit jemandem, den du liebst.
3. *Sensory Condition:* deine größte Unsicherheit, was dich selbst betrifft, und deine größte Unsicherheit, was deinen Körper betrifft.

Dana hat gerade einem/r engen Freund/in ihr/sein neuestes Kunstwerk gezeigt.

DANA: Du kommst zu mir nach Hause und siehst dir mein neues Bild an, verziehst voller Verachtung dein Gesicht und besitzt dann die Frechheit, mich zu fragen: »Was ist das für ein kindisches Geschmiere?« Nun, zu deiner kindischen, dummen Information, das ist die Arbeit eines modernen indianischen Künstlers. Es zeugt von den Wahrheiten seiner Vorfahren, die bis in die Anfänge der Zeit zurückreichen. Das ist ein Sammlerstück! Ich verstehe nicht, wie du dieses Werk anschauen kannst, ohne zu merken, daß es die Antworten enthält, die du suchst. Warum rede ich überhaupt mit dir? Und ich weiß verdammt genau, daß ich nicht mit dir schlafen werde, also – da ist die Tür. Und dabei bleibt es. Gute Nacht!

Emotionale Flexibilitätsübung:

1. *Sense Memory* an einen Moment, als dich jemand so geärgert hat, daß du fast handgreiflich geworden wärst.
2. *Personalization* mit jemandem, den du unkultiviert, aber körperlich attraktiv findest.
3. *Sensory Condition:* die Vision von einem außergewöhnlichen Kunstwerk.

Val und Tony streiten sich über Tonys Sucht.

VAL: Hör mir genau zu, Tony: Wir können uns keine 100.000-Dollar-Wette leisten! Ein Pferdekopf in unserem Bett ist nichts gegen das, was sie uns antun werden! Tony, ich weiß, du willst alles und sofort – schnelle Autos, ein Haus, jede Menge Klamotten – du willst das jetzt gleich! Denn du hast ein Problem, Tony. Du bist eine Koksnase. Du bist süchtig! Also, weil ich dich liebe, hast du zwei Möglichkeiten, nur zwei. Erstens, du verschwindest jetzt aus meinem Leben und kommst niemals zurück. Oder, zweitens, du nimmst diesen Briefumschlag. Darin steckt ein Flugticket nach Arizona, zu einer Entzugsklinik. Außerdem ein Scheck, der auf die Klinik ausgestellt ist, und ein bißchen Bargeld für das Taxi zum Flughafen und zur Klinik. Also, wofür entscheidest du dich?

Emotionale Flexibilitätsübung:
1. *Sense Memory* an eine Zeit, als du wußtest, daß du einen Freund loslassen mußtest.
2. *Personalization* mit jemandem, der süchtig ist.
3. *Sensory Condition:* Angst.

Charlie, ein/e Reporter/in, trifft sich mit dem Anwalt ihrer/seiner Zeitung.

CHARLIE: Beweisen, daß ich recht habe? Ob ich das beweisen kann? Nein. Das muß ich auch nicht, oder? Sehen Sie, ich habe geschrieben, was mir meine Quelle gesagt hat. Ich habe nie behauptet, es wäre etwas anderes. Was zum Teufel erwarten Sie von mir? Nicht ich bin der Anwalt, Sie sind es! Wenn Sie also glaubten, daß ich mich auf unsicherem Terrain bewege, warum haben Sie die Geschichte genehmigt? Sehen Sie, wenn die Zeitung jede Geschichte rausschmeißen würde, die Sie verleumderisch finden, dann gäbe es keine Zeitung! Hören Sie gut zu: Ich stehe zu dem, was ich geschrieben habe.

Emotionale Flexibilitätsübung:
1. *Sense Memory* an eine Zeit, als du für etwas gekämpft hast, woran du glaubst.
2. *Personalization* mit jemandem, der dir im Weg gestanden hat.
3. *Sensory Condition:* saurer Geschmack im Mund.

Ronnie legt bei der Polizei ein Geständnis ab.
RONNIE: Ich kooperiere. Verdammt! Es ist ganz einfach. Sehen Sie, donnerstags oder freitags, da kommen zwei Leute, meistens eine Tussi und ein Typ, zusammen aus der Bank. Zwei bedeutet ein paar Tausender. Wie gesagt, wir benutzen keine Pistolen, nur ein Messer! Diese anderen Raubüberfälle, das waren wir nicht, wir benutzen keine Pistolen, das Messer reicht völlig. Wir folgen ihnen einfach bis zu ihrem Büro oder ihrer Firma, und wenn sie aus dem Auto steigen, schnappen wir uns den mit dem Geld. Ein Messer am Hals jagt ihnen echt Angst ein. Sie lassen das Geld fallen, wir heben es auf, halten den einen bis zur letzten Sekunde fest und hauen ab. Niemand wird erschossen. Ich bin keiner von der gewalttätigen Truppe.

Emotionale Flexibilitätsübung:

1. *Sense Memory* an einen Moment, in dem du eine schreckliche Wahrheit über dich erzählt hast.
2. *Personalization* mit jemandem, der immer über dich urteilt.
3. *Sensory Condition:* Angst.

Ende

Erinnert ihr euch an Sean Dean, den Schauspieler aus dem Kreis mit dem starken Gefühlsleben? Er ist vor einiger Zeit gestorben. Ich fand, er hatte das Talent, eine Legende zu werden. Ich trauere um Sean und Mercedes und all die anderen jungen Schauspieler, die sterben, bevor sie ihren Traum wahr machen können. Sie sterben durch Kugeln und Dämonen, die es in unserer Gesellschaft gibt. Vielleicht scheinen sie wegen ihrer Jugendlichkeit für mich weiterzuleben. Ich sehe sie kurz auf der Bühne oder auf der Leinwand oder in den strahlenden Augen eines leidenschaftlichen neuen Schülers. Schon möglich, daß ich ihre Schönheit, ihre Träume und ihre Leidenschaft nicht loslassen kann – ihre Suche nach Wahrheit hat mich zu sehr berührt, um sie zu vergessen.

Glossar

Beat – Die kleinste Einheit einer Szene. Der Beat bestimmt den Rhythmus und das Tempo einer Szene.

Ex-Er-Actor – Abkürzung für »Excercise for the Actor« – Übungen für den Schauspieler.

Journey of the Need – Der Weg, der nach innen – zum Ur-Bedürfnis – führt.

Need – Das Ur-Bedürfnis, wie es ein kleines Kind empfindet: absolut, heftig und spontan. Ein Bedürfnis, das in unserem Unterbewußtsein verankert ist und uns unser Leben lang antreibt.

Personalization (Personifizierung) – Eine Figur mit einer realen, dir bekannten Person verknüpfen und imaginär ersetzen.

Der private Moment – Ein Moment der vollkommenen Offenheit und Entblößung im Beisein anderer, bei dem der Schauspieler sich so verhält, wie er es nur in einer sicheren, intimen und privaten Atmosphäre tun würde. Die Übung geht auf Lee Strasberg zurück.

Public Persona – Die Rolle, die man in der Öffentlichkeit spielt, oder die Maske, die man sich aufgelegt hat. Sie entwickelt sich aus der jeweiligen Biographie und ist zugleich ein Schutzmechanismus, hinter dem man sich versteckt.

Sense Memory (Sensorische Erinnerung) – Bei dieser Übung, die auf Lee Strasberg zurückgeht, nutzt der Schauspieler die Fähigkeit, Erinnerungen an vergangene Empfindungen und Situationen wachzurufen und in der Gegenwart real wieder zu erleben. Das können Gerüche, Geräusche oder Sinneseindrücke wie Hitze, Kälte oder andere körperliche Zustände wie z. B. Trunkenheit oder Erregtheit sein. Diese Übung wird vor allem benutzt, um Gefühle wahrhaftig zu erleben und darzustellen.

Sensory Condition – Wie *Sense Memory* beschreibt *Sensory Condition* die Fähigkeit, imaginäre physische Zustände und Gegebenheiten (wie z. B. Kälte, Hitze, Geruch, Geschmack, Angst, Schmerz, Hunger, Ekel etc.) real werden zu lassen und wahrhaftig zu erleben.

Tragic Flaw – Destruktives Abwehrverhalten, das wir uns angeeignet haben und das in Erscheinung tritt, sobald wir uns entblößt und ausgeliefert fühlen.

Ausgewählte Quellenangaben (Originalausgaben)

Balls, Alan: *American Beauty: The Shooting Skript,* New York, Newmarket Press, 1999

Fishburne, Laurence: *Riff Raff,* New York, Dramatist's Play Service, 1997

Hagen, Uta (mit Haskel Frankel): *Respect for Acting*, New York, Wiley, 1973

Hansberry, Lorraine: *A raisin in the sun*, New York, Random House, 1995

Kazan, Elia: *Elia Kazan: A Life*, New York, Da Capo, 1997

Le Galienne, Eva: *The mystic in the theatre: Eleonora Duse*, New York, Arcturus, 1973

McKee, Robert: *Story: Substance, Structure, Style and the Principles of Screenwriting*, New York, Regan Books, 1997

Miller, Alice: *The Drama of the Gifted Child*, New York, Basic Books, 1996

Olivier, Laurence: *Confessions of an Actor*, New York, Orion, 1994

Olivier, Laurence: *On Acting*, New York, Simon & Schuster, 1987

O'Neal, Tatum: *A Paper Life*, New York, Harper, 2004

Parks, Rosa und Jim Haskins: *Rosa Parks: My Story*, New York, Puffin, 1999

Parks, Rosa: *Quiet Strength*, New York, Zondervan, 2000

Sheehy, Helen: *Eleonora Duse: A Biography*, New York, Knopf, 2003

Stanislawski, Konstantin: *An Actor Prepares*, New York, Routledge, 1964

Strasberg, Lee: *A Dream of Passion: The Development of the Method*, New York, Penguin, 1987

Wallach, Eli: *The Good, the Bad, and Me*, New York, Harcourt, 2005

Weddle, David: *'If They Move ... Kill'Em!': The Life and Times of Sam Peckinpah*, New York, Grove, 1994

Filmographie

(Verzeichnis erwähnter Filmtitel)

A Visit with Truman Capote (1966)
Regie: Albert und David Maysles

A Woman Under The Influence (*Eine Frau unter Einfluß*, 1974)
Regie: John Cassavetes

American Beauty (1999)
Regie: Sam Mendes

Baby Doll (*Baby Doll – Begehre nicht des anderen Weib*, 1956)
Regie: Elia Kazan

Breaking and Entering
(*Breaking and Entering – Einbruch und Diebstahl*, 2006)
Regie: Anthony Minghella

Bringing Up Baby (*Leoparden küßt man nicht*, 1938)
Regie: Howard Hawks

Brokeback Mountain (2005)
Regie: Ang Lee

Cape Fear (*Kap der Angst*, 1991)
Regie: Martin Scorsese

Capote (2005)
Regie: Bennett Miller

Casablanca (1942)
Regie: Michael Curtiz

Catch Me If You Can (2002)
Regie: Steven Spielberg

Crash (*L. A. Crash,* 2004)
Regie: Paul Haggis

Décalage horaire (*Jet Lag – Oder wo die Liebe hinfliegt,* 2002)
Regie: Danièle Thompson

Deep Impact (1998)
Regie: Mimi Leder

Dog Day Afternoon (*Hundstage*, 1975)
Regie: Sidney Lumet

Easy Rider (1969)
Regie: Dennis Hopper

Eternal Sunshine of the Spotless Mind (*Vergiß mein nicht!,* 2004)
Regie: Michael Gondry

Eyes on the Prize (1987)
Regie: Henry Hampton

Eyes Wide Shut (1999)
Regie: Stanley Kubrick

Faces (*Gesichter,* 1968)
Regie: John Cassavetes

Far From Heaven (*Dem Himmel so fern,* 2002)
Regie: Todd Haynes

Fight Club (1999)
Regie: David Fincher

Five Easy Pieces (*Ein Mann sucht sich selbst*, 1970)
Regie: Bob Rafelson

Forrest Gump (1994)
Regie: Robert Zemeckis

Frances (1982)
Regie: Graeme Clifford

Girl, Interrupted (*Durchgeknallt*, 1999)
Regie: James Mangold

Glory (1989)
Regie: Edward Zwick

Going in Style (*Die Rentner-Gang*, 1979)
Regie: Martin Brest

Gone With The Wind (*Vom Winde verweht*, 1939)
Regie: Victor Fleming

He Got Game (*Spiel des Lebens*, 1998)
Regie: Spike Lee

Husbands (*Ehemänner*, 1970)
Regie: John Cassavetes

Hustle & Flow (2005)
Regie: Craig Brewer

I Think I Love My Wife (*Ich glaub, ich lieb meine Frau*, 2007)
Regie: Chris Rock

In My Country (2004)
Regie: John Boorman

Keane (2004)
Regie: Lodge H. Kerrigan

Lady Sings The Blues (1972)
Regie: Sidney J. Furie

Les Amants du Pont-Neuf (*Die Liebenden von Pont-Neuf,* 1991)
Regie: Leos Carax

Lost in Translation (2003)
Regie: Sofia Coppola

Magnolia (1999)
Regie: Paul Thomas Anderson

Mary (2005)
Regie: Abel Ferrara

Midnight-Cowboy (*Asphalt-Cowboy,* 1969)
Regie: John Schlesinger

Monster (2003)
Regie: Patty Jenkins

Monster's Ball (2001)
Regie: Marc Forster

Nashville (1975)
Regie: Robert Altman

Ocean's Eleven (2001)
Regie: Steven Soderbergh

One Flew Over The Cuckoo's Nest
(*Einer flog über das Kuckucksnest,* 1975), Regie: Miloš Forman

Opening Night (1977)
Regie: John Cassavetes

Paper Moon (1973)
Regie: Peter Bogdanovich

Pretty Woman (1990)
Regie: Garry Marshall

Pulp Fiction (1994)
Regie: Quentin Tarantino

Queen Christina (*Königin Christine,* 1933)
Regie: Rouben Mamoulian

Quelques jours en septembre (*Einige Tage im September*, 2006)
Regie: Santiago Amigorena

Raging Bull (*Wie ein wilder Stier,* 1980)
Regie: Martin Scorsese

Red River (1948)
Regie: Howard Hawks

Rendez-Vous (1985)
Regie: André Téchiné

Requiem for a Dream (2000)
Regie: Darren Aronofsky

Scaramouche (*Scaramouche, der galante Marquis,* 1952)
Regie: George Sidney

Sleepless in Seattle (*Schlaflos in Seattle,* 1993)
Regie: Nora Ephron

Sweet and Lowdown (1999)
Regie: Woody Allan

Taxi Driver (1976)
Regie: Martin Scorsese

The Aviator (*Aviator,* 2004)
Regie: Martin Scorsese

The Bourne Identity (*Die Bourne Identität,* 2002)
Regie: Doug Liman

The Caine Mutiny (*Die Caine war ihr Schicksal,* 1954)
Regie: Edward Dmytryk

The Contender (*Rufmord – Jenseits der Moral,* 2000)
Regie: Rod Lurie

The French Connection (*Brennpunkt Brooklyn,* 1971)
Regie: William Friedkin

The Godfather (*Der Pate,* 1972)
Regie: Francis Ford Coppola

The Godfather Part II (*Der Pate – Teil II,* 1974)
Regie: Francis Ford Coppola

The Hunchback of Notre Dame (*Der Glöckner von Notre Dame,* 1923)
Regie: Wallace Worsley

The Insider (*Insider,* 1999)
Regie: Michael Mann

The Last Samurai (*Last Samurai,* 2003)
Regie: Edward Zwick

The Peacemaker (*Projekt: Peacemaker,* 1997)
Regie: Mimi Leder

The Quiet Man (*Der Sieger,* 1952)
Regie: John Ford

The Searchers (*Der schwarze Falke,* 1956)
Regie: John Ford

The Sixth Sense (1999)
Regie: M. Night Shyamalan

The Wild Bunch (*The Wild Bunch – Sie kannten kein Gesetz,* 1969)
Regie: Sam Peckinpah

Traffic (*Traffic – Macht des Kartells,* 2000)
Regie: Steven Soderbergh

Training Day (2001)
Regie: Antoine Fuqua

True Grit (*Der Marshal,* 1969)
Regie: Henry Hathaway

What's Love Got to Do with It
(*Tina – What's Love Got to Do with It?,* 1993)
Regie: Brian Gibson

Wuthering Heights (*Sturmhöhe,* 1939)
Regie: William Wyler